済州学研究センター
済州学叢書34

済州歴史紀行

李映権／著
玄善允／訳

同時代社

日本語版の刊行に際して──自己紹介も兼ねて

　私は韓国・済州で生まれた。高校を卒業するまでは故郷でのほとんど過ごし、1984年からはソウルで暮らすようになった。なんとか高麗大学史学科に入学できたからである。
　同じ世代の多くの人々がそうであるように、「80年光州」のことを知ってからは、講義室よりも学生仲間と主に街頭で過ごし、多くを学んだ。そして次第に、歴史意識とでも言うか、そうしたものが形成され始めた。95年に客地生活を畳んで故郷・済州に戻った。
　11年ぶりの帰郷だった。90年代の状況変化がむしろ私に故郷を取り返してくれたようなものだった。もちろん、その下敷きとしては、懐かしさと負債意識のようなものがあって、それが決定的な要因として作用したのだろう。
　故郷は本当にいい所だった。折に触れてオルムに登った。オルムと平原で出会った済州は何ものにも代えがたく貴重なものだった。それだけに、少しでもご無沙汰すると、飢えを感じるほどだった。そして、そうした愛情は、故郷に対するより深い理解と責任を要求するようになった。それに何より、「4・3」という重い歴史が、私を放っておいてはくれなかった。
　いまだに復権されていなかった4・3のために、さらなる運動が必要だった。それにまた、日々破壊が進む済州の自然環境のことも胸が痛んだ。何としても開発を阻止しなくてはならなかった。だから、4・3研究所と済州参与環境連帯の活動に関わった。勉強が必要ということを痛切に感じたのもその頃だった。道徳性や献身に劣

らず、専門性が切実に要求されていた。そこで済州大学校社会学科の博士課程で勉強に励んだ。新しい社会運動と勉強とが盲目的愛郷心を一掃し、かすかながらも新たな認識フレームを獲得できるようになった。

中央中心の視線ではなく、僻地の視線のほうがむしろ、歴史の真実に近づくことを可能にしてくれるという悟りを得た。

教科書的歴史ではなく、生きている私たちの歴史、それをテーマに長らく済州歴史紀行を継続している。インターネットメディアである『済州の声』に時事コラムを書いたりするのも、生きている歴史紀行への招待であり、愛郷心を表出する一つの方法である。

この歴史紀行は死んだ化石を求めて出かける紀行ではなく、ぴりぴりと張り詰めた緊張を抱えて息づく現在の紀行である。

この紀行への招待客には誰にでもなっていただける。僻地である済州の歴史に少しでも関心をお持ちの方なら、どなたでも双手を挙げて歓迎したい。

長い歴史をかけて済州と多くの因縁を結んできた日本の仲間たちが玄界灘を越えておいでいただけるなら、何にも代えがたい喜びとなるだろう。心からお待ちしています。

李映権

目次

  日本語版の刊行に際して―自己紹介も兼ねて 3
  はじめに―辺境からの視線で新たに出会う済州島 7

01 先史時代の済州人たちはどのように暮らしていたのか 11
02 済州島創世説話の現場を訪ねて 39
03 三別抄と蒙古帝国の痕跡を訪ねて 61
04 蒙古帝国と運命を共にした済州の仏教文化 85
05 朝鮮時代の倭寇に対する防御遺跡を訪ねて 111
06 本土からはるばる済州島にやってきた人々 133
07 秋史・金正喜の足跡を訪ねて 165
08 永遠の信仰、巫俗の故郷 195
09 李在守の乱の現場を訪ねて 225
10 済州抗日運動の赤々と燃える魂 251
11 日帝が残した軍事遺跡を訪ねて 291
12 現代史の悲劇、済州4・3の現場を訪ねて 311
  第一コース 解放の感激から大虐殺まで（済州市域を中心に） 315
  第二コース 狂気の時代の悲劇の現場1（東部地域を中心に） 350
  第三コース 狂気の時代の悲劇の現場2（西部地域を中心に） 368

 済州歴史略年表 383
 訳者あとがき 387

凡　例

1　日本語読者に馴染みやすいように、固有名詞などは可能な限り漢字表記に努め、ハングル音のカタカナ表記はルビにした。逆に、文脈の都合上、ハングル音のカタカナ表記の後に（漢字）としている場合もある。
2　一般読者が気軽に読み進めることができることを最優先の目標としたために、訳注、原注は付さなかった。但し、読者の理解の便宜を図るために、本文中に（語句説明）を挿入している場合がある。
3　朝鮮半島の国名については、1948 年に南北二つの政権が成立して以降は、北半部を北朝鮮、南半部を韓国とし、それ以前については半島を中心とした国家全体を朝鮮と表記することを原則とした。
4　済州の人々が朝鮮半島本土のことを呼ぶ際によく用いる「陸地（ユクチ）」は「本土」に統一した。
5　第 8 章で顕著なことだが、巫俗関連の固有名詞には、日本語読者の便宜を考えて、敢えて耳慣れない日本語名称を用いた。道頭山腹堂（トドゥオルムホリッダン）や西側様金氏男神（ソピョントキムシハルバン）の類である。
6　写真は原著書に掲載されたものをそのまま使用した。撮影者や出所を特に明記していない場合、撮影者は原著者である。
7　読者の便宜を図るために、原著書にはなかった済州歴史の略年表を、『青少年の為の済州歴史』（ハングル文、「刻」、2008 年）を参考にして作成し、掲載した。

はじめに――辺境からの視線で新たに出会う済州島(チェジュド)

　済州をいちども訪れたことのない韓国人が、はたしているでしょうか。新婚旅行や大学の卒業旅行はもちろん、近頃では高校生が修学旅行先として済州島を選んでいるほどですから。
　何を求めてですって？　自然景観を求めてなのです。本土とは明らかに違う異国的な風光が目に付きます。但し、その程度のことなら外殻を見るに過ぎません。中味がつまった歴史紀行をしたければ、その土地の人々の暮らしを見なくてはなりません。済州島は同じ韓国でも、他の地域とは自然環境がずいぶん異なっているので、土地の人々はその分だけ独特な暮らしをしてきました。それを見てこそ、意義深い紀行になるはずです。

　でも、どのようにして、と疑問に思う人がいるかもしれません。長期滞在でもなければ、土地の人の暮らしを理解するのは容易なことではありません。しかし、だからと言って、手立てが全くないわけではありません。済州人たちの暮らしの痕跡、すなわち、歴史を見ればいいのです。
　済州の歴史ですって？　独特な顔つきのトルハルバンくらいなら見たことがあるけれど、景福宮や石窟庵のように雄大で自慢できそうなものなど何一つないじゃないか、とおっしゃるかもしれません。しかし、人が暮らしている所ならどこにだって歴史があり、どんな歴史であれ貴重なものです。済州島の歴史はとりわけそうです。教科書で習った中央の歴史、支配者の歴史とは異なった、あるいはひ

ょっとするとそれをすっかり転倒させかねない歴史、民衆の歴史を教えてくれるからです。これまでのわたしたちは、そんな歴史など見聞きした覚えがありません。国家主義に忠実な歴史ばかり教えられてきたからです。王と貴族、制度と命令が並んでいるだけで、庶民たちが泣いたり笑ったりしながら創りあげてきた具体的な生活は欠落していました。

　済州の歴史はその空白を埋めてくれます。辺境からの視線で、中央集権的国家主義の歴史を転倒してくれるのです。

　朝鮮史において権力者が最初に現れたのは紀元前10世紀の青銅器文化からと教わったでしょう。なるほど、それ自体は間違ってはいません。しかしながら、人が暮らすどこもかもが、そうだったのでしょうか？　そんなことはありません。それはトップランナーに限って当てはまるのです。先頭を切って走る人の観点であって、そうではなかった大多数の地域は、それよりも相当に遅れていたはずです。わたしたちはこんな風に、自分自身が1等賞だったわけでもないのに、1等賞の人々の歴史だけを勉強してきたのです。

　済州島に青銅器文化が流入したのは紀元前6世紀ごろと推定されます。コインドル（ドルメン）の制作時期も、他の地域と比べればかなり遅れています。中央の歴史とは相当に異なっているのです。高麗時代の三別抄についても、同じようなことが言えます。国家主義的な価値観で見れば、三別抄は明らかに英雄的抗争です。しかしながら、済州人の立場からすれば、むしろ災厄でした。済州人たちにとっては、高麗も蒙古もすべて外部勢力にすぎないという意味では、なんら変わりがなかったのです。朝鮮時代の儒教文化も、済州島では転倒して見る必要があります。済州の巫俗信仰は、朝鮮時代

の両班の家父長イデオロギーを痛烈に嘲笑しています。中央から済州に派遣されてきた官吏たちに対する評価も変えなくてはなりません。彼らにとって済州は、左遷されたので仕方なくやってきた土地にすぎませんでした。現代史の4・3についても、新たな視線が必要です。

そうなのです。辺境からの視線で朝鮮の歴史を見ると、これまでには見えなかったことが見えてきます。それぞれの土地の人々の暮らしが見えてくるからです。優等生的で国家主義的な視線ではなく、まさに平凡なわたしたちの視点がこめられているからです。本書は済州島の旅行案内書ですが、観光地を紹介してそれで終わりといった、どこにでも転がっていそうな案内書ではありません。済州の歴史を、そして、それと共に朝鮮の歴史も転倒して見ることが可能な、そんな意義深い紀行のための書物なのです。

先史時代から4・3を中心とした現代史に至るまで、全部で12のテーマで構成しました。ひとつずつ歩いて、すべてのコースの紀行を終えれば、済州の歴史全体を経験することができます。但し、関心のある特定のテーマに絞ってもかまいません。ひとつのテーマを1日で消化できるように編んでみました。

原稿を書き終えて、是非とも感謝の気持ちをお伝えしたい方々がいらっしゃいます。貴重な絵と写真を提供してくださったカン・ヨベ画伯と友人のカン・ジョンヒョ、そして済州市と済州史定立事業推進協議会の関係者の皆さんにお礼を申し上げます。そして、この仕事をする気にしてくださったイ・ジフン先輩、出版にまで導いて

くださったカン・ナムギュ、ヤン・ハンゴンの両先輩、拙い原稿を美しい本に仕あげてくださったハンギョレ新聞出版部の皆さんにも、頭を深く垂れて感謝の気持ちをお伝えしたいと思います。ありがとうございました。

2004年春　　李映権

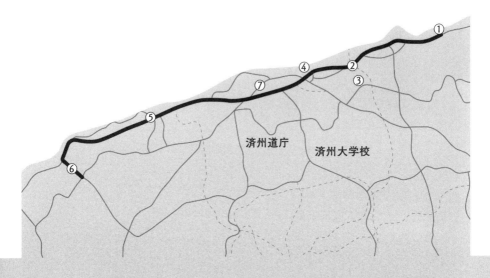

01 先史時代の済州人たちはどのように暮らしていたのか

① 北村岩陰遺跡地
② 三陽洞村落遺跡地
③ 三陽洞コインドル
④ 国立済州博物館
⑤ 官田洞海辺コインドル
⑥ 郭支里遺跡第5地区
⑦ 龍潭洞先史遺跡

北村岩陰遺跡地から龍潭洞コインドルまで
<small>ブクチョンバウィクヌルユジョクチ　　　　　　ヨンダムドン</small>

　本土から遠く離れた島という済州の自然環境は、その先史文化を歴史についての一般常識が通用しないものに創り上げた。中央の歴史に飼いならされた思考の枠組から解き放たれた目で見て初めて、済州の先史文化紀行も従来とは異なった新たな相貌を呈するだろう。

教科書では分からない済州の先史文化

　"新石器時代：農耕の開始、定着生活、櫛目文様土器製作"
　"青銅器時代：剰余生産、権力者の登場、コインドル制作"
　高校の国史の時間を居眠りしないで過ごした者なら、この程度の常識は持っているだろう。しかし、済州島の場合は、そうした教科書的な常識が当てはまらない。新石器時代になっても相変わらず採集生活が主で、農耕段階には入っていなかった。済州島の新石器人は、定着生活ではなく遊動生活をしていた。
　それにまた、済州島ではまともな青銅器の遺物がなにひとつ発見されておらず、権力者の登場の時期を青銅器時代とするのは、とうてい無理なのである。済州島のコインドルもやはり、青銅器時代より後の時代のものと推定される。これまた本土の先史文化とは異なる特徴である。
　本土から遠く離れた島という自然環境が、そうした差異をもたら

1〜2万年前の朝鮮半島周辺の地形図
当時、済州島は朝鮮半島ばかりか中国や日本ともつながる大陸の一部だったから、旧石器文化の国籍を云々するのはお笑い種である。

した。だからこそ、済州の先史文化の紀行はしばしば混乱をもたらす。とは言え、逆にこれまでには経験したことのない楽しさを体験する機会にもなる。但し、条件がある。無意識のうちに中央の歴史に飼いならされてしまった思考の枠組、そんなものから解放されなくてはならない。

　先史時代のフィールドワークは旧石器遺跡地から出発するのが一般的な順序なのだろうが、今回の済州先史紀行はそうした通例に反して、新石器時代から始める。済州島では旧石器時代は独自の歴史的単位の意味を持たないからである。

　その頃の済州は島ではなかった。朝鮮半島どころか日本や中国にまでつながる大陸の一部だった。済州が大陸から分離して島になったのは、ようやく1万年前、新石器時代が始まろうとしていた頃のことである。食べ物を追い求めて暮らしていた旧石器時代人の一日の移動距離は、50kmにも達していたらしいので、済州独自の旧石器文化について語ってもほとんど意味がない。ある日は済州で寝て、翌日には今の日本列島のあたりで狩をして、また数日後には今の朝鮮半島のあたりで木の実をもいで食べ、またその1月後には今の黄海のあたりで休息を取る、これが当時の普通の状況だった。その時

代には島も半島も黄海もなかったからである。愛国心の虜になった人々が旧石器時代の研究に熱を上げているらしいが、旧石器文化の国籍を問うのは、正直言って、笑うべきことなのである。

北村岩蔭遺跡地

　退屈な暗記教育がはびこっているが、それでも国史の授業に少しは興味があった人なら、朝鮮の新石器時代の編年が紀元前6千年頃くらいのことは記憶しているだろう。ところが最近、そうした編年が従来の常識よりもう少し古くまで遡れそうな遺跡地が発見された。すなわち紀元前1万年から6千年頃と推定される済州島高山里(コサンニ)遺跡地である。その結果として、2002年に改訂・出版された教科書では、高山里が我が国最古の新石器時代の遺跡地として、写真まで添えて紹介されている。

　したがって、先ずは高山里をフィールドワークしてみなくてはならない。済州島の最西端にあって遮帰島(チャグィド)の真向かいにあるので、捜すのは簡単である。ところが、この紀行では敢えて割愛した。そこに行っても何もないし、発掘が終わった現場で働く農民たちに迷惑をかけかねないし、畑の作物しか見あたらなくて途方にくれかねないからである。収集された遺物はすべて博物館に移し、現場はまるで何もなかったみたいに痕跡さえもない。そんな不満の声が行政当局にも届いたのか、最近になってようやく案内板が設置された。

　現場へ赴く代わりに、博物館で高山里の先史時代を存分に体感することにしよう。高山里で出土した遺物が博物館で分かりやすく展示されているので、わざわざ高山里まで出向いたあげくに白菜の株

ばかりを見て帰ってくるよりも、教育効果も大きいだろう。

そんなわけで、先ずは新石器時代後期の北村岩蔭遺跡地（Rock Shelter)、俗称"コドゥギオンドゥ"を訪れてみる。

"オン"或いは"オンドゥ"は済州の固有語であり、火山で形成された巨大な岩盤の下部が抜け落ちてしまい、浅い洞窟のようになった地形のことを言う。

発掘以前には、新石器末期の遺物に始まり、現代の地元の若者たちが飲み散らかした焼酎の瓶の欠片に至るまで、層位別に残っていた。ところが、発掘が終わった今では、新石器時代の遺物など何ひとつ見あたらず、狼狽えてしまうほどである。しかし、先史時代のフィールドワークとはそんなものである。ここで出土した遺物も博物館に行けばお目にかかれる。それなのにわざわざ現地を訪れるのは、なるほどこれが新石器人たちが生活していたところなのだ、と納得できそうな空間に遭遇できるからである。

この遺跡で出土した最も代表的な遺物は、三角点列紋土器、二重口縁土器、骨格器、山野草の焼けた実などである。燃え残ったものが穀物ではなく山野草の実という事実が非常に重要である。既に触れたように、済州の新石器時代は農耕生活でなく、採集と狩猟とが

北村岩蔭丘
プクチョンコドゥギオンドゥ
済州島の新石器人たちが暮らしていた岩陰住居跡

相変わらず主流をなしていたことを示す痕跡だからである。そのように考えると、このコドゥギオンドクは新石器人の恒久的な居住地ではなく、遊動生活中の一時的な滞在地だったものと推測される。

洞窟内から出土した貝殻を放射性炭素年代測定法で検査した結果、約3千年前の遺跡と判明した。それは新石器末期にあたるので、その頃でも農耕生活が始まっていなかったことになる。済州島の土壌が農業に適さない火山土壌だからだろう。

三陽洞村落遺跡
<small>サミャンドンマウゥユジョク</small>

新石器時代の次の段階（青銅器、初期鉄器時代）の遺跡地としては、三陽洞遺跡に先立って大静邑上慕里遺跡地を訪ねてみなくてはならない。上慕里遺跡地は、紀元前600年頃に青銅器人たちが済州島に入島して生活していた痕跡と推定されるからである。上慕里の人々が残した遺物としては孔列文土器が最も有名なのだが、その土器は後の耽羅国形成と関係が深い龍潭洞墓遺跡にまで拡がっているだけに、重要な意味を持っている。

しかし、上慕里も高山里遺跡地と同じく、現場を訪ねても確認できるものなど何ひとつない。松岳山から山房山へと続く美しい海岸の景色を見物して戻ってくるだけのことである。かつては貝塚くらいなら確認できたが、今では保護のために大きな石で塞いでしまっており、そんなものすら見ることができない。だから500年の時空を飛び越えて、耽羅国の形成準備が進んでいた時期の巨大な村の遺跡地である三陽洞へ向かうことにする。もちろん、それとは別個に博物館へ行って、上慕里で出土した孔列文土器を是非とも確認し

三陽洞先史遺跡地発掘現場
全体で約3万坪だったと推定される大規模な村落である。

ていただきたい。

　三陽洞遺跡地は土地区画整理事業が進行中の1996年に、遺物が大量に出土して衆目を集めた所であり、現在は先史遺跡公園になっている。紀元前300年頃から人が住みはじめ、最も栄えたのは紀元前100年頃と推定される。全体で約3万坪の村だったものと推定され、そのうちの4千坪ほどが現在では国家史跡に指定されている。

　確認された住居址だけでも、236基にものぼる巨大な規模である。長方形のものもあるが、多くは中央に楕円形の作業穴がある円形の敷地、いわゆる松菊里式家屋の敷地である。錦江流域から霊山江、霊岩を経て済州にまで伝播した文化と思われる。村の規模から見て、大規模な人口移動があったようである。家の敷地は直径6m程の大型住居地1基を12〜15基の小型住居地が取り囲む形になっており、単位住居群を構成している点が特異である。

　出土遺物の中でも特に注目に値するのは、"三陽洞式土器"と呼ばれる済州固有の土器である。それより少し後の郭支里式土器や

高内里式土器と比較すれば、済州固有の土器の変遷が確認できる。ただし、それは博物館での課題である。

その他に粘土帯土器がある。材質からすればこれも済州産である。しかし、製作技法を見ると、本土の影響を強く受けたことが分かる。外部との交易がさかんになされていたのである。玉環もまた交易の産物である。そればかりか、玉環の出土は権力者の存在を確認させる。玉環のような高級威信材は権力の象徴だからである。

三陽洞先史遺跡出土遺物

ところが、紀元後100年頃にその村が歴史から消えてしまった。但し、燃えた痕跡はない。遺物がそっくり残されたまま廃墟になった。一体、何が起こったのだろうか。ここで暮らしていた人々はみんなどこへ行ってしまったのだろうか。伝染病にでも襲われたのだろうか。或いはまた、耽羅国建国の核心勢力であった龍潭洞の集団が、ここで暮らしていた集団に圧迫を加えたのかもしれない。

最近、済州島東部の終達里で、三陽洞のものと似た遺物が発見された。龍潭洞の集団に圧迫されて、三陽洞の集団がはるか東の終達里まで逃れたと仮定するのは、限度を弁えない想像だろうか。いづれにしても、そうした疑問を解明してくれる糸口はいまだに何一つない。但し、先史時代のフィールドワークというものは、そうしたことも魅力の一つである。頭の中で物語を描いて楽しめばいいので

ある。

三陽洞コインドル
（サミャンドン）

　もしも三陽洞の集団が龍潭洞の集団によって駆逐されたのであれば、龍潭洞の権力体が三陽洞のそれよりも劣っていたと考えなくてはならないのだが、この二つの集団の権力比較は可能だろうか。可能である。先史時代の権力の比較は、彼らが造成した建築物を通じて、間接的ではあってもそれなりに可能なのである。幸いにも三陽洞と龍潭洞の双方にコインドルが残っている。そこで先ずは三陽洞のコインドルを訪ねてみよう。

　現場を訪れても、よほどに注意を集中しなければ、肝心のものを見過ごしてしまいかねない。それほどに矮小なのである。上石の長さが219cmにすぎず、龍潭洞6号コインドルの上石の長さが315cm

三陽洞コインドル
龍潭洞コインドルと比べれば小さい。

であったことを思い起こせば、三陽洞の権力は龍潭洞のそれに比べて弱かったものと推定される。

　コインドルの数を比較しても、三陽洞のほうが劣勢である。但し、後に破壊されたコインドルが多かっただろうことを勘案すると、残っているものだけで比較するのはもちろん問題がある。しかしながら、むしろ龍潭洞のほうがより深刻に破壊された可能性もある。より開発が進んでいるからである。ともかく、龍潭洞には約9基、三陽洞には4基のコインドルが残っている。

　住居址が236基も確認されているのだから、決して小さくはない権力だったはずなのに、龍潭洞の権力に追い払われざるをえなかった悲運の権力者を思い浮かべてみれば、ここを訪問した意味も十分にある。

国立済州博物館
<small>クンニラ　チェジュパンムルグァン</small>

　韓国の国立博物館はたいてい、観覧客への配慮に欠ける展示構造になっている。暗い照明、小さな文字、専門家にしか分かりそうにない単語の羅列。2001年に開館した国立済州博物館もその例に漏れない。専門知識を持った人以外は、足早に通り過ぎるようにして見物すればいいのである。残るものはなにもない。観光業界にとっては、お金をかけずに旅行客の時間を埋めてくれれば十分に満足なのだろうが…しかしながら、致し方ない。勿体ないと思う人はしっかり準備して訪れるしかない。博物館に行って欲を出しても無駄である。すべてをゆっくり見ようなどと思ってはならない。足も頭も痛くなって、見たものすら消化できない。毎回ひとつのテーマを定

めて、事前に少しは勉強して、その分だけ集中的に見ればよい。基本的な展示空間は5ホールなので、最低5回は通わねばならない。繰り返しになるが、1回で何もかも見ようなどと思ってはならない。1回で1つの展示室を、深く見るべきである。

　今回のフィールドワークでは先史遺跡展示室だけを集中的に見ることにしよう。特に、現地訪問を省略した高山里出土鏃、北村岩蔭出土の三角点列文様土器、これまた訪問を省略した大静上慕里の孔列文土器、三陽洞出土玉環、そして三陽洞、郭地里、高山里それぞれの土器の比較、済州市山地港出土の中国貨幣、終達里出土の朝鮮式銅剣、龍潭洞甕墓、龍潭里出土の鉄製長剣などは、決して見逃すことなく確認してこなくてはならない。

　なかでも特に注目すべきなのは、高山里で出土した遺物である。"最初"或いは"最大"などの修飾語に惑わされる必要はないのだが、それでもやはり、済州島が先史時代の遺物として誇るに足るのは何としても、韓国最古の新石器遺跡とされる高山里である。そんな高山里なのに訪問しなかったのだから、ここでその出土遺物をゆっくりと確認するのが必須の作業である。

　高山里がにわかに注目を浴びるようになったのは何故か。1700余点も発見された鏃のせいである。鏃は旧石器時代とは画然と異なる道具で

高山里遺跡地案内板
高山里では鏃などの新石器初期の遺物が大量に出土した。

ある。道具の変化は人間の智慧の発達に伴うものなのだが、環境変化を無視しては説明が難しい。

　映画でたまたま見たことがある氷河期のマンモス、そのマンモスを殴り倒していた原始人の手には、いかにも重そうな石斧があった。ところが2万年前からはしだいにそのようなシーンはなくなっていった。氷河期が過ぎ去るにつれて海水面が上昇し、気候温暖化という新しい環境が形成され、それに適応できないマンモス等の巨大動物は姿を消してしまった。

　その代わりにキツネ、ウサギ、ノロジカなど足の速い獣が平原を走り回るようになった。それに伴って、狩猟道具も変化した。ずっしりと重い石斧に代わって、鋭利で自在に使える道具が必要になったのである。

　弓と鏃の発明、それは氷河の衰退という環境変化に対する人間の応戦だった。学者たちは旧石器から新石器に変わる過程だったこの時代を、厳密に区分して"中石器時代"と呼ぶ。氷河がすっかりなくなって今日のような自然環境になった約1万年前が、まさにその時期だった。

　済州島高山里こそはその時期、すなわち旧石器時代が終わり、新石器時代が始まった1万年前の遺跡地なのである。つまり、新時代出現の象徴なのである。

　ところで、どうして朝鮮半島ではその時代の遺物が出土していないのだろうか。中石器時代を経ずにいきなり新石器時代に転換したのだろうか。もちろん、そんなことはない。中石器時代の主人公は、広い平原を舞台にした足の速い獣を狩って暮らす人々だった。今日の学者たちは、その平原を今では水に沈んでしまっている黄海の底

と推定している。黄海は水深がせいぜい120mである。今後、注意深く調べてみれば、その海底で鏃などが大量に出土する可能性がある。済州島高山里で出土した細石器と同じような遺物のことである。

官田洞海辺コインドル
クァンジョンドン

　コインドルは英語なのだろうか。漢字語なのだろうか。或いはハングルなのだろうか。もちろんハングルである。支え石という意味である。学を衒って漢字を使えば支石墓となる。支えるという意味の支と石とを組み合わせて、それを墓として使う。すなわち石を支えて作った墓という意味である。
コヨノフントル

　但し、コインドルと支石墓とは厳密に言えば、同じではない。コインドルも石を安置しているのは確かなのだが、必ずしも墓とは限らない。たいていは墓だが、稀には祭壇として使われていたコインドルもある。

　2001年に発見された官田洞の海辺のコインドルは、人間が意図的に造ったものなのか、或いは自然にできあがった特異な形象なのか、正確には明らかになっていない。満潮時には水に沈んでしまうコインドル、たとえ人間がそれを造ったとしても、その用途は墓ではなかったのではないか。では、祭壇だったのだろうか。海上安全を祈っていたのだろうか。

　ともかく、いまだに何も明らかになっていない。正直なところ、わたしはコインドルではなく、自然の形象物と見ている。ビリヤードを習い始めてそれに嵌まってしまうと、寝ても覚めても球が行き交う様子が目に浮かぶように、コインドルに没頭した研究者の思い

官田洞コインドル
満潮時には海水に沈んでしまう。墓だったのか祭壇だったのか、その用途は謎である。

込みではなかろうか。とは言うものの、退屈しのぎにでも一度くらいは立ち寄ればいいだろう。涼しい海風を楽しむついでに。うららかな天気であれば、済州の青い海がフィールドワークの余白を埋めてくれるだろう。

郭支里遺跡第5地区
<small>クァクチリユジョク</small>

　先史遺跡地のフィールドワークでは当惑することが実に多い。現場に行ってみても、発掘が終わった後には何もない場合が多いからである。したがって、専門家の案内でもなければ、畑で青々と育つキャベツを見て帰るだけといったことになりかねない。
　郭支里遺跡第5地区もやはり、細心に見て回ってこそフィールドワークの醍醐味を味わえる所である。文化遺跡案内板の周辺の畑では、土と石と土器の破片がほぼ同じ割合で混ざっている。これは少

郭支里式土器と高内里式土器の比較
それぞれが耽羅前期と後期を代表する土器であり、郭支里式土器に比べて高内里式土器のほうがはるかに洗練されている。『耽羅、歴史と文化』所収

しは誇張も混じっているが、ともかくいろいろと味わい深い経験ができる。

　土器の破片を手に取って詳細に見てもらいたい。耽羅国前期に流行していたいわゆる"郭支里式土器"の現物を体感できる。土器の破片の感触をきっかけにして、先だって博物館でお目にかかった原型を思い浮かべてみてもらいたい。口が外に大きく広がったあの素朴な形の土器である。

　涯月邑郭支里一帯で1967年に初めて遺物が発見され、1979年から1992年まで7カ所で発掘が行われた。そのうちでも特に第5地区では、50個体分以上の原型復元が可能な郭支里式土器が発見されて耳目を引いた。

　郭支里式土器はずいぶんと野暮ったい。3～4cmと分厚く、形もすごく粗雑である。口が外側に開いてしまっているので安定感もない。それだけに初期の様式であることが分かる。紀元頃から紀元後600年頃までの耽羅国前期の土器のようである。

　その時期ならば、既に強力な権力体である耽羅国が龍潭洞に形成

されていたはずである。そうした点から推し量ると、当時、この郭支里は龍潭洞権力の土器の製作所、或いは、廃棄場だったのだろう。大変な数の土器が一ヵ所に密集して発見されているからである。

せっかく郭支里式土器を確認できる場所なのだから、先だって博物館で見た耽羅国後期（600年〜高麗初期）の土器、すなわち高内里式土器も思い浮かべてみてもらいたい。郭支里式土器と比較してみるのである。高内里式土器は確かに洗練されている。厚さも1.5cm以下と薄く、形も洗練されて表面がすごく滑らかである。

滑らかな表面は轆轤使用の証拠である。轆轤上に土器を置いて回し、濡れ手で加工している。それほどに進歩したわけである。底も変わった。郭支里式土器は底がすごく厚くて面積も狭いのに対して、高内里のものは相当に薄く広く平たい。口が外に大きく開いていないのも郭支里式土器との差異である。それほど技術が発達したわけである。

空港駐車場のコインドル

いつ作られたものなのか正確に知る術はない。但し、耽羅国の首長たちの墓と見なすならば、紀元前後から紀元後600年までのものと思われる。その時期ならば青銅器時代は既に終わっていた。したがって、コインドルは青銅器時代の遺跡という教科書的常識には悖る。朝鮮半島の時代区分に縛られている限り、理解し難いことになる。しかしながら、だからこそかえって、辺境地域をフィールドワークする楽しさも味わえるかもしれない。おそらくは海に囲まれた島という孤立性のせいもあって、文化の伝播が遅れたのであろう。

空港から漢川(ハンチョン)に至る龍潭洞には、このような巨大なコインドルが幾つか残っている。巨大とは言っても、江華島(カンファド)のものほどではない。既にみた三陽洞のコインドルよりは大きいというだけのことである。三陽洞の権力よりも強力な権力体がここ龍潭洞にあったことを意味している。

　いづれにしても、散在するコインドルはここが古代耽羅国の中心地だったことを示唆している。空港滑走路周辺の広大な土地も、当時は大規模な耕作地だった。そして周辺には河川もある。そのくらいならば、当時の国家の中心地の立地条件としては十分だったろう。最近、滑走路拡張工事に先立つ救済発掘で、耽羅国以前の新石器時代の遺物も出土しており、それを見てもここは先史人たちの主な活動舞台だったことが明らかなのである。

　空港のコインドルで特に眼を惹くのは、蓋の上に残っている性穴と治石の痕跡である。性穴は女性器の形が石に刻まれたものを言う。多産と豊穣を祈願する先史人の信仰を反映している。先史時代には多産は労働力確保と直結していただけに重要だった。子どもが多くいてこそ労働力を確保でき、また労働力を確保できてこそ豊穣が保証された。コインドルに刻まれた性穴は、

空港コインドルの性穴と治石の痕跡
性穴は多産と豊饒を祈願する先史人たちの意識を反映しており、治石は大きな石を切り出す際の基礎作業の痕跡である。

亡くなった権力者の陰徳にあやかって豊穣を祈願していた人々の心の標石である。

　治石の痕跡として容易に確認できるのは、蓋石の上面に引かれた一筋の溝である。大きな岩を切るための基礎作業の痕跡である。先史人たちは大きな岩を切る時、先ずは一列に溝を彫り、そこにカサカサに乾いたナツメの木の楔を打って水を流した。乾いた木が水気を含んで膨張すると、大きな岩が溝に沿ってぱっくりと割れる。先史人だから未開人などと考えてはならない。そのようにして石を切り出していたことを見れば、生活の知恵は現代人に劣らなかったようである。

　ここのコインドルは元来、今のものより小さく計画されていたようである。上石の上にある一連の溝が最初の計画線のようである。ところが計画が変更されて、もっと大きく切断された。孝行心が甚だ強い息子が父を追慕するあまり、より大きく作ろうとしたのだろうか。或いはまた、亡父の墓の造成の機会に、自身の権力を強化しようとしたのだろうか。

　コインドルの大きさは権力の強さと比例しており、築造されたコインドルは亡者よりむしろ継承者の権威を高めるために利用されたのだろう。いずれにしても、ここでわたしたちは、石を扱う先史人たちの智慧の片鱗なりとも確認できる。

龍潭洞古墳遺跡
<small>ヨンダムドンコブンユジョク</small>

　当惑するかもしれないが、ここもまた、今では遺物の一点すら確認できない先史遺跡地である。案内板と鉄柵があるにすぎない。し

かし、たとえそうであっても訪れてみるに値する歴史の現場である。耽羅国の権力の実体を示す鉄製長剣が出土した場所だからである。

　博物館を細心に回ってみた人ならば、あの鉄製長剣を思い浮かべるだろう。その長剣一つだけでも"権力"を感じとるのに十分である。さてその鉄製長剣が出土した位置は具体的にどのあたりだろうか。

　たとえ遺物がひとつも残っていなくても、注意して見れば、一列に打たれた石列群が見えるだろう。その石列群は重要な区分線である。発掘当時、この石列を境として南側と北側とでは異なる種類の遺物が出土した。

　南側区域のほうが少し古い遺跡地のように思える。そこではコインドルの下部構造らしい石郭墓3基が確認され、孔列文土器が出土した。その事実は大静邑上慕里文化がここまで伝播していたことを意味する。

　上慕里文化と言えば、紀元前600年頃の孔列文土器に代表され

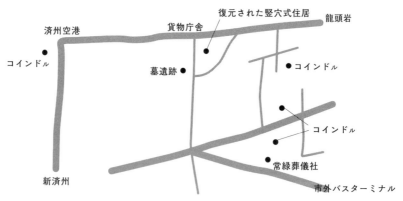

済州市龍潭洞先史遺跡関連地図

る済州島初の青銅器文化である。それが徐々に拡がって、ここ龍潭洞にまで伝わってきたようである。したがって、この南側区域の遺跡は耽羅国初期、或いはそれ以前の痕跡と推測される。

龍潭洞墓遺跡発掘現場
1984年に空港拡張のせいでここに転居してきた住民たちが、家を建てている最中に甕棺が発見されて、発掘が始まった。『耽羅、歴史と文化』所収

　北側区域は南側よりも後代のようである。郭地里式土器とガラス玉製品、6基の甕棺と1基の城郭墓が確認された。その城郭墓内で例の長剣2刀が出土したと言う。鉄製武器を携えた新たな集団が南側地域の集団を征服して、強力な権力体、すなわち耽羅国を形成したものと考えられる。したがって、北側遺跡地は主導集団の交替、さらには非常に強力な体制を備えた耽羅国の出現を物語る現場なのである。

　この遺跡地は1984年に初めて発掘された。空港拡張のせいで立

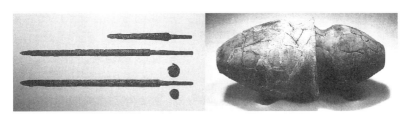

龍潭洞鉄製長剣と甕棺　『耽羅、歴史と文化』所収

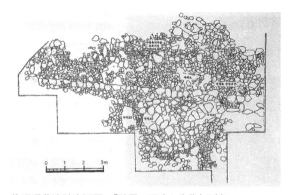

龍潭洞墓遺跡実測図、『耽羅、歴史と文化』所収

ち退きを余儀なくされて移住してきた人々が家を建てようとしたところ、甕棺を発見したので発掘が始まった。現在、鉄柵の北側に位置する住宅の屋外トイレの近くが、甕棺の出土場所である。

それが出土した際には、その家の主人はその甕棺を花瓶として使うつもりだったと言う。幸いにも、その甕棺は現在では博物館で見ることができる。甕棺は予期していたものよりも小さい。全南の羅州潘南の巨大な甕棺と比較すれば、貧弱に見えるかもしれない。しかしながら、何だってそれなりの意味がある。可憐さ、それこそが済州の美しさである。

龍潭洞に復元された先史時代の竪穴式住居

三陽洞のものと比較すると、龍潭洞のコインドルのほうがはるかに大きい。三陽洞よりも龍潭洞の権力体が強大だったことを意味する。だとすれば、ここ龍潭洞が位置する空港周辺には、三陽洞の236基の住居址周辺よりもさらに大きな規模の村が存在していたはずである。漢川の水と、現在では空港滑走路として使われている広い耕作地、それだけあれば耽羅国という強力な権力体を支える経済的条件として十分である。

しかしながら、三陽洞を凌駕する規模の村が実在していたのかどうか確認できない。ここは済州市の中心街と近接した住宅街なので、建築工事が頻繁で、三陽洞のように本格的な発掘調査ができない。万一、空港ができる以前に、また住宅街が造成される以前にまともに発掘がなされていたならば、済州島最大の先史遺跡地として脚光を浴びていただろう。

　最近、空港貨物庁舎前に先史時代の竪穴式住居が復元された。交差点の工事中に住居址の一部が発見されたので救済発掘が始まり、その調査の末に先史時代の竪穴式住居3棟が象徴的に復元されたのである。

　ところが、問題がある。3棟の竪穴式住居のうちのたった1棟だけが、原形通りに復元された点である。地上家屋として復元された住居のうちの規模の小さいほうである。しかし、その住居でさえも元来の位置に復元されたわけではない。横断歩道と自転車道路上に褐色ペイントが塗られたところ、そのあたりこそが発掘当時に竪穴式住居があった場所である。但し、この場合は事情がそれなりに理解できる。今では道路が通っているところなので、仕方なかったのだろう。そのうえ、本来の場所には浅緑色ペイントの表示まで施しているのだから、それなりの誠意を尽くしたものと見える。

　問題は1.5倍に拡大して復元された竪穴式住居である。三陽洞遺跡地を基準に考えれば、この程度の大きさだったはずという仮定に基づいて復元したという。実際に確認されていないものを復元したことになる。これはどうだろうか。是非ともそうすべきだったのかどうか。これでは、復元ではなく新築ではなかろうか。"大きいものに対するコンプレックス"とでも言うか、立派に見せたい欲求が

龍潭洞に復元された先史時代の竪穴式住居
3棟のうち原型通りに復元されたのは1棟だけである。

先走ったのではなかろうか。過度に実証にしがみつくのもどうかとは思うが、仮定だけに基づいて復元するのも問題ではなかろうか。

しかも、それよりも大きな問題は、復元された"高床家屋"である。2階建ての家屋である。それは三陽洞で発掘された住居址をモデルにしたものである。これもやはり正しい処置なのかどうか疑わしい。三陽洞にあったから龍潭洞にもあったと言えるのだろうか。なるほど、その可能性はあったとしても、現場で確認されていないものを復元するのは正しいことなのだろうか。下手をすると混乱を引き起こしかねない。

1.5倍に拡大された竪穴式住居や、確認すらされていない高床家屋よりも、むしろ龍潭洞の古墳遺跡をここに再現したほうがよかったのではなかろうか。100mも離れていない遺跡同士だから、むしろそれを復元するほうが正しかったような気がする。権力の重々しさを感じさせる鉄製長剣、郭地里式土器の形の甕棺、南側区域と北側区域を横断する石垣、何よりもそれらをここに復元すべきではな

いだろうか。そうしたほうが、三陽洞とは別個の龍潭洞の権力の実体を、よりよく示すことができるのではなかろうか。

龍潭洞コインドル

　空港駐車場横のコインドルと同じく正確な年代は分からない。但し、耽羅国の首長たちの墓と推定される。3基のうちで村内のコインドルは、空港のコインドルよりも性穴が多い。但し、今では実際に自分の目で確認するのが難しくなってしまった。村の子どもたちの遊び場にならないように、高い鉄柵で囲ってしまったからである。それでも確認しておくほうがよい。柵に登れば見える。

　龍潭洞6号コインドルは常緑葬儀社(サンノクチャンウィサ)の庭にある。最初は、葬儀社の庭にあるのはふさわしくないと思ったが、よくよく考えてみれば、そのほうがふさわしいのかもしれない。墓と葬儀社との長い歳月を越えた再会というわけである。

　龍潭洞6号コインドルが注目を浴びたのは、朝鮮半島のどこにも見られない独特な形式のせいである。だからこそ、済州の歴史を紹介する書物などの表紙にもよく登場する。簡単に言うと、済州島先史時代の看板スターなのである。だからこれを"済州式コインドル"とも呼ぶ。

　11個の支石を円状に並べて蓋石を支えている。支石は蓋石の底面の屈曲に合わせて削り揃えて、蓋石を支えている。そんな形だから屏風式、或いは上石式とも呼ばれる。

　1959年の調査報告書によれば、底には小石が敷かれ、その周辺を石郭が取り巻いていたと言う。しかし、今ではそれを確認できな

01　先史時代の済州人たちはどのように暮らしていたのか | 35

済州島式コインドル
本土にはない特異な形式なので、済州島式コインドルと呼んでいる。

い。但し、郭支里式土器の破片が出土しており、耽羅国時代の遺物と推定される。

文献記録の傍証がないので正確な来歴は分からないが、他所では見られない特異な形なので保存価値が高い。

ところが、グリーンベルト解体に伴う頻繁な建築工事と近隣道路を走る車両の振動によって、このコインドルも危機に瀕している。日増しに傾いているのである。残念なことである。済州の歴史の看板スターがこんなひどい仕打ちにあっているなんて。

龍潭洞6号コインドルから道一つ隔てたところに、もう一つのコインドルがある。住宅と畑の境界の垣根にぴたりとくっついているので、容易には見つけられない。それでも垣根に沿って探しだして、是非とも確認してもらいたい。それもまた、特異な形のコインドルだからである。それにまた、発掘過程で面白いエピソードを残している。

発掘中の1980年代中盤のことである。そのコインドルの石蓋の下で発掘作業をしていた学生が、喉を潤そうと外に出て水を飲んだ瞬間に、コインドルが崩れた。その時に学生に水を勧めたのは、隣の家に住んでいた社会学科の後輩女学生で、結果的に命の恩人になった。そのコインドルが取り持つ縁が、後にどうなったのかは知ら

ない。しかしともかく、そのようにしてすんでのところで一命を取りとめた学生が、今では済州島最高の考古学者になっている。

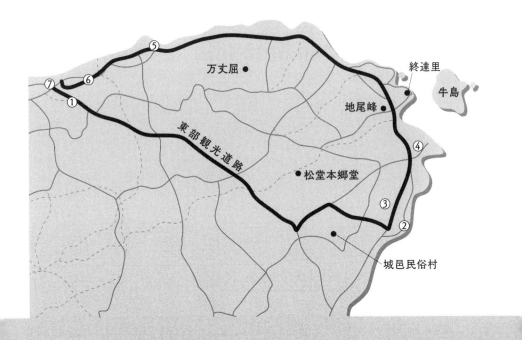

02　済州島創世説話の現場を訪ねて

① 三姓穴
② 延婚浦
③ 婚姻址
④ 日出峰・食山峰・牛道
⑤ 朝天オンジャンメコジ
⑥ 三射石
⑦ 龍淵

三姓穴（サムソンヒョル）から龍淵（ヨンヨン）まで

　漢拏山九十九谷、日出峰九十九峰、翼を切られた子ども将軍（アギチャングン）、下着を作るのに布地があと一疋だけ足りなくて無念の涙を流したソルムンデハルマン…これらの説話には、済州の人々が実際の暮らしの中で叶えられなかった願いと恨、知恵が溶け込んでおり、それこそが済州の人々の真実の歴史に他ならない。

神話としての済州の創世

　史書や遺物・遺構・遺跡だけが歴史を構成するのではない。時にはむしろ民衆の口伝による物語のほうが、歴史の実体に近い場合もある。暮らしの真実がそっくりそのまま物語として維持されているからである。
　神話もまたそうである。最初は荒唐無稽に思われても、そこには先祖の集団的経験が溶けこんでいるので、きちんとした解釈を施しさえすれば、優れた史料として活用できる。
　幸いなことに、済州には神話が多い。およそ一万八千もの神々の来歴譚が残っている。さらに驚くべきことに、天地創造神話まで備えている。"天地王本解（チョンジワンボンプリ）"がそれである。天地創造神話は世界でも多くなく、朝鮮半島にはほとんどない。それだけに、済州の神話は尋常なものではない。ともかく、遺物と史書が不足しているのだか

ら、実に幸いなことでもある。

　天地創造神話よりも次元をひとつ下げた済州島創世神話としては、ソルムンデハルマン説話がある。そしてまた、済州で最初の国家形成にまつわる、いわゆる高・梁・夫の三姓神話がある。済州島の誕生と耽羅国の誕生。フィールドワークを始めるにあたって、それらに関連するふたつの神話を一瞥しておこう。

　済州島を創造した女神であるソルムンデハルマンは、玉皇上帝の三番目の娘で、並はずれた巨体だった。彼女がスカートで土を運んで作ったのが漢拏山（ハルラサン）であり、その過程で綻びたスカートから土塊がこぼれ落ちて、済州島全域の随所にそびえるオルムができた。

　漢拏山を枕に、時には西帰浦の孤軍山（コグンサン）に尻をのせて、西帰浦沿岸の虎島（ボムソム）に足をかけ、海中に入れた足をバタバタさせて遊んだりもした。孤軍山頂に噴火口が穿たれているのは、彼女がそこに腰かけていたせいなのである。

　また、洗濯の際には城山日出峰（ソンサンイルチュルボン）を洗濯籠として、その前方にある牛島（ウド）を洗濯板として用いた。日出峰登山路の脇に連なる奇岩奇石は、彼女が機織りする際に火を灯した灯架台石だと言う。

　元来は済州本島とつながっていた牛島が離島になったのも、ソルムンデハルマンのせいである。彼女が片足を吾照里（オジョリ）の食山峰（シクサンボン）に、もう一方の足を日出峰にのせて小便を始めると、その猛烈な勢いで激しい潮流が発生して、牛島を本島からひき離してしまった。

　ところで、ソルムンデハルマンには悩みの種があった。服が一着しかなかったので、毎日、洗濯と繕いをしなくてはならなかった。そこで彼女は、済州島民に下着を一着つくってくれれば、そのお返しに陸地との間に橋をかけてあげると約束した。しかし、その約束

は果たされなかった。ソルムンデハルマンの下着をつくるのに必要な絹百疋が準備できなかった。島民たちの協力で九十九疋まではなんとか集めたが、あと一疋がどうしても足りなかったのである。

　ソルムンデハルマンの死については二つの物語がある。先ずは、漢拏山のムルジャンオルで溺れ死んだという話である。巨体を誇っていた彼女はある日、済州市で最も深いと言われる龍淵(ヨンヨン)の深さを測ってみたところ、水はようやく彼女の足の甲に届くだけだった。そこで今度は、もっと深いと評判の西帰浦の西挊里水(ソホンリムル)に入ってみたのだが、そこでもようやく膝に届く程度だった。最後に入って行ったのが漢拏山のムルジャンオルなのだが、そこは底なしの池だったので、さすがのソルムンデハルマンも二度とそこから出てくることができなかった。ムルジャンオルは古来、済州の人々が神聖視してきたオルムである。

　もう一つの話では、お腹を空かせて帰ってくるはずの五百人の息子たちのために、ソルムンデハルマンが巨大な釜でお粥を炊いているうちに、その中に落ちて溺れ死んでしまった。帰宅した子どもたちはそんなことを露とも知らず、お粥に舌鼓を打っているうちに、遅ればせながら母の肉身を食べてしまったことに気づいた。そして悲しみの涙にくれて固まってしまい、現在の漢拏山霊室の奇岩奇石、すなわち五百将軍になった。兄弟の中でただ一人、母の姿が見あたらないことを訝しく思ってお粥には手をつけなかった末息子は、兄たちとは別れて遮帰島(チャグィド)もしくは飛揚島(ピヤンド)まで赴いて、そこで固まって岩になってしまったと言うのである。

　他方、『高麗史』では"三姓神話"は次のように記述されている。
　耽羅県は全羅道の南方海上にある。古い書物が記すところでは、

人が住んでいなかったところへ三神人が大地から飛び出してきた。漢拏山北側の山麓に毛興穴と呼ばれる穴があり、それが三神人が出てきたところである。三人のうちの一番年長が良乙那（後に、良が梁に変わった）、次が高乙那、三番目が夫乙那である。三神人は獣皮をまとい、広大な荒野で狩猟に明け暮れ、獲物の肉を食べて暮らしていた。

　ある日、紫朱色の土で封印された木箱が東側の海辺に流れてくるのを見かけた三神人は、近づいて行ってそれを開いてみた。すると、中には石箱があり、その横には紫朱色の服を身にまとった使者がいた。石箱の中には青い服を着た三人の乙女と、仔牛、仔馬そして五穀の種があった。使者は「私は日本国の使者でございます。西側の海上にある山で、三人の神の御子が意気軒高にも国を新たに開こうとしているのに、配偶者がいなくて困っているからと、王様はこのわたしめに、ご自身の三人の王女に付き添って訪ねてみるように命じられたのです。皆様方がそれぞれにふさわしい王女を娶られて、是非とも大業を果たされますように」と告げると、雲に乗って忽然と消えてしまった。

　そこで三神人は、年齢順にその王女たちを娶り、弓矢で占ってそれぞれが暮らす場所を定めることにした。その結果、梁乙那は一徒（イルト）、高乙那は二徒（イド）、夫乙那は三徒（サムド）で暮らすことになった。そして、五穀の種を蒔くと同時に牛馬も育て始め、暮らしは日増しに豊かになった。

三姓穴(サムソンヒョル)

　神話によれば、三姓穴は済州の歴史が始まった場所である。済州を本貫とする高(コ)・梁(ヤン)・夫(ブ)の三姓氏の始祖である高乙那、梁乙那、そして夫乙那がそこにある三つの穴から飛び出してきたと言う。"三姓穴"とは、その三姓氏の神人たちが飛び出してきた穴という意味である。

　もちろん、荒唐無稽な話である。三乙那の登場以前にも、済州では人が暮らしていた。この紀行の冒頭で、先史人たちの痕跡をたっぷりと見てきた通りなのである。だとすれば、神話に登場する済州の最初の人間である"三乙那"とはいったい何だったのだろうか。

　権力者なのである。その神話は権力の発生にまつわる物語であり、

三姓穴
高・梁・夫の三姓氏の始祖が、ここの三つの穴から飛び出してきたと言う。

檀君神話と同様である。神話は権力者が自身の権力を正当化し、始祖を神聖視するために創りあげた宣伝物である。したがって、神話上の始祖は、その誕生自体が普通の人間とは異なっていなくてはならない。いわゆる"三姓神話"もそのようにして創りあげられた耽羅国の建国神話なのである。

　ところで、『高麗史』に記録される以前の神話、すなわち耽羅国の建国神話の原型はどのようなものだったのだろうか。また、どのようにして伝えられてきたのだろうか。人類史の初期に登場する権力体のすべてが祭政一致社会だったという常識を想起すれば、それらの問いに対する回答も容易に得られるだろう。たいていの建国神話は、国家儀礼の際に祭司長によって口承されてきた叙説（語り）なのである。もちろん、その際に口承された叙説は、権力に神聖さを賦与する内容になる。だからこそ、説話ではなく神話と言われる。

　歴史の発展につれて、祭司長は政治権力と分離して、もっぱら専門的な宗教指導者になる。それが巫堂（ムーダン）である。すなわち、ムーダンが代を継ぎながら、堂祭（ダンクッ）を通じて建国神話を口承してきた。ところがある時点からは、そうした建国神話が文字で定着するようになる。もちろん、その際には潤色が伴い、当代の権力層の利害関係と時代状況が適切に反映される。

　要するに、三姓神話も文字記録以前には、堂祭の際に謳われていた叙事巫歌だった。1786年（正祖10年）済州牧司・李命俊（イミョンジュン）が王に上申した状啓（報告）には、三姓始祖に関する次のような一節がある。

　　元来は祠堂（ヒャンサ）を建てて享祀を行っていたのではなく、広壌堂（クァンヤンダン）でムーダンたちがクッを行い祈っていたが、嘉靖5年（中宗21年、

すなわち1526年)に牧司・李寿童(イスドン)が毛興穴の横に壇を設けて以降、毎年、三乙那の子孫をして仲冬に祭享(チェヒャン)を継続させるようになった。

　この記録では少なくとも1526年まで、三姓の始祖たちが広壌堂で巫俗的祭儀を行っていたとされている。すなわち、本来、三乙那神は広壌堂神と同じく堂神であり、現在は三姓穴にある祠堂も、当初はクッを行う堂だった。
　それが、李寿童牧司以後になると儒教式の祭儀に変わった。儒教イデオロギーの普及を通して執権強化をもくろんでいた中央政府の意図が貫徹されたのである。それにつれて、済州島の土着勢力は独自性を失っていく。中央への従属が強化され、体制内に吸収されていく。
　三姓穴も本来は堂祭が行われていた所であり、三姓神話も叙事巫歌であったなどと言えば、済州島の高・梁・夫の姓氏の長老たちはいきり立つだろう。しかし、興奮するほどのこともない。ムーダンとは祭司長に他ならず、当時は最高権力者だった。堂祭も本来は国家的祭儀だったのだろう。
　しかも、その程度でいきり立つならば、三姓神話も本来は耽羅国の建国神話とでも呼ぶべきものだったという主張に接したら、卒倒するかもしれない。実は数年前から全京秀(ジョンキョンス)教授はそんな主張をしている。国家次元の神話が一介の家門の先祖の物語に縮小されたと指摘しているのである。
　そして、それもまた執権強化に努めていた朝鮮王朝の仕業だと言うのである。地方権力だった耽羅国の痕跡を抹殺するには、何よりも人々の意識世界を掌握しなくてはならず、その手立てとして、耽

羅国の建国神話を特定の家門の神話に変容させたのだと教授は説明する。

　そしてその際に、土豪勢力の一部はそれを受け入れた。耽羅国はもう滅びてしまったのだから、せめて自分たちの家門の栄光だけでも救い出すのが賢明であり、そうしてこそ地域における既得権を維持できる、と彼らは考えた。その結果、すっかり意味が縮小された"三姓神話"が定着したというのが、全教授の主張である。なるほどと思わせられる解釈である。

　ともかく三姓穴に赴けば、先ずはその穴を確認するのが肝要である。但し、"観光"ではなく"歴史紀行"が目的ならば、入口の右側に並んでいる碑石群もじっくり眺めておくべきだろう。耽羅の独自性を抹消し、その代わりに儒教イデオロギーの啓蒙のために尽力した地方官たちの名前が確認できる。

　巫俗式祭儀を儒教式祭儀に変えた李寿童牧司の碑がまず眼に入る。済州の巫俗信仰を破壊した第一人者である李衡祥(イヒョンサン)牧司の名前も見える。また、梁憲洙(ヤンホンス)の碑石もあるが、その梁憲洙とは何者かと言えば、1866年の丙寅洋擾(ビョンインニャンヨ)の際の江華島鼎足山城戦闘においてフランス軍を撃退した功もあって、教科書でも紹介されている、あの梁憲洙なのである。彼が済州牧司をしていたのは、丙寅洋擾の直前だった。

延婚浦(ヨノンポ)

　延婚浦は高・梁・夫の三神人が碧浪国(ビョンナンクク)(日本国)の三王女を迎えた所と伝えられている。

　耽羅社会はそれら三王女を迎えたことが契機となって、質的に飛

躍する。三王女が携えてきた五穀と家畜は、狩猟社会から農耕社会への転換の媒介物である。先進的な文物を携えた部族と結合したわけである。ちょうど檀君神話における、桓因(ファニン)と熊に代表される二部族の結合と同様である。檀君神話においても、二つの部族の結合はひとつの部族連盟体、すなわち国家の誕生を意味する。

　現在ではここに、前面には"延婚浦"、背面に"三姓穴関連遺跡址"と刻まれた碑石が立っている。現在の地名の延婚浦を字義通りに解釈すれば、"結婚へと導いた浦"となる。

　しかしながら、昔からそんな名前だったわけではない。元来、その地域は"ヨルウニ"と呼ばれ、その音に合わせて結婚という意味を持つ漢字語をあてて延婚浦となったようである。

　また、三王女が入っていた木箱が発見された場所は"ファソンゲ"、"ファサンゲ"或いは"ケソンゲ"だという。花で飾られた箱が到着した浦だからと"花箱(ファサン)"、それが変容して"ファソンゲ"に

延婚浦
高・梁・夫の三神人がここで碧浪国（日本）からやってきた3人の姫を迎え入れたと伝えられている。

なったという説明と、三神人がその箱を見て快声を上げたので"ケソン（快声）ゲ（海辺）"になったという説明とがある。

　その他、三王女が到着した場所を"ファンノアル"或いは"ファンヌアル"とも言う。"ファンノアル"は三王女が"黄金色の夕映え（ファングムセクノウぇ）"が射す頃に到着したからとする説がある。しかしそれよりは"神聖な水辺"を意味する"ノアル"に由来するという主張のほうが説得力がありそうである。

　ところで、三王女に象徴される部族が最初に済州に到着したのは、はたしてこの延婚浦だったのだろうか。朝鮮時代の歴史書は三王女が到着したところを、"東側の海辺（東海濱）"と記録しているだけで、"ヨルウニ"や"ヨノンポ"には言及していない。

　"東側の海辺（東海濱）"がどうして温坪里（オンピョンニ）の海岸ということになったのだろうか。

　現在の温坪里の海岸がその地だと明示している比較的最近の書物は、1918年の金錫翼（キムソギク）の『耽羅紀年』である。それに対して、『瀛州（ヨンジュ）誌』や編纂者と編纂年代が共に未詳の『編礼抄（ピョルレチョ）』では、現在は朝天浦となっている海岸の、昔は"金塘（グムダン）"と呼ばれていた所こそが、三王女の渡来地だと記している。きっと他にも記録があるのだろう。

　朝天浦の海辺、昔は"金塘"と呼ばれていた所は、秦の始皇帝の使者として、不老草を求めてはるばる済州にやって来た徐仏（ソブル）が到着した所として知られている。おそらく、それが口伝されるうちに混同されてしまったのだろう。このように朝天の名がしきりに挙がるのは、朝天浦が朝鮮時代を通じて本土とつながる最も重要な浦口（入り江、港）だったからなのだろう。

　それにも拘わらず、"金塘"すなわち朝天では、そのことについ

て特に問題提起はしていない。洪吉童に関して全南の霊光や忠南の公州、そして江原道の江陵が縁故権を主張して争っている状況や、論介を巡って全北の長水と慶南の晋州が対立しているのとは対照的である。"三王女渡来地"の商品価値がまだ、それほど大きくなっていないせいなのだろうか？

婚姻址、婚姻池

　婚姻址は三姓穴から飛び出してきた高乙那、梁乙那、夫乙那が、延婚浦に上陸した三王女と婚礼の式を挙げた所である。事実だろうか。実際に結婚したのだろうか。そんなことはない。二つの部族の連合を象徴する話素にすぎない。三王女も実際には三名の女性を意味しているわけではない。部族間の結合においては、男性が主導権を掌握した部族を、女性が副次的な部族を象徴する。

　もしも三王女が実際に女性だったなどと言い張るならば、朝鮮人のすべてが熊の外孫だとする檀君神話もそのまま事実として受け入れなくてはならなくなる。象徴は文字通り、象徴にすぎない。

　三王女が日本から来たと記録されているのも、一つの象徴にすぎない。この神話が文字で記録された時代に、日本が済州の人々の意識に強く刻印された国家だったことは示唆しているが、耽羅国の形成時点で日本の部族と結合したなどと言っているわけではない。

　婚姻址は池である。岩盤地帯にある500坪ほどの池なのだが、そこで三神人が結婚式に先立って沐浴斎戒したという。もちろん、神話内でのことである。

婚姻池
ここで三神人が三人の姫との婚礼を控えて、沐浴斎戒したと言う。

　ところが、神話を事実と錯覚する人々は、実際にここで結婚式が行われ、結婚した彼らが一時期はそこで暮らしていたと言い張る。この池の東へ約50mの地点にある小さな洞窟がその場所だそうである。

　その洞窟はなるほど、先史時代の居住空間だったと推定されている。しかし、だからと言って、それを彼らの新婚世帯だったとするのは、無理が過ぎる。神話と考古学の結合とでも言い張るのだろうが、神話をそのように単線的に解釈すれば歴史は嘘まみれのお話になってしまいかねない。

　但し、婚姻のようにロマンチックなテーマでは、杓子定規の科学なんかさておいて、豊かな想像力に身を任すのもよいだろう。それでこそフィールドワークの面白さもひとしおということになるかもしれない。

日出峰、食山峰、牛島
<small>イルチュルボン シクサンボン ウド</small>

　ここは今ではすっかり有名な観光地なので、耳にするのもうんざりという向きもあるかもしれない。しかしながらテーマを携えて行けば、そうでもない。ソルムンデハルマンの荒唐無稽な物語に誘われて気楽に訪れてみよう。

　彼女の激しい排尿の勢いで済州本島から引き離されてしまった牛島、そして吾照里の食山峰と日出峰は、彼女がシャーと排尿する際に足をかけていた所である。日出峰を洗濯籠として、牛島を洗濯板にしていたという話もある。そんな話を思い浮かべながら日出峰に昇ってみよう。頂上に登ると、牛島と食山峰が一望できる。登山路周辺に折り重なった奇岩怪石も一見の価値がある。ソルムンデハルマンが機織りをする際に、明かりを灯していた灯火台石だそうだ。

　済州の人々はどうしてそんな巨大な女神を創りだしたのだろうか。

城山日出峰とその周辺
ソルムンデハルマンの神話と済州海女闘争の歴史が息づいている。カン・ジョンホ撮影。

済州はしばしば女性が多い島と言われるが、それは女性が数的に多いといった単純な意味ではない。済州の女性の強靱な生活力も意味している。ひどい環境条件だから女性も労働に積極的に関わらずにはおれなかった現実、それが神話に反映された。ここ日出峰の近くには、1932年の済州海女抗日闘争の現場もある。延べ1万7千名が参加した闘争だった。ソルムンデハルマンと海女の闘争、神話と歴史との間にはそれほどの距離があるわけでもない。

　因みに、ハルマンに関して一言。ハルマンは"ハルモニ（お婆さん、祖母）"にあたる済州語である。しかし、ここで言うハルマンは、背が曲がり、力がなくなった老婆のことではない。ハルマンは創造的エネルギーを備えた女神を意味する。ソルムンデハルマンは霊的な能力と卓越した指導力、そして瑞々しい若さを備えた魅力的な女神のことなのである。

朝天オンジャンメコジ

　ここはソルムンデハルマンが済州と本土とをつなぐ橋を架けようとしたあげくに断念してしまった所である。もちろん、神話中の話である。"コジ"すなわち串という地名からも分かるように、海に向かって突出している地形のせいで、説話を創った人々はここを本土へとつなぐ橋の痕跡と考えたようである。
　"オンジャンメ"は"やせこけたメ"、或いは"オンイがあるメ"という意味である。"オン"は済州語で、火山の岩盤下部が抜け落ちてしまった小さな洞窟地形を意味する。なるほど、ここには低い丘があり、その前方には海に突き出た岬があり、その岬のことを

〈クァンゴ〉と呼び、現在そこには戦闘警察の海岸哨所がある。朝天"管"内の最東端の岬だからそのように名付けられたものと推測される。

ところで、済州島の最北端は本当にここなのだろうか。生憎とそうではない。朝天のオンジャンメコジではなく、旧左邑金寧里の海辺が最北端である。それにも関わらず、神話ではここ朝天が本土と最も近い地域であるかのように語られている。その理由は何か？

朝天が朝鮮時代を通じて禾北浦口と並んで済州と本土とをつなぐ最重要な浦口だったからである。神話は歴史を反映する。時代の関心の変遷にしたがって変化する。ソルムンデハルマンはフィクションだが、そのフィクションを通じて、ここ朝天の歴史も少しは窺い知ることができる。

その一方で、神話は歴史を反映するが、究極的に現実を越えるこ

朝天オンジャンメコジ
ソルムンデハルマンが本土とつなぐ橋をかけようとしたあげくに放棄したという朝天の海辺。現実の世界での挫折が神話ではこのように表現される。

とはできない。ソルムンデハルマンは漢拏山を、さらには308個のオルムをつくったとしても、本土へとつなぐ橋を架けることには失敗してしまう。形をなすに至った漢拏山とオルムは女神の能力を示す材料となり、見果てぬ夢、すなわち済州人の現実における挫折は、創造の女神でさえも断念を余儀なくされた課題として形象化される。

閉じ込められた島は孤立し、孤立は死を意味する。そのために、古代から済州人たちは飽くことなく、荒海を越えて豊穣な大地と繋がろうと試みた。しかしながら往々にして風浪に飲み込まれてしまった。その険しい船旅が、神話の中では"架橋"の試みとして描かれる。現実における念願と挫折が神話を通じて表現されているのである。要するに、神話は現実を越えることはできず…。

しかしながら、済州人たちは現実の中で挫折した自分たちを神話によって合理化することで傷を癒し、苦難に打ち勝つために奮闘してきた。たとえ神話の形ではあっても、それでなんとか痛みを宥めるほかなかったのである。

三射石(サムサゾク)

現地で先ず目につくのは三射石ではなくて、それを案内する巨大な標石である。案内の標石の方があまりにも立派すぎて、うかうかしているとそれが三射石かと錯覚しかねない。

三射石とは何か。漢字から、弓矢と関係する三個の石であると斟酌できる。高・梁・夫の三神人が碧浪国の王女を娶り、住む場所を定めるために各自が弓矢を放って占った際に、その矢が突き刺さっ

た石である。これもやはり神話中の話である。しかしながら、ここ禾北洞の住民達は昔も、三射石が置かれているこの場所を"サルソンディワッ（弓を放つ場所）"と呼んでいたらしく、それらしい何かがあった所のようである。

　弓矢を射て占い、土地を分け合ったというのは、権力が強力ではなかったこと、さらには権力間の争闘もそれほど深刻ではなかったことを意味する。社会的・経済的条件がそれほど成熟していなかった。

　その点においては檀君神話とは画然と異なる。檀君神話における権力は単一権力である。また、神聖さも天から賦与されるというように、強力な垂直的位階秩序を表している。社会的・経済的条件が既に強力な権力の出現を準備する段階に至っていた。

　それに対して、耽羅国の建国神話では権力が三分されている。神聖さも天からではなく大地から生まれている。三神人は天孫ではなく、大地から飛び出した人間なのである。そのうえ、三王女も水平的空間概念の形でやってくる。どこにも垂直的に強要される構図はない。

　ある人はそれを、平和を愛する済州人たちの心性が表出されているのだと言う。もちろん、そうした愛郷心に難癖をつけることもない。しかしながら、愛郷心はあくまで愛郷心であり、科学はあくまで科学である。愛郷心の鼓吹も重要だろうが、それに先立って、神話を通して歴史を読み解かねばなるまい。

　膨れ上がった愛郷心を植え付ける神話の華麗さとは裏腹に、現場で確認できる三射石はなんとも貧弱なものである。近隣の畑の石垣と区別するのが難しいほどである。直径55cmほどの二つの玄武岩

が矢を受けた石と言うのだが、なけなしの想像力を総動員しても合点がいかない。しかも、最近では大規模なアパート群の建設の波に伴う道路の拡張もあって、この地域はどんどん味気なくなってきている。だから仕方なく、愛郷心で気持ちをなだめるしかない。地方記念物第4号という称号まで授けられていることでもあるし。

　次いでは、三射石を保管している石室である。その石室は済州人の梁宗昌(ヤンジョンチャン)が1813年(純祖13年)に、矢を受けていた岩を集めてきて、それを保管するために造ったものだと言う。石室の左右の柱には"三神遺跡も長い歳月が経過したので、残っているものを集めて石室に保管した(三神遺跡　歳久残斂　今焉補葺　加以石室)"と刻まれており、下部の板石には"嘉慶癸酉春石室"と記されている。嘉慶癸酉とは1813年にあたる。

　ところが、その横に建つ案内板には、梁宗昌が1735年(英祖8年)に建てたと、間違った紹介がされている。梁宗昌は1767年(英祖43年)の生まれで1851年(哲宗2年)まで生きた人だから、つじつまが合わない。1735年は金浄(キムジョン)牧司が三射石碑を建てた年なので、それと混同したのだろう。

　最後に、三射石の碑である。碑石の前面には"毛興穴古　矢射石留　神人異蹟　交映千秋"という文言が刻まれており、裏面には「庚

三射石
華麗な神話とは異なり、三射石は近くの石垣と区別するのが難しいほどにみすぼらしい姿である。

午3月に高ハルリョン・高テギル・高ソンジョン・高スンフンなどが建て直した」と記録されている。庚午年は1780年か1930年のどちらかであり、案内板では1930年と紹介されているので、正しい記述のようである。

そうであれば1930年以前の、いつ、だれが、最初の碑石を建て、それは今ではどこに行ってしまったのだろうか。記録によれば当初の碑石は1735年（英祖11年）に済州牧司・金浄が建てたとされ、先の文言も金浄牧司が残したものだという。但し、彼が建てた碑は摩耗が激しくなって取り替えられ、今は新しい碑のすぐ前に埋められている。

龍淵
（ヨンヨン）

龍が棲む池だから龍淵なのである。龍は雨を集める霊物だからなのかどうか、昔はここで祈雨祭が行われていた。しかし、今ではすっかり都市の片隅となり、河川の一部には蓋がかぶせられ、昔とは趣が違う。それでもやはり、周辺の常緑樹の森と7～8メートルもの高さの屏風奇岩は、深緑の底なしの龍淵を今なお神秘めいたものにしている。

そんな絶景だからこそ、朝鮮時代の地方官たちは、夜になるとここに船を浮かべて酒宴を開き、風流を楽しんだ。済州を代表する十二の絶景、つまり"瀛州十二景"のひとつ"龍淵夜帆（ヨンジュ）"とは、ここで繰り広げられた夜の船遊びの景観なのである。

玄基栄の成長小説『地上に匙ひとつ』にも龍淵が登場する。その小説での龍淵は、地域の子どもたちの重要な遊び場である。逆に言

えば、子どもたちにとっての恐怖の対象でもあった。毎年、水難事故が繰り返されるからである。今でも深い青緑色の水を見つめていると、寒々とした冷気が体にまといついてくる。

　ところで、神話でソルムンデハルマンがこの池に入った時には、せいぜい足の甲までしか水が届かなかったと言う。膝まで水が届いた西帰浦・西拱里の拱里水（ソホンニ　ホンニムル）も彼女にとっては取るに足りないものだった。しかしながら、漢拏山のムルジャンオルは底なしで、その水が彼女を飲みこみ、永久にそこから出てこられないようにしてしまった。このように、神話中の龍淵は漢拏山のムルジャンオルほどには神聖な所として描かれていない。

　朝鮮時代の酒に酔った両班たちや、子供たちが水遊びのために出入りしていた池だから、神聖さが劣るとでも考えたのだろうか。あるいはまた、今日のように生活水が流れこむ河川に転落することをとっくの昔から見越して、"せいぜい足の甲"レベルのものと見下していたのだろうか。

龍淵
龍は雨を招きよせる霊物と言われ、昔はここで祈雨祭を行っていた。

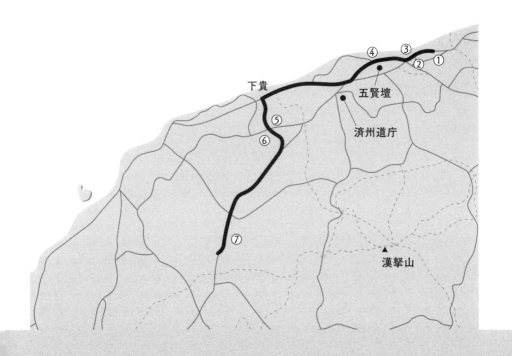

03 三別抄と蒙古帝国の痕跡を訪ねて

① 東済院址
② 松潭川
③ 禾北環海長城
④ 耽羅総管府址
⑤ 破軍峰
⑥ ハンパドゥリ三別抄遺跡
⑦ セビョルオルム

東済院址からセビョルオルムまで
　　トンジェウォント

　　外部勢力の奸計によって繰り返された耽羅と済州との名称交替、それは周辺の二つの外部勢力によって翻弄されていた済州の人々の痛みの象徴でもある。耽羅にとっては、高麗も蒙古も外部勢力という意味では、何ら変わりはなかった。

"耽羅"から"済州"に名前が変わったのは
　　タムナ　　　　チェジュ

　"耽羅"は済州の旧名である。そんなことは誰だって知っている。ところが、その名前がいつ、何故に変わったのか。またその名の意味が何かなどに関しては特に聞いたことがない。しかし、これは重要である。それらの名前には独立国であった耽羅を取り囲む諸勢力間の力関係が潜んでいるからである。

　耽羅から済州に名前を変えたのは高麗時代のことである。正確に何年だったかは知りようがないが、高宗10年、つまり1223年頃と推定されている。何故、変えたのだろうか。それを知るには、何よりもまず"耽羅"という言葉の意味を調べて見なくてはならない。

　文字の解釈をしてみると、耽羅は楽しむ耽と捨てる羅とで構成されている。しかし、いったいどんな意味なのかは分からない。当然である。漢字は必ずしも表意文字として使われるわけでもない。意味ではなく音を借りて用いる場合も多い。"耽羅"の場合もそう

ある。古代の済州を指す言葉としては、耽羅の他に、耽牟羅、耽毛羅、托羅、渉羅、屯羅などが史書に登場するが、それらには共通点がある。発音が似ていることである。その事実は"耽羅"が表音文字だという証拠である。

金錫翼も『耽羅紀年』において、「燕巌・朴趾源が言うには、我が国の方言では島をソム、国を羅羅とし、タム、ソブ、ダュの3つの音はすべてソムと似ており、概ね、島国のことをいう」ので、"耽羅"は島国を意味するとしている。

そうならば、高麗高宗の時代から使われだした"済州"の方はどんな意味なのだろうか？ 原州、尚州、慶州、全州、羅州などの例でも分かるように、後ろの"州"という文字は大きな集落を意味し、重要な行政区域を指す。そして前の"済"は"大海を渡る"という意味である。すなわち、"済州"は朝鮮半島本土から海を越えてはるか遠くにある重要な行政区域という意味になる。

そうだとすれば、"耽羅"から"済州"への名称変化がどんな意味を持っていたかが推察できる。高麗前期に独立国としての耽羅は消えた。一地方として高麗に編入されたのである。名称変化が示しているのはそうした耽羅のステイタスの変化なのである。

ところがその後に、済州島は再び"耽羅"という名前を回復した時期がある。三別抄抗争が終わり、済州が蒙古の直轄地になった1273年頃からである。"耽羅国掃討史"、"耽羅総管府"という名称でそれを確認できる。

何故そうなったのだろうか？ 蒙古が済州島を格別に好意的に見ていたのだろうか？ そのために耽羅の自主性を擁護してくれたのだろうか？ そんなことはない。朝鮮が1876年に開港した際に、

日本が我が国に強要した江華島条約第１款「朝鮮は自主の国であり、日本国と平等な権利を有する」という文言と似ている。"朝鮮の自主権"を云々したのは、朝鮮に対する清国の宗主権を否定するためだった。そうすることによって、日本の朝鮮侵略が容易になる。蒙古も耽羅を高麗の支配下から外し、自らが直接に支配しようとした。"耽羅"という名称が一時期に限って回復されたのは、そのためだった。

　外部勢力の奸計によって繰り返された耽羅と済州の名称変更、それは周辺の二つの外部勢力間の争いによって翻弄され続けてきた済州人の苦痛のシンボルでもある。耽羅にとっては、高麗であれ蒙古であれ、外部勢力という意味では何ら変わりがなかったのである。

東濟院址（トンジェウォント）

　今では何も残っていないが、ここは三別抄の戦闘の序幕が切っておろされた現場である。三別抄本軍がまだ珍島（チンド）に陣を構えていた頃、つまり三別抄戦争が本格的に始まる前に既に、済州島では高麗政府と三別抄の間で戦いが起こった。いわゆる松潭川（ソンダムチョン）戦闘がそれである。その戦闘に先立って三別抄別働隊長の李文京（イムンギョン）配下の兵士たちが陣を構えたのが、まさしくここ東斎院址だった。

　三別抄戦争が始まってもいないのに、どうして済州島で戦闘が起こったのか。地政学的位置のせいである。長期抗争のために三別抄の根拠地が済州島に移ることになるだろうと、三別抄だけでなく高麗政府も判断を下していたのである。

　高麗政府が霊厳副使（ヨンアムブサ）の金須（キムス）と将軍の高女霖（コヨリム）を済州に急派したのは

東濟院跡（巨老村）

その為である。千余名の兵士を率いた金須と高女霖が入島して直ちに行ったのは、海辺を取り囲む城壁を積むことだった。三別抄の済州への入島をくい止めるためだった。

　三別抄の側も、高麗側のそうした動きを見過ごしてはいなかった。済州島確保の成否に彼らの生死がかかっていたからである。だからこそ、別働隊長の李文京を済州に送った。済州の西側の明月浦に上陸した李文京は済州城は迂回して、外郭地域を経由してこの東斎院に陣を構えた。三別抄が珍島に陣を構えてわずか3ヵ月後の1270年11月のことだった。そして直ちに戦闘が起こった。

　地名の"東濟院"は朝鮮時代にここにあった院に由来する。"院"とは、官吏たちの宿泊所のことである。ここ東濟院は朝鮮時代の重要な浦口であった朝天浦口と禾北浦口からあまり遠くない位置にあった。船で夜遅くにとちらかの浦口に到着した官吏たちが、すぐには済州邑城に行けない時には、ここで一夜を過ごしたのではなかろうか。"東側から越えてくる院"という名称でもそれが分かる。

　『新増東国輿地勝覧』などには「東側9里（4キロ足らず）にあり、址が残っている。李文京が兵士を率いて陣を構えた所である」と記録されている。

松潭川

　済州に入島した三別抄が官軍と激しい初戦を交えた所である。もちろんその戦闘は三別抄の本陣が行ったものではない。三別抄と政府軍の本格的な戦争に2年半ほど先立つ前哨戦にすぎなかった。

　しかしながら、その戦闘の意義は非常に大きい。どちらが済州島を掌握するかによって、三別抄抗争が長期にわたる持久戦になるか、すぐさま鎮圧される反乱で終わるか、それを決する戦闘だったからである。

　三別抄が珍島まで下り、龍蔵城(ヨンチャンソン)を構築して統治基盤を固めるにつれて、高麗政府の緊張は高まった。三別抄はもはやただの反乱軍ではなかった。王族である承化公・王温(スンファコン・ワンオン)を王として推戴し、自分たちこそが真正なる高麗政府であると闡明するほどで、その威勢には並々ならぬものがあったためである。そのうえ済州島までもが三別抄の手に渡りでもすれば、その基盤はますます確固としたものになるのだから、高麗政府としても憂慮しないわけにはいかなかった。高麗政府も済州島の地政学的価値を十分に承知していた。

　高麗政府の金須と高女霖が入島したのは1270年9月中旬頃と確認されている。三別抄が珍島に陣を構えて半月しかたっていない時点のことだった。三別抄別働部隊長の李文京が入島したのが11月のことだった。政府と三別抄のどちらにとっても、済州島は緊急に確保しなくてはならない要衝地だったのである。

　済州島西部の明月浦(ミョンウォルポ)に到着した李文京の部隊は、済州城を通らずに外郭地を回って東済院に陣を構えた。そして直ちに攻撃を開始した。激戦地は東済院からわずか10m西にあった河川であり、その

松潭川
三別抄と政府軍との間で前哨戦が闘われた激戦地。

河川を挟んでの戦いだったのだろう。

　一進一退の接戦の果てに、李文京の部隊は政府軍を全滅させた。そしてその後、事態を収拾した李文京の部隊はさらに東側にある朝天浦に向かい、そこに陣を構えた。済州邑城を通らなかったことや、戦闘後にも邑城を避けて朝天に陣を構えたことなどを見ると、三別抄は地元民に対して、相当に配慮していたようである。地元民に害を及ぼさないことが勝利の秘訣であることが分かっていたようなのである。

　記録によって多少の差異はあるが、当時、政府軍は千名程度と推定されている。他方、三別抄の李文京軍の数は全く記録されていない。但し、熾烈な接戦の果てに政府軍を全滅させたという経過から推し量れば、同じような規模だったのだろう。

　或いは、必ずしもそうでなかったのかもしれない。官軍側はその戦闘の敗因を、耽羅の地元民の非協力や三別抄への支援のせいであると記録している。その点から推して考えてみれば、三別抄の方が

むしろ少ない兵力にも拘わらず、民心を味方につけて勝利したのかもしれない。

　松潭川は現在、別刀川(ビョルドチョン)、あるいは禾北川(ファブクチョン)と呼ばれているが、その名は周辺の別刀峰と禾北村に由来する。その他に、ベリンネ（川）、ムドゥネ（川）、ムドゥチョン（川）などとも呼ばれている。

　ある人は、『新増東国輿地勝覧』では東濟院が"東側9里"、松潭川が"東側13里"にあると記されているのを受けて、松潭川は現在の禾北川ではなく、もう少し東側にある三陽の三水川(サムスチョン)（民俗博物館横）だろうと推定している。しかし、実際に三水川までの距離を測ってみると、遠すぎるし、李元鎮(イウォンジン)の『耽羅誌』では、禾北川が"東側13里"と記録されているので、松潭川とは現在の禾北川のことと見るのが正しい。

　そこはわたしが初等学校時代に毎年、春の遠足で通っていた所である。また、詩人の高銀が修道していた元命寺(ウォンミョンサ)がある所でもある。子どもたちがハンカチ回しで時を忘れて走り回っていたその場所、明け方には木魚の音が轟きわたっていたあの虚空、そんなところが済州島を掌握するために三別抄と政府軍が熾烈な戦闘を行っていた場所だったなんてことを、お腹を空かせてひたすら海苔巻(キムパプ)に気を奪われていた子供のわたしが、知る由もなかった。

禾北環海長城(ファブク ファンヘ ジャンソン)

　環海長城とは文字通り、海に沿って島を取り囲む長い城である。記録によれば、その長さは300里、すなわち120kmだったと言う。そうだとすれば、済州島全体の海岸線の半分に近い。おそらく、絶

壁を除外して船を着けやすそうな所は余すことなく、城壁を積んだのだろう。

　元来、環海長城は高麗政府が派遣した高女霖が、三別抄の入島を妨げるために築造を始めたもので、その時期は1270年9月頃と推定される。高女霖の軍隊が入島したのが、その頃だったからである。しかし高女霖が三別抄別働隊長の李文京に敗北して戦死したのがその年の11月なので、環海長城300里のすべてが高女霖の政府軍によって築造されたと見るのは難しい。わずか2ヵ月で完成するには長すぎるからである。

　その後に済州を掌握した三別抄軍もまた、城を積んだようである。但し今度は前とは逆に、高麗政府軍の入島を妨げるためであった。さらには、倭寇に苦しめられた朝鮮時代の済州人も城壁の築造を引き継ぎ、それが開港期まで続いた。『耽羅紀年』（金錫翼、1918）には西洋の船など外敵の船（夷洋船）の出没のせいで、憲宗11年（1845年）に石を積んで環海長城を修理したという記事がある。

　現在、環海長城の痕跡を確認できる地域としては、ここ禾北の他に涯月（エウォル）、高内（コネ）、北村（ブクチョン）、東福（トンポク）、

禾北環海長城
保存状態が比較的良好だった環海長城も、流行の海岸道路のせいで、その運命が不透明になっている。

咸徳
ハムドク
、坪岱
ピョンデ
、泰興
テフン
、日果
イルグァ
などが挙げられる。もちろん、昔のままに残っているものは殆どない。ここ禾北の環海長城が一番である。保存状態が相対的に良好で、他の海岸よりも長く城壁が残っている。

　しかしながら、それもいつ消え去るやら知れたものでない。数年来、無分別に開設されるようになった海岸道路のせいである。幸いにも、ここ禾北にはまだ海岸道路が通っていない。しかし、済州島の海辺の集落のほとんとすべてが海岸道路の開設に血眼になっている現実を見れば、ここ禾北の環海長城の運命もどうなるか分かったものではない。文化的感受性といったものが爪の先ほどもなく、もっぱら目先の経済性、選挙の票だけを意識した非常識な行政がつくづく恐ろしい。

耽羅総管府址
タムナチョンカムブト

　三別抄抗争の鎮圧後、蒙古帝国は済州島を直轄地とし、官吏を派遣した。その後の100年間にわたって、済州島は蒙古帝国の直接の支配下に置かれることになった。耽羅総管府はその間、済州を統治していた官庁なのである。

　耽羅総管府は教科書でも馴染みのある名前なのだが、実は100年間に何度も名称を変えている。耽羅国掃討使、耽羅国軍民都達魯花赤総管府、耽羅国軍民安撫使、耽羅総管府、耽羅軍民万戸府などだが、それらには共通点がある。他でもなく"耽羅"である。なんでもないことのようだが、これは重要な導きの糸になる。

　一時は"済州"という名前が復活したこともある。忠烈王20年（1294年）、日本征伐に執着していた元の世祖王が亡くなった時のこ

とである。王が亡くなると、日本征伐の計画も破棄された。それに伴って日本遠征の前哨基地である"耽羅"の価値も落ちた。そんなところに、高麗が"済州"を返還するように元に要請し、それが受け入れられて、"耽羅"は再び"済州"として高麗の支配下に入った。

しかしながら、その6年後の忠烈王26年(1300年)には、元が耽羅総管府を設置して、済州島は再び元の直轄地になった。それは以前とは違って、日本遠征よりも牧場の経営強化のための措置であり、元は"耽羅"という名にこだわった。もちろん、独立国としての耽羅ではない。

だとすれば、済州島を実質的に統制していた元の官庁はどこにあったのだろうか。実は正確な記録はない。ただ、『新増東国輿地勝覧』には「済州城北側の海岸に昔の官庁の痕跡が残っているので、それではないかと思われる。しかし、考証には至らない」(州城北海岸　有古官府遺址　疑即其地　然不可考)という記録が残っている。おそらくはそれを根拠にして、済州邑城の北側、現在の北初等学校の裏側に標石を建てたのだろう。

済州市が編んだ『済州市の遺跡』では、龍潭2洞の師範大学付属高校(サデブゴ)の西側を、かつて耽羅総管府があった場所と比定している。

破軍峰(パグンボン)

破軍峰とは"軍を撃破した峰"という意味である。その名前自体に歴史的事情が保持されていそうなオルムである。しかし、本来の名前は、籠(バグニ)を伏せた形だからと"バグムチオルム"だった。

ある人は、蝙蝠と似ているから"バグュチ"と呼んだとも言う。現在の名称である"バグンボン"はおそらく、昔の名前"バグュチ"と発音が似ていることに加えて、歴史を語るのに好都合な漢字語を選択した結果のようである。

　高さが50mにも満たず、散策路がきちんと整備されており、だれでも容易に登れる。

　ここからハンパドゥリソン（城）までの距離は2.5kmにすぎないが、ここの様子を見れば三別抄軍の前哨基地だったという話はまるで嘘みたいである。伝わっている話によれば、三別抄戦争における破軍峰戦闘は、ハンパドゥリソン戦闘に劣らず熾烈だったと言う。明月浦へ上陸した左軍の攻撃に続いて、咸徳浦(ハムドクポ)に上陸した中軍の金方慶(キムパンギョン)の部隊が加わって挟撃されたので、三別抄軍はここを放棄してハンパドゥリソンへ退却していった。しかし程なくして、ハンパドゥリソンもまた占領されてしまった。

　頂上に上れば、松の枝の合間から海が間近に見える。三別抄の兵士になったつもりでそこに立ち、海岸線へ近づいてくる麗蒙連合軍を想像してみるのも一興である。

ハンパドゥリソン

　珍島を明け渡した三別抄が元宗12年（1271年）に済州へ入島して根拠地とし、その2年後の元宗14年（1273年）に麗蒙連合軍によって最期を迎えた悲劇の舞台である。本来は外城と内城の二重構造になっていたというが、現在、復元されているのは土城であった外城の一部だけである。外城は元来、約15里（6km）、内城は約

700mだったと言う。

　現在では史跡地に指定され、管理が行き届いている。殉義門(スンウィムン)を入ると抗蒙殉義碑(ハンモンスンウィビ)が正面にあり、左側には展示館がある。ところが正直言って、殉義門内にはわざわざ入ってみることもない。見るに値するものが殆どないからである。それにまた、殉義門自体が気に食わない。済州の特性といったものが何一つなく、大韓民国スタンダードの忠魂祠堂(チュンホンサダン)の正門の様式をそのままになぞっている。国立墓地であれ顕忠祠(ヒョンチュンサ)であれ、すべて同じである。

　当然である。国家イデオロギー高揚のためのものだからである。官製の臭いが芬々としている。柱はいわゆる"陸英修色(ユクヨンスセク)"とも呼ばれる米色（薄黄色）である。かつて大韓民国の役所の建物ならどこにでも塗られていたあの色なのである。朴正熙(パクチョンヒ)大統領やその妻だった陸英修が最も好んだ色だと言う。いくらそうでも、やりすぎである。当時は村の会館まですべてそれ一色で塗りかためられていた。独裁は政治権力の形だけに現れるのではなく、国民の美的感覚までも支配する。

　そうだとすれば、ここは朴正熙時代に整備されたものなのだろうか？　その通りである。しかも、あまりにも拙速に推進された。軍事政権の脆弱な正当性を補完するために、歴史上の優れた武人たちを引っ張り出してきて、まともな発掘調査もせずに史跡地整備を敢行した。そのせいで、多くの遺物が壊されたという話が、後々になっても聞こえてくる。

　三別抄の軍人たちの自主的な気概が天皇主義者朴正熙によって籠絡されたわけである。実際、朴正熙にとって重要だったのは三別抄ではなく、自分自身の軍事政権だった。三別抄は軍事政権を維持す

ハンパドゥリソン（城）
自然の渓谷を用いた堀が当時の姿を彷彿とさせる。

るための道具にすぎなかった。ここが整備された時期は1977〜1978年だった。よりによってどうしてその時期だったのか。その時期には、維新体制が自己矛盾に持ちこたえられず、破局に向かって突っ走っていた。国民の反発が強まれば強まるほど、朴正煕はそれを宥めて自らの軍事独裁を合理化しようと懸命だった。その為に、こうした象徴物が数多く建設された。

　土城の本来の長さは約6kmだったらしいが、復元されたのは約980mだけである。しかし、それも強く関心を惹くほどのものになっていない。原型に忠実なようにはとうてい見えないのである。但し、城壁の上の芝生は見事で休憩にはうってつけである。伝えられている話では、その上に登れば海が一望できたらしいが、今では木々が前方を塞いでしまっていて何も見えない。因みに、城壁上に灰をまき散らしたうえで馬を走らせ、埃をたてることによって三別

抄の兵士が実際よりも多く見えるように偽装した、という話もある。

　殉義門の中や土城よりも注意深く見るべきなのは、外城の外の南側と西側の渓谷である。城の立地を確認できるからである。その渓谷が外城の"垓字（堀）"の役割をしていた。"垓字"とは、城壁に敵が接近できないように城壁の外側を深く掘って、水を満たした人口池のことである。人口池を掘らずに、自然の渓谷を活用しているところが、なるほどと思わせる。国家主義イデオロギーが纏わりついて剥製化してしまった復元物よりも、自然の渓谷である"垓字"のほうが当時の姿を髣髴とさせる。それが"ハンパドゥリソン"の特徴でもある。

　次の場所に移動する前に考えてみるべき問題がひとつある。いったい、ハンパドゥリとはどのような意味なのだろうか。生憎なこと

ハンパドゥリ三別抄抗蒙遺跡地地図

に、それについてはいまだ正確には分からない。

　オ・チャンミョンは"ハン"を甕、"ドゥリ"を円形、或いは"パドゥリ"を円形と考えて、"ハンパドゥリソン"とは"甕の縁のように円形の城"と解釈している。なるほどと思わせる。

　兪弘濬(ユホンジュン)教授と韓国文化遺産踏査会が編んだ書物では、何の根拠も提示せずに"鉄甕城を意味する済州語"としているが、その説に同意する人はいそうにない。

　他方では、"ハン"は当時の鎮圧軍将軍だった洪茶丘(フォンダグ)の"フォン(洪)"、"バドゥ"は将軍・英雄・将師を意味する蒙古語"バドゥ"に由来すると解釈する人もいる。すなわち、"洪茶丘将軍が鎮圧した城"だと言うのである。歴史を踏まえた解釈である。外国人の名前が埋め込まれているからと言って気分を害することもない。過去はあくまで過去として見なくてはなるまい。

将師水(チャンスムル)・オンソンムル・クシムル

　ハンパドゥリソンの周囲には三別抄戦争の因縁話に彩られた場所が多い。代表的なのは大地から湧きだす泉である。

　将師水は金通精(キムトンジョン)将軍の足跡が穴を穿った岩から湧きだした泉だと言う。将軍が麗蒙連合軍に追われて城から脱け出そうとした際に、城壁をひょいと飛び越えて着地した岩に足跡が残り、そこから水が湧きだした。それが将師水だと言うのである。

　今でも岩の隙間から将師水は涸れずに流れ出ている。有名な泉には効用話がつきまとうもので、どんな日照りであっても涸れないその水を飲めば、将師になれるとか、どんな病気でも治るといった話

将師水
金通精将軍の足跡で穴が穿たれた岩から湧き出た泉だからと、将師水と名付けられている。

が、ここにもある。オンソンムルとクシムルも同様である。

しかしながら、その泉水も今では、"飲用水としては不適切なので、飲まないでください"と行政当局の注意書きが掲げてあり、伝説の神秘を嘲笑っている。しかし、致し方のないことである。それも人間が犯した罪の結果に他ならず、水に責任があるはずもない。

オンソンムルは極楽寺境内にある。三別抄が駐屯していた当時には、将校たちが飲んでいた水だと言う。城外に位置していたので、その水を城内に引き入れる装置があったようである。泉をとり囲む石垣が、かつての静まり返った情趣を残している。しかし、近よってみると、周辺には水音がするのにその泉自体は涸れている。水脈を意図的に変えたようである。

クシムルは当時、兵士たちが飲んでいた水だと言う。泉の周辺の石垣は素敵だが、全体としてすっかり様変わりしてしまって、昔の情趣などまったくない。

矢の標的岩（サルマジュントル）

　山裾にあって朴正煕式に整備された抗蒙遺跡地とは違って、ここへ通じる狭い道を歩いていると、フィールドワークの妙味が堪能できる。ぶざまに人間の手が入ったものよりも、素朴であっても昔のままのほうがはるかによい。

　矢の標的岩は、三別抄の兵士たちが弓矢の訓練の際に、標的として活用していた岩である。巨大な玄武岩の数ヵ所に穴が穿たれている。南側の極楽峰（クンナクポン）からその岩に向かって矢を放っていたと言う。まさか、岩に向かって矢を射るなんて何を馬鹿なことをとも思うが、おそらくは、岩に穴を穿つほど三別抄の戦闘力が強かったことを、あるいは、そうなることを願っていた民衆の気持ちが生み出した伝説なのだろう。

　実際にその穴を詳細に調べてみると、人工的なものではなさそうである。溶岩が流れているうちに木の枝が混ざり、その枝が溶けた部分が穴となったまま固まってしまったのだろう。ところが、50余年前でもその穴の中には矢が残っていて、界隈の子どもたちがその矢をつまみ出しては飴と交換していたという話が伝えられている。それを信じようと信じまいと、勝手である。伝説をことごとく科学的に解体してしま

矢の標的岩
民衆たちは岩に穴をあけるほどに三別抄の軍事力が強大であることを願った。

う必要はない。そのままで十分に面白いのだから。

セビョルオルム（暁星岳）

　馬蹄型の噴火口が幾つも重なり、峰が5つもあるオルムである。5つの峰がまるで星のように見えるので、明けの明星（暁星）〈セッビョル〉と命名されたと言う。
　頂上に上ると、周辺の牧場草原地帯が涼しげに眼に入ってくる。遠くの飛揚島は『星の王子様』に登場する、キリンを飲みこんだ蟒蛇（ウワバミ、大蛇）のような姿で静かに佇んでいる。なんとも平穏な光景である。
　しかし歴史上のこの地は、決して平穏ではなかった。この一帯は"剣と盾が海を覆い、肝と脳が大地を分け"た"牧胡の乱"の一大激戦地だった。元が滅亡後の恭愍王23年（1374年）のことである。
　反元・自主政策を繰り広げていた恭愍王は、それ以前にも済州島奪還のために何度も兵士を派遣していた。しかし、済州に残っていた牧胡たちが甚だ強力に反発したために、失敗を重ねていた。本格的な戦争が始まったのは、明の介入と馬のせいだった。恭愍王23年（1374年）、耽羅のかつては元に所属していた馬2千頭を返還するようにと、明が高麗に要求してきた。高麗としては、言われるままにするしかなかった。しかし、耽羅在住の牧胡たちが強く抵抗した。元の敵である明には断じて馬を渡せない、と言うのだった。そして、抵抗の果てにようやく差し出した馬が、たった300頭だった。
　そこで恭愍王は耽羅攻略を決定し、戦艦314隻、精鋭兵2万5,605名を崔瑩に与えて、本格的な牧胡討伐を命令した。こうして

戦争が始まった。討伐に狩り出された高麗軍の規模は決して小さなものではなかった。その後、明を討つために動員された高麗の征伐軍の3万8830名と照らし合わせれば、その規模が並々ならぬものであったことが分かる。

　もちろん、耽羅討伐は明を牽制する意図も含んだ遠征だった。明は、耽羅はかつて元の直属領だったから、耽羅の支配権は高麗にではなく、元を滅亡させた明にある、と主張した。高麗からすれば、明のそうした野望をくい止めるためにも、急いで耽羅を掌握する必要があった。

　崔瑩(チェヨン)が率いる2万5千の討伐軍の上陸を阻止するために、牧胡の騎兵3千が集結したのが、セビョルオルム上から見える飛揚島対岸の平原に他ならなかった。討伐軍は当初、上陸さえも難しかった。11隻の船に分乗した先発隊がすべて、牧胡の騎兵によって殺されたほどである。

　焦った崔瑩が動揺する討伐軍兵士数名を現場で処刑した結果、軍律の厳しさに驚いた討伐軍兵士たちは、ようやく果敢に上陸を試みるようになった。そして壮絶な戦闘が展開された。

　オルムビ、赤オルム、今岳、さらにはセビョルオルム方面へと戦闘は拡大していった。ここセビョルオルムから飛揚島の対岸にまで広がる平原こそが、その現場である。ぎりぎりの均衡状態がやがて急転して、戦闘はついに牧胡の敗北に終わった。牧胡は追われて、西帰浦の西埇洞(ソホンドン)、倪来洞(イェレドン)方面に敗走した。そちらには彼らの精神的支柱であり根拠地でもあった法華寺(ポッパサ)があったからである。しかしながら、さらに退却を強いられて、ついには西帰浦沿岸の虎島(ポムソム)で最後を迎えた。

その戦争の勝利によって、高麗は元の勢力を完全に朝鮮から駆逐した。耽羅もまたその戦争を契機に、100年間にわたる蒙古の支配に終止符を打つことができた。しかし、耽羅人の立場から牧胡の乱を見直すと、元の勢力の追放といった一面的な解釈に固執しているわけにはいかなくなる。100年の間に、耽羅と蒙古との絆があまりにも強くなっていたからである。
　記録では三別抄の敗北後も、1400名ないしは1700名程度の蒙古軍が済州に駐屯していたとされている。およそ100年の支配だったから、その間に蒙古軍と耽羅の女性たちとが婚姻などの縁を結んでいたのも当然のことである。
　その上、彼らは先進的な牧馬技術を教え伝えてくれた人々でもあったから、高麗政府に対するよりも親近感が生まれていた可能性もある。その他、数々の実績があった。たとえば、蒙古人と耽羅人との混血の子孫、つまり半蒙古人である耽羅人も多かったようである。『高麗史』にはコクゴプテ、モンゴデ、タブサバルドのような名前の耽羅人が登場するが、その人たちはおそらく耽羅と蒙古の混血だったのだろう。彼らの存在が"牧胡の乱"の解釈を複雑にする。
　2万5千名を越える大規模な討伐軍が動員されたことも、純粋な蒙古人たちだけを討伐の対象にしていたわけではなかったことを物語る。たった3日で終わった三別抄の戦闘とは違って、制圧に一月もの長期間を要したことも、牧胡が蒙古人に限られていなかったことを示唆する。当時の戦闘の目撃談を記録した河澹(ハダム)の文章中の「われわれと同族ではない者たちも混じって甲寅の変（牧胡の乱のこと）を引き起こした」という一節も、牧胡の乱の一面を示している。"我々と同族ではないものが混さって"という言葉を改めて考えて

牧胡の乱の当時に、激戦が繰り広げられたセビョルオルム周辺の平原

みると、実は同族同士で戦闘がなされていたことになる。

　もちろん、以上の解釈は国家イデオロギーと真っ向から衝突する。朴正煕が造成した済州抗蒙遺跡地記念館には、牧胡の乱の鎮圧の様子がすこぶる崇高に描写されている。祖国の大地から外国勢力を追い出した自主性の象徴として雄々しく描かれている。それが間違っているというわけではない。中央の観点からすればそうだろう。

　しかし、済州人の眼には全く違って見えてくる。それを単純な反乱とは解釈しにくいのである。今日のような強力な民族意識、国家観など当時はなかった。特に地方分権制だった高麗時代を、今日の民族主義の観点から見るのは問題である。歴史はその時代、その地域の人々の眼で見なくてはならない。そうしてみると、済州人にとって崔瑩は民族の英雄ではなく、虐殺の責任者であり、牧胡の乱は4・3以前では、外部権力が済州に犠牲をもたらした最大の事件であったと言えないこともないのである。

　セビョルオルムは重々しい印象がある一方で、柔らかな曲線が絶品である。そのうえ、周辺の景観も実に美しい。静かな牧場地帯だ

から、なんとも平穏である。ところが最近は、めっきり騒がしくなった。大変な騒ぎである。旧暦正月15日の野焼き祭りの会場に使われるようになってからである。それ自体は相当な成功と評価されており、地域経済のためにはもちろんいいことである。

　しかしながら、群れをなして押し寄せては騒ぎたてる人々の喧騒が、600余年前にここで繰り広げられた歴史まで埋もれさせてしまいそうで残念である。野焼き祭りは大虐殺には全く似合わない。セビョルオルㇺが戦争を記憶し反省する空間、平和を祈願する空間として人々の心に残るようになればいいのだが。

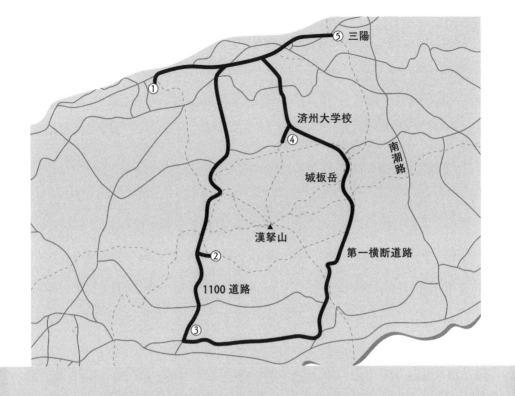

04 蒙古帝国と運命を共にした済州の仏教文化

① 水精寺址
② 尊者庵址
③ 法華寺址
④ 観音寺
⑤ 元堂寺址

水精寺址ウォンダンサトから元堂寺址まで

済州の仏教文化を理解したければ、それに先立って巫俗文化を知らねばならない。仏教は外皮にすぎず、中心には巫俗が居座っている。寺の本尊の仏像前でムーダンがクッ（巫俗祭祀）を繰り広げるほどなのである。

寺でどうしてクッなんかを

　わたしが勤める学校は済州市の中心近辺にある。それでいながら、周辺には民家がほとんどなく、わりとひっそりしている。ところが、その学校に赴任した年のある日、授業中に何処からか異様な音が聞こえてきた。"ケンケンケン"という打楽器の音だった。プンムル（農楽）の鉦の音に似ているが、曲調が全く違う。何だろうか。
　昼休みを利用して、相変わらず鳴り響いている音を頼りに行ってみた。寺刹だった。入口の看板には"大韓仏教××宗×××庵"と書かれていた。一瞬、頭がおかしくなった。その鉦の音はムーダンのクッのそれに違いないのに、その現場がお寺だとは。"寺でどうしてクッなんかを？"
　まさにそういうことなのである。済州島は風光ばかりか文化も本土とは大きく異なる。仏教文化を渉猟してこそ韓国の伝統文化が理解できると言われたりもするが、済州島の場合はそれ以上に、巫俗

信仰が分かっていなくてはならない。仏教の外皮をまとっているだけで、その中心には巫俗がどっしりと居座っている。大雄殿の背後に山神閣、七星閣くらいならまだしも、本尊の仏像の真ん前でムーダンがクッをしているほどなのである。

　界隈のおばあさんたちに宗教は何かと尋ねると、たいていが仏教と答える。しかし、それを真に受けてはならない。彼女たちが言う"仏教"とは実際のところ、巫俗とそれほど隔たりがあるわけではない。彼女たちの目には僧侶であろうとシュバン（ムーダンを指す済州語）であろうと、大して変わらない。だからといってどうってこともない。暮らしに疲れた民草の気持ちを宥めてくれるものならば、山神閣の僧侶であれ、大雄殿のシュバンであれ、かまわないのである。

　どうしてそんなことになったのだろうか。どうして本土とは違って、済州では仏教が繁栄せずに巫俗の陰に隠れてしまったのか。もちろん、仏教が繁栄していた時代もなくはなかった。高麗時代の蒙古支配期に済州の仏教は全盛を極めた。しかし、朝鮮時代になると、極度に衰退してしまった。そして、朝鮮後期には"寺刹も仏像も僧侶もない"暗黒期を迎える。それは当時の仏教抑圧政策だけでは説明がつかない。済州では仏教の伝播自体が本土とはずい分と異なる形をとった。済州の仏教は、済州を支配していた蒙古帝国と運命を共にした。蒙古帝国の権力の盛衰につれて明滅してきたのである。

　但し、最近ではおかしなことに、仏教が強い勢いを示している。"シュバン仏教"も大きく縮小した。寺刹ひとつなかった朝鮮後期に比べれば、大変な変化である。しかしながら、そんな歴史もたいして長くはない。比丘尼である安蓬廬観（アンボンリョグァン）が仏教を再伝播した1908

年以後にすぎないのである。済州島には何かと特異な文化が多い。朝鮮の伝統文化の共通分母とされる仏教でさえも、独特だからである。

水精寺址
〔スジョンサト〕

　済州の寺刹紀行に旅立つにあたって、本土で見られるような巨大な寺刹を予想すると失望しかねない。歳月の重みが感じられる古建築などはなく、有名な仏像もないからである。しかも、済州の3大寺刹の一つだった水精寺址の場合は失望ところではない。そこには何の痕跡もない。朝鮮初期には奴婢だけでも130名に達したという水精寺も、今やその名前が歴史書で伝えられるだけなのである。

　水精寺創建に関する正確な記録は残っていない。金錫翼〔キムソギク〕は『耽羅紀年』（1918年）で忠烈王26年（1300年）に、元の奇皇后の発願で建てられたと記しているが、それは正しくない。1300年なら奇皇后はまだ生まれてもいなかった。

　奇皇后〔キファンフ〕発願説は、金尚憲の『南槎録』〔キムサンホン〕〔ナムサロク〕（1601年）にも出てくるので、その皇后と水精寺とは何らかの因縁があったことは間違いない。しかし、奇皇后の名を持ちだすくらいなら、せめて時期を正しく把握しなくてはなるまい。貢女として高麗から元へ連れて行かれた彼女が第二皇后の地位に就くのは1340年頃だったので、水精寺はそれ以降に創建されたと見なくてはならない。

　高麗中期以前に創建されたとする見方もある。発掘の結果、11世紀の高麗青磁の破片が出土したからである。しかしそれだけをもってして、そのように断定するのは無理がある。いづれにしても、

水精寺で出土した主柱の基石
130名の奴婢がいたという記録のほかにも、主柱の基石の大きさが水精寺の規模の大きさを推測させる。

蒙古の済州支配が始まって以降に済州仏教が繁栄したことも考えあわせてみれば、水精寺も蒙古支配期になってようやく寺利としての機能をまともに果たすようになったものと思われる。

水精寺に関する歴史記録としては『太宗実録』の太宗8年(1408年)の記事が代表的なものである。当時、130名だった奴婢を30名に減らしたとする記述である。蒙古支配期に繁栄していた水精寺も朝鮮時代になると衰退したようである。

金尚憲の『南槎録』に引用されている沖庵・金浄の『済州風土録』(中宗15年、1520年)には「元による支配期の遺物としてひときわ高く聳え立つのが都近川の水精寺」という一節がある。また金浄が「都近川　水精寺　重修金文」(1521年)を書いたという記録もある。そうした点から推し測ってみると、水精寺は蒙古支配期に建てられ、1521年頃に重創されたことが明らかである。

また金尚憲の『南槎録』(1601年)には「日が暮れたので投宿できる所を探していたところ、都近川に寺があるという話を聞いたので訪れてみると、なるほど2、3部屋の草家はあったが、風雨をしのぐことさえできない代物だった。そのうえ、そこにいる僧はすべて妻帯しており、むさくるしくて泊まる気にはなれなかった」という一節と、「既に廃屋になり、雨漏りがする数部屋の草家だけが残

っている」という一節がある。それを見ると、80年ほど前に増築されたばかりの水精寺も1601年頃には廃屋同然になっていたことが分かる。

　1653年の李元鎮の『耽羅誌』にも水精寺が登場するが、前述の記録を考えれば既に廃刹同然だったようである。以後、1694年に李益泰牧司（イクテ・イジェヒョン）は「都近川近くの廃寺から資材を運び出して、練武場を修理することにした」という記録を『知瀛録』に残している。

　結局、歴史記録を総合してみると、水精寺は蒙古支配期である高麗末に創建されて繁栄を謳歌したが、朝鮮初期には急激に衰退が進み、17世紀末になると完全に廃寺になっていたものと推定してよさそうである。

　発掘の結果、12棟の建物址と参詣路、小道、塔址、石灯址、垣根址、廃器、そしてゴミなどが確認された。そのうえ、高麗初期の青磁と18世紀中葉の白磁も出土し、これまでに済州島内の寺刹で出土したものの中では、最も華麗なものと評価されている。

　とりわけ、粘板岩で作られた塔の片側の面石が、注目を惹く。その材料である粘板岩が済州にはないということもあるが、それよりもむしろ、面石に陰刻で掘られた仁王像のせいである。その陰刻の技術に匹敵しそうなものは他には見当たらず、高麗時代の最高傑作だと言う。その遺物は現在では国立博物館に展示されている。

　130名の奴婢がいたという記録の他にも、礎石の大きさが水精寺の規模の大きさを想像させる。さらには、高麗時代の大学者である益斎・李斎賢（イクジェ・イジェヒョン）(1287～1367)の『益斎乱藁』の「小楽府」にも水精寺が登場するのを見ると、高麗時代にはその有名税は決して小さなものではなかったと推察できる。

水精寺
都近川頽制水坊
水精寺裏亦滄浪
上房此夜蔵仙子
社主還為黄帽郎

都近川の堤防が決壊して
水精寺でも大波がゆらゆら
今夜は住持が奥の部屋で女を抱き
船乗り三昧で現を抜かしている

　この漢詩は元来、民衆たちが口ずさんでいた民謡を採録して、李斎賢が漢文に翻訳したものなのだが、相当に淫らな内容である。もちろん、仏教を排斥していた儒学者の偏見が作用したせいもあるだろう。しかし、李斎賢が自ら作ったものではなく、巷間に流布していた民謡を翻訳したという事実を考えあわせれば、もっぱら儒教イデオロギーで粉飾された作品とも決めつけにくい。さらには、済州仏教の繁栄と水精寺創建自体が、蒙古の政治的影響力のような世俗的利害関係によってこそ可能だったことを想起すれば、ますますそんなことは言えない。実際、それほどに堕落していたらしいのである。
　だとすると、尊者庵を除いた済州のすべての寺刹が妻帯僧の寺であったという朝鮮時代の記述は、その時代だけに限定されるものではなかったのかもしれない。すなわち、済州で仏教が繁栄を謳歌し

ていた蒙古支配期には既に、僧が妻帯する風習があったという推測も可能である。

　いづれにしても残念なのは、以上のように数多くの謂れがあった水精寺が、痕跡すら殆と残していないことである。かつての寺の数基の礎石が辛うじて現代版の水精寺に残っているだけなのである。最近始まった都市区画整理事業のせいで、昔の痕跡の多くが消えてしまっている。不動産稼業も重要だろうし、地方自治団体の財源確保も重要だろうが、もっと重要なことも少しは考えてもらえたらと思わずにはおれない。少しばかりの工夫さえすれば、そしてたとえわずかな予算であっても、できることがあるにちがいない。土地区画整理事業の過程でせめて千坪くらいは残して、小さな公園を造成して記念物を建てればいいのである。建築物が続々と建ってしまうなどして手遅れにならないうちに、解決しなくてはならない焦眉の課題である。

尊者庵址（チョンジャアムト）

　尊者庵は別格である。「尊者庵の僧侶たちだけが妻を娶っていない」といった朝鮮時代の記録もそうなのだが、現在では唯一そこだけが、漢挐山国立公園の森深くにあるという点もそうである。

　そのせいなのか、最近では、釈迦牟尼の涅槃直後に仏教が済州に到来したという途方もない主張の根拠として動員されるなど、ますます別格らしく扱われている。尊者庵が朝鮮仏教最初の寺刹だと言うのである。

　もしそうだとすれば、尊者庵は釈迦牟尼が涅槃直後の紀元前540

尊者庵の浮屠
過剰な郷土愛が生んだ、「韓国仏教最初の寺刹」騒動のせいで尊者庵では仏事がたけなわである。

年頃に建てられたとでも言うのだろうか。とんでもないこじつけである。『高麗大蔵経』の「法主記」に登場する"バルタラ尊者のタムモルラジュの仏法伝播"、この一節を持ち出して済州への仏教伝来を語るなんて、我田引水にも程がある。

先ず、"タムモルラジュ"を耽羅(タムナ)と考えることからして問題である。インド語が漢字語で記録される際に、耽羅と似た発音の漢字が使われたにすぎず、耽羅を指す語などでは毛頭ない。タムモルラジュは宗教世界の観念的空間を意味しているにすぎないのである。

そのうえ、紀元前540年頃の済州島の政治・経済的規模は、尊者庵を創建できるほどのものではなかった。要するに、釈迦牟尼の涅槃直後に済州の尊者庵が創建されたという主張は、愛郷心が強すぎる人々の自己満足的解釈にすぎない。

高・梁・夫が最初に国を興した際に尊者庵が創建された、という洪裕孫の『篠叢遺稿』(1498年)の記録も、漠然とした伝説の域を越えない。まともな根拠が提示されていないからである。

結局、考古学的アプローチに拠るしかないのだが、発掘してみても、高麗・朝鮮時代以前の遺物など何一つ出土しなかったと言う。この寺刹も高麗や朝鮮時代に創建されたものと見るのが妥当だろう。

尊者庵に言及する歴史記録は少なくない。『東国輿地勝覧』のような地理書はもちろんのこと、地方官の個人文集にも登場する。現在と同じように朝鮮時代にも、尊者庵横の霊室は漢拏山への主要な登山路として利用されていたからである。

　『東国輿地勝覧』には「尊者庵は漢拏山の西嶺側にあり、そこの洞には岩があって、僧が修道する姿と似ているので、巷では修行洞と呼ぶ」のような記録がある。

　洪裕孫(ホンユソン)の『篠叢遺稿(ソチョンユゴ)』には「尊者庵は三姓が生まれた際に造られ、三邑が定立されてからも長く伝えられてきた」、「4月に占いで日を選び、三邑の首領のうちの一人を送って、その庵で沐浴斎戒をしたうえで祭祀を執り行うことになっており、それを国聖斎と言う。その行事が廃されて8～9年にしかならない」という記録がある。

　この記録によれば、15世紀後半（1490年）まで、尊者庵は国家主管の国聖斎を奉っていた場所だったことになる。洪裕孫のその記録が金浄の「沖庵記」に引用され、さらには、それが金尚憲の『南槎録(ナムサロク)』に再引用されたために、多くの研究者はそれがまるで金尚憲の時代の記録のように誤認したあげくに、国聖斎がまるで『南槎録』が書かれた1601年の8、9年前まで行われていたように錯覚している。その結果、国立済州博物館が編んだ『済州の歴史と文化』でも、壬辰倭乱（1592年）（文禄の役）直前まで、尊者庵では毎年4月、三邑の首領の一人が主管して国聖斎を行っていたというような誤記がなされている。国聖斎が廃止されたのは、正しくは、それより100年も前のことである。

　白湖・林悌(ペクホ・イムジェ)は『南溟小乗(ナムミョンソスン)』（1578年）に、漢拏山登攀のために尊者庵で3日泊まった話を残している。彼はそこで僧侶の清淳師(チョンスン)と会

ったと言う。

　金尚憲も漢拏山に上る際には尊者庵を経由した。彼の漢拏山登山記は『南槎録』(1601年)に含まれており、「霊室の五百羅漢は林悌の作り話のようだ。千仏峰が正しい」、「白鹿潭の水深は膝や脹脛くらいで、池が2つある」、「尊者庵は屋根も壁も土と瓦ではなく板屋である」、「尊者庵の近くに20余名が入れる修行窟がある。昔の高僧ヒュランが泊まっていた所だと言う」、「白鹿潭の北側に祈雨祭の場所がある」など、漢拏山と尊者庵に関する話を残している。彼はまた風俗を紹介しながら、「尊者庵だけは妻帯しない僧がいる」と言及している。

　上の記録を見ると、既に朝鮮時代から霊室の五百羅漢は有名で、漢拏山の白鹿潭にはあまり水がなかったことが分かる。また、最近の尊者庵発掘で瓦の破片が多く出てきたが、金尚憲の時代には、瓦家ではなく板屋だったというのも珍しい記述である。そして金尚憲が言及した20名収容の修行窟については、2001年12月に漢拏日報の探査チームが初めて確認し、人々の関心を惹いた。

　金緻(キムチ)判官が1609年に残した文章には「尊者庵には8〜9室ほどの板屋があり、縄を縦横に巡らして縛ってある」、「そこで僧侶の修浄師(スジョン)と会った」、「霊室こそが元来の尊者庵の場所である」、「霊室の東南側の山腹に修行窟があって、壊れたオンドルが残っている」などと記されている。特異なのは尊者庵の元来の位置が霊室だったとされている点である。

　李元鎮(イウォンジン)の『耽羅誌(タムナジ)』(1653年)でも「当初の位置は霊室」と紹介されている。それが正しければ、現在の霊室休憩所の売店あたりが元来の位置だったのかもしれない。

また李益泰牧司の『知瀛録』(1694年)にも「元来は霊室にあったのが今の場所に移された。かつての尊者庵の敷地では、階段と礎石が往時の威容を偲ばせる」と記録されている。

『南宦博物』(李衡祥、1704)では場所の変化についての言及はないが、「大静の方に尊者庵があるが、せいぜい数部屋の板屋にすぎず、僧侶もいない。王命を受けた使臣が山に登る際の休息所にすぎない」として、尊者庵が既に寺利としての機能を失ってしまっていたと記している。

　1609年までの記録には僧侶が登場するが、1704年の記録になると僧侶がいないとされているので、尊者庵がいつごろ消滅したかも推察できる。

　尊者庵の格別さは、遺物に関しても言える。国立済州博物館に展示されている4.9cmの青銅像も注目に値するが、最も代表的な遺物は、済州島で唯一とされている浮屠である。浮屠とは仏の舎利を奉安する塔ではなく、一般の僧侶の舎利と遺骨を奉安する構造物のことを言う。尊者庵にある浮屠は珍しいことに、鐘の形に掘られているので、石柱形の浮屠と呼ばれているが、本当は蓮の花の蕾を形象化したもので、蓮の蕾形の浮屠と呼ぶのが正しい。

　しかしそんなことよりも重要なのは、寺利側がそれを仏の本物の舎利が収められた釈迦世尊舎利塔と命名していることである。釈迦の入滅直後にバルタラ尊者によって仏教が伝播されたという話を根拠にしているらしいが、既に述べたように、それは事実ではない。形式が朝鮮前期の様式なので、なおさら事実とはかけ離れていることが明らかなのである。

　現在の尊者庵に関する問題はそれに留まらない。過剰な郷土愛が

作りだした"朝鮮仏教最初の寺刹"騒動の延長で、現在もそこでは重創仏事が花盛りである。歴史を復元し、伝統を再興し、宗教的心性を育む事業に対して、横やりを入れる筋合いなどない。しかし、根拠も定かでない曖昧な話を盾にして、国立公園の木を伐り出し、空しい名声に耽溺するのは、仏の教えとは正反対の道である。

　現在、進入路の入口には「新千年の国聖斎を奉じて、民族の正気、大韓民国国運隆盛、国聖斎大雄殿復元、韓国仏教最初の寺刹（2500年前）、済州島文化財43号世尊舎利塔17号、漢拏山霊室寂滅宝宮尊者庵」などと書かれた宣伝アーチが建っている。清浄な雰囲気の修行道場などとは程遠く、官制イデオロギーと誤った名誉欲に飾りたてられた安物の観光地に転落したようで胸が痛い。

　ほんの数年前までは、尊者庵を訪ねようと山道を登っていると、膝をかすめるサクサクという音とひんやりとした山の気運とが、山寺の神聖さをおのずと感じさせてくれたものだった。そのうえ、霧が立ち込めてきたりでもすると、斎戒沐浴の境地に入りこんだ気分になって、なんとも言えないほどに爽快だった。しかしながら、今では幅1mを超える進入路が大きく開け、しかも随所で、伐り出された樹木の切り株が苦痛にあえぐ姿をさらけ出して人間の強欲を咎めている。大ざっぱに数えてみただけでも、切り株は100株を越えた。これこそが、かつては済州で唯一の清浄な修行道場だった尊者庵の現況なのである。

法華寺址（ポッパサト）

　ここ法華寺も一時は済州を騒がせた修行場である。青海鎮（チョンヘジン）の

張保皐(チャンボゴ)がこの寺を創建したという主張のせいである。張保皐は青海鎮に法華寺を創建し、中国の山東半島には法華院を作っているので、日本と中国をつなぐ海の道の要衝地である済州島にも法華寺を創ったはずと言うのである。

そんな主張が根拠の提示もなしに『莞島誌(ワンドジ)』に載っただけなのに、東国大学のムン・ミョンデ教授が多少の留保をしながらも、その可能性に言及した結果、その説が一気に力を得るようになった。済州の外から済州の悠久の歴史を云々してくれているのだから、済州の郷土史学界としてはそれを嫌う理由などあるはずもないというわけなのか、法華寺は張保皐が創建したとする説がますます膨れ上がった。

しかしながら、根拠が薄弱である。名前が同じというだけのことである。もちろん、証拠らしき遺物が皆無というわけでもない。愛郷心に浮き立った一部の人々は、1990年に法華寺近くの大浦(テポ)の海辺で法華寺址のものと似た昔の柱が発見されたことを、自説を補完する根拠としている。大浦の昔の名前が唐浦(タンポ)だったので、唐の国と交易していた浦口だったとする解釈も、法華寺を唐の時代の寺刹と推定する重要な論拠となっている。

しかし、それだけではなんとも証拠不足である。どれ一つとして決定的な根拠にはならない。もちろん、可能性を無視することもないのだが、こじつけの美化よりも、じっくりと腰を据えたアプローチが必要だと言うのである。古いからと言って必ずしも良いものとは限らないし、張保皐という大立者が背後にいたからと言って、済州の歴史が偉大になるわけでもない。

たとえ張保皐が創建した法華寺が済州にあったとしても、それは

仏教寺ではなく、土俗信仰の社にすぎなかったという主張もある。それも考慮に入れると、名前が似ているだけで済州仏教の悠久の歴史を云々するのは問題である。

　法華寺の歴史を伝える客観的な資料が、発掘過程で見つかった。1992年の発掘で、「…始重創十六年巳卯畢」と刻まれた瓦が出土したのである。それを解釈してみると、1269年に重創が始まり1279年に終わったことになる。そして1269年に重創を始めたのであれば、それ以前にここには寺利があったことになる。しかし、規模は甚だ小さく、草家程度にすぎなかったようである。発掘の結果、1269年以前の建物址は全く確認されなかったからである。

　それでは1269年の重創の主体が誰で、またどのような理由で大々的な仏事を行ったのだろうか。1269年は済州島が蒙古の影響圏にあった時期である。蒙古はすでに1266年に耽羅の星主を入朝させ、1268年頃には日本征伐に必要な船舶千隻に加えてさらに百隻を建造するように、耽羅に命令した。そして周辺航路の踏査も行った。三別抄抗争が起こったのが1270年なので、それ以前から蒙古は耽羅を格別に重視していたことになる。南宋と日本を征伐する前哨基地として、つまり地政学的価値のためである。要するに、1269年の法華寺重創は蒙古帝国によるもので、南宋と日本を征伐するための前哨基地の建設に関連していたようなのである。

　1269年に法華寺が蒙古によって大々的に重創されてから済州で蒙古が没落するまで、この寺はあらゆる蒙古人と蒙古の血を引いた混血の人たちの宗教的安息所であり、勢力基盤となった。恭愍王(コンミンワン)23年（1374年）に、高麗の崔蛍将軍がそれら牧胡の人たちを討伐するために入島した時、彼らは西帰浦沿岸の虎島を最後の抵抗拠点に

法華寺出土の雲龍文瓦、雲鳳文瓦、『耽羅、歴史と文化』所収

選んだ。その近くに法華寺があったからである。

　歴史記録では法華寺がどのように描かれているだろうか。『太宗実録』の太宗6年（1406年）の記事は、元のヤンゴンが制作した巨大な阿弥陀三尊仏像が当時は法華寺にあったと伝えている。その記事とは、済州の帰属をめぐる明と朝鮮の神経戦を扱ったものである。

　かつて耽羅が蒙古の直轄領であったことを盾にして、明は耽羅の直接支配を目論んだ。そこで耽羅の偵察のために、使臣の黄厳たちを済州に送りこんだ。そして済州の法華寺に赴き、阿弥陀三尊仏像を持ち帰ると宣言した。法華寺の阿弥陀三尊仏像は元のヤンゴンが制作したものだから、元が滅亡した今となっては明に帰属するのが当然というのが、その言い分だった。

　しかしながら、朝鮮政府はその意図を看破していた。そこで、金道生（キュドセン）などを済州に急派して、わずか17日間で阿弥陀三尊仏像を全羅道の海南に移動させた。その際に動員された人夫が数千名におよび、仏像を収めるための容器である龕室（カムシル）の高さと幅が各々7尺だったというのだから、その仏像が格別な大きさだったことがわかる。

　巨大な仏像があったということは、法華寺が非常に大きな寺利だ

ったことを物語る。高麗末から朝鮮初期にかけての時期では、済州島最大のものだったようである。太宗8年（1408年）の記事がそれを証明してくれる。法華寺所属の奴婢が280名もいたのを30名に減らしたというのである。同時期に水精寺が130名の奴婢を置いていたのと比較しても、2倍以上である。朝鮮時代の済州牧の官庁で働いていた奴婢の数でも、それほどにはならなかっただろう。正確に記述された例はないのだが、法華寺の影響力のほうがむしろ大きかったのかもしれない。

　以上のように巨大だった法華寺が消えたのはいつのことだろうか。1530年の記録である『新増東国輿地勝覧』では、法華寺の存在が記されている。ところが、李元鎮の『耽羅誌』（1653年）になると、今や数部屋の板屋が残っているにすぎないと記録されている。済州の3大寺刹のうちでも元堂寺と水精寺は相変わらず『耽羅誌』に出てくるのに、法華寺は既にその痕跡を潜めてしまっている。

　法華寺が復元されたのは1914年のことである。道月先師（ドウォルソンサ）がその任にあたったが、それより数年前である1908年に観音寺を創建した安蓬廬観の助力が大きかった。200年間も断絶していた済州仏教を中興させた比丘尼のことである。

　しかしながら、1948年には4・3事件が発生し、法華寺は完全に消滅してしまった。その上、朝鮮戦争たけなわの1951年には、その跡地は陸軍第1訓練所第3宿営地として活用されるなど、寺刹としての機能をすっかり喪失してしまった。

　しかし、今では重創仏事が花盛りである。済州最大の寺刹としてのかつての名声を回復しようとしているかのようである。法華寺は明らかに並の寺刹ではない。規模だけでも、そうである。先ず眼を

引くのは、済州の他の寺刹では容易に見当たらない巨大な主礎石である。それも、ひとつどころか数個ある。崔完秀（チェワンス）先生は、大雄殿の内部の柱の礎石が外部のそれより大きい点も考えあわせて、元来は二重の建物だった可能性があると言う。

　法華寺が別格なのは、規模だけではない。発掘された遺物などもそうである。先ず眼を惹くのは、歩道のブロックとして使用されていた雲鳳文瓦と雲龍文瓦である。それは普通の寺刹ではお目にかかれない。王室の宮廷址に限って出土する遺物なのである。そのうえ、その文様は高麗王宮だった開城の満月台のものと同じで、蒙古王宮で出土したものと似ている。国立済州博物館で是非とも確認してもらいたい。

　以上を根拠にして一部の学者は、法華寺を蒙古帝国の避難用宮廷だったと推定している。1367年に元の敗色が濃厚になると、元の順帝は済州島を将来の避難所に定めて、宮闕の建築を開始した。ところが、翌年の1368年には明に敗北してしまったので、工事は中断せざるをえなかった。その痕跡が法華寺に他ならないと言うのである。

　しかしながら、必ずしも避難用宮廷でなくても、南宋と日本を征伐するための前進基地として、元王室の権威を高めるためにそのような文様が使用されたのかもしれない。ともかく確実なのは、その遺物が蒙古帝国と関係があるという点である。

　現在、そこは端正に整備されている。3,800坪の昔のままの池が涼しげに広がっており、1987年に復元された大雄殿も堂々とした気品をたたえている。しかしながら、法堂内に安置された仏像の造営監修の任にあたった崔完秀先生は、すごくご不満な様子である。

いつのことだったか、そこに立ち寄った際に、胸中深くにしまいこんでいた不満を吐露されたことがある。先ずは、本堂の名前は大雄殿ではなく極楽殿でなくてはならない。そしてまた、観音と地蔵とを二つの脇仕菩薩としているが、その間に挟んで安置されている仏像は釈迦牟尼仏ではなく阿弥陀仏でなくてはならない、と言うのである。なるほどごもっともな話である。さらに、太宗の時代に黄厳が持ち去った仏様も阿弥陀三尊仏だったから、扁板は極楽殿と記されるべきだと仰る。

　自分自身が仏像を監造したが、あまりにも急き立てられたせいもあって、とうてい満足できないものになってしまい、後味がよくないとも仰る。仏壇が仏像や殿閣と比べてあまりにも低くて小さいので、仏像を萎縮させてしまっており、後仏幀画も雄壮な品格を欠いて、仏像の有難味を損なっているなどと。

　さらには、大雄殿前の石灯も図面通りではなく、「彫刻技法が洗練を欠き、野暮った」くなってしまったことを気にしておられる。大家からすれば、何もかも満足できないといったご様子なのである。

観音寺
<small>クァヌムサ</small>

　観音寺は現在、済州島の曹渓宗のすべての寺刹を率いる総本山である。しかしながら、歴史はそれほど長くない。たかが100年足らず前の1908年に創建された寺刹なのである。それ以前の済州には長らく寺刹はなかった。仏教は17世紀には既に荒廃状態だった。朝鮮時代の抑仏政策のせいである。もちろん、世俗性があまりにも深刻だった済州仏教そのものの限界のせいでもあった。

すでに衰弱していた済州仏教を完全に掃討したのが、1702年に済州牧司として赴任した李衡祥である。彼は朝鮮政府のイデオロギーである儒教を地方の隅々まで拡めるために、儒教以外の信仰行為を徹底的に弾圧した。済州人の間でよく話題になる"永川・李牧司の寺五百、堂五百破壊"事件こそが、まさしくそれである。

　1908年の観音寺の創建は、その李衡祥牧司の時代から約200年後の出来事である。その間、済州では仏教がその姿を潜めていたということになる。もちろん、巫俗に吸収されて伝えられたものはある。しかしながら、まともな寺刹は200年以上もの間、なかったようなのである。だから一般には、観音寺を済州仏教の発祥地としている。

　観音寺を創建したのは済州市禾北洞出身の比丘尼である蓬廬観である。安姓の彼女は一男四女の母であったが、ふとした機会に信仰に目覚め、全南海南の大興寺(テフンサ)に出家することになった。そして、そこで受戒してから故郷に戻って布教を始め、観音寺を創建した。その過程でひどい苦汁をなめたようである。既存の信仰との衝突のためである。彼女がその困難の中にありながら修行した洞窟が現在の観音寺に残っており、訪問者をますます厳粛な気分にさせる。四天王門を少し過ぎた右側にある。

　本来、観音寺の屋根には平石が葺かれていた。夢に観音菩薩が現れて、「近くの川岸に行けば、瓦として使えそうな石があるので、それを持ってきて仏殿を作りなさい」との啓示を受けて、その通りに建てたのである。

　ところが今ではその建物はない。1940年の火災と1948年の4・3の惨禍が、痕跡さえも消してしまったのである。4・3当時、一

時は山岳遊撃隊の総司令部がここ観音寺に置かれていたことがあり、それが禍根になった。1949年2月12日、国警討伐隊が遊撃隊の根拠地を一掃するために、観音寺の建物を焼き尽くしたのである。

その時、建物と共に、蓬廬観比丘尼が大興寺から持ち込んだ築造300年の木造の仏像も燃えてしまったと言う。そしてその際に、なんとも不可思議なことが起こったらしい。兵士たちが大雄殿に火をつけると、築300年の木造の仏像にも火が移り、仏は怒ったのか全身を震わせ、眼からはメラメラと赤い光を発し、ついにはボーンという音をたてて爆発した。そしてそれと同時に、にわかに空が暗くなり、稲妻が光り、豪雨が降り注いだと言う。

別の話も伝えられている。その木仏は前もって済州市内の布教堂に移されていたので、燃えずに今でも残っており、しかも、それが済州道文化財に指定されたと言う。1999年に観音寺が文化財指定の申請をしたらしいのである。文化財に指定された木仏は、1698年に全南霊岩郡聖道庵（ソンドアム）で制作され、それを蓬廬観比丘尼が1924年に観音寺に移して奉安したのだと言う。しかしながら、現在の観音寺では、一般人はその木仏を拝観できない。何故そうなのかは、寺刹関係者も詳しくは知らないと言う。何かおかしい。

現在の観音寺はそのすべてが1960年代以後に作られたものである。そして今なお仏像造りが続いている。兪弘濬教授が言うように"やり手の住持"のおかげなのか、あちこちで重創仏事が盛んである。いくらなんでもひどすぎる、と思わずにはおれない。

時間が許せば、寺刹の裏山に散在している4・3当時のパルチザンのアジトの痕跡でも見学すればいいだろう。

元堂寺址
ウォンダンサト

　高麗時代に創建された耽羅の3大寺刹としては法華寺、水精寺、元堂寺が挙げられる。そのうち元堂寺は元帝国の最後の皇后であった奇皇后が、息子を授かりたい一心で建てた寺として知られている。ところが、創建に関する記録が全くない。

　法華寺や水精寺は『朝鮮王朝実録』や『東国輿地勝覧』、『冲庵録』などの史料を通して、蒙古と関係のある寺刹であることが十分に証明されている。

　しかしながら、元堂寺に関しては李元鎮の『耽羅誌』(1653年)に「済州城の東側20里にある」と記されているだけで、その他には関連記事がまったく探し出せない。もっぱら口伝に基づいて、元が創建した寺刹とされてきた。

　ともかく、口伝に従ってこの寺刹の創建過程を辿ってみよう。元堂寺を建てたと言われる奇皇后は本来、高麗の人だった。彼女が元の人になったのは、貢女として元の宮廷に連れていかれてからのことである。1333年、彼女が14歳の頃だった。そしてその時から、彼女の人生は一変する。元の最後の皇帝である順帝の寵愛を受けて、第二皇后になったのである。

　当初はもちろん、第一皇后であるタニシリから焼鏝を押しあてられるなどのひどいイビリに苦しめられた。しかし、1339年に息子のアイシリダラを産み、その息子が皇太子に奉じられると、権力の中心に入っていくことになった。そして一年後の1340年には第二皇后の地位に昇った。

　恵宗（前出の順帝と同一人物）はその頃には政治から手を引き、そ

の代わりに彼女が実権を握り、その状態は1368年に元が滅亡するまで続いた。彼女の力に頼って高麗で数々の横暴を働いた兄の奇轍に関する話が有名である。もちろん、その奇轍は恭愍王の反元政策によって排除されてしまった。

以上からすれば、元堂寺は1333年から1339年の間に造られたと見なくてはならない。彼女が息子を授かるために造った寺という口伝に従えば、そうなる。彼女が息子を授かろうと懸命だった頃に、ひとりの僧侶が現れて「東の海、北斗の命脈が射す三畳七峰の下に、寺刹をつくって塔を建て、祈りを捧げよ」と告げたと言う。その啓示を受けて建てたのが元堂寺である。元堂寺を建てて祈ったあげくに息子を授かった。1339年のことである。だとすれば、元堂寺は1339年以前に造られていたことになる。高麗の忠粛王の時代である。案内板に書かれている忠烈王の時期ではない。

元堂寺は1653年の記録である『耽羅誌』には登場するが、1702年の李衡祥の記録では言及されていないことから見て、この寺刹もやはり17世紀頃には廃寺になったものと見える。

しかしながら、この寺には済州島唯一の高麗時代の石塔が残っており、訪問客の足を引く。正確な名称は"元堂寺　址、五重　石塔"である。ある案内パンフレットでは"仏塔寺　五重　石塔"或いは"元堂寺五重石塔"と記されているが、それらはすべて間違っている。仏塔寺は1914年につくられた最近の寺刹であり、この塔とは全く関係がない。また、その塔と関連していた元堂寺は朝鮮時代には廃寺になったので、正しくは"元堂寺　址"でなくてはならない。

いずれにしても、この塔は済州唯一の高麗石塔として、以前から

注目されてきた。1971年に済州道地方文化財に指定され、1993年には国家指定文化財に格上げされ、宝物1187号に指定されている。鄭永鎬(チョンヨンホ)博士の鑑定に依拠した指定である。

但し関連記録は皆無で、もっぱら口伝と専門家の鑑定に依存した結果である。ひとまずは、専門家の診断が正しいものと見える。高麗後期には基壇部の処理が粗雑で、塔身石が高すぎるなど逓減率の適用が不十分なせいで、全体としては脆弱に見える五重石塔がよく造

元堂寺址　石塔
済州唯一の高麗時代の石塔

られていたからである。この塔も高麗後期のそうした特徴を備えている。

ある人は元の奇皇后が発願してつくった塔にしては規模が小さすぎるので、その説は信頼できないと言う。そのうえ傍証記録がないので、ますます信頼できないのだろう。しかしながら、寺刹の名前に元の字が入っていることなどを見ると、元と関係があったことは確かなようである。

そもそも、奇皇后発願説が事実でなかったとしたら、どうだと言うのだろうか。伝説にもそれなりの味があるのだから、それで十分ではなかろうか。奇皇后と関係などなくても、わたしはその塔を気に入っている。済州の規模に釣りあって可憐だし、済州の玄武岩を

04　蒙古帝国と運命を共にした済州の仏教文化

使って独特な味わいがあるので、大好きである。元堂寺址五重石塔は本土のいかなる仏塔とも似ていない。だから好きなのかもしれない。

　それにまた、わたしは他の寺刹よりもこの元堂寺址（現在の仏塔寺）のほうがはるかに好みにあっている。むやみに大規模で虚勢を張っているようなところがなくて、心が安らかになる。それにまた、だからこそ済州島によく調和している。最近は誰もが"大きく強いもの"に対するコンプレックスを持っているのか、非常識に大きなものを好む。しかしながら、周囲の環境に合わない場合、そんなものはむしろ邪魔である。誰かが言ったように、雲崗の石仏も中国にあってこそ美しいのであって、韓国に持ってきてもみっともないだけといった指摘は、いくら強調しても強調しすぎることがないほどに正しい。

　そのうえ、仏塔寺はいつ訪ねても清潔で典雅だから気持ちがいい。さほど大きくない森や区域の境界となっている石垣など、どれをとっても修行者の懐の深さを感じさせる。しかも、そこに歳月の重みをたたえた石塔がひとつ、実にさりげなく置かれているので、それ以上に望むことなど何一つない。

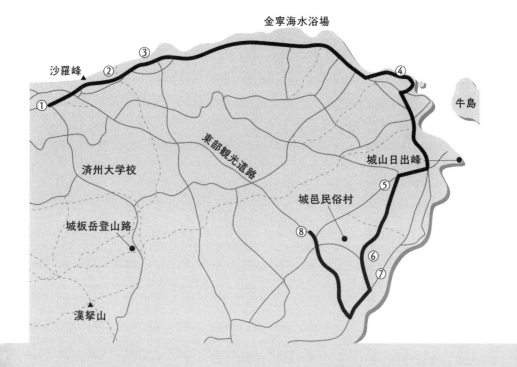

05 朝鮮時代の倭寇に対する防御遺跡を訪ねて

① 済州邑城
② 禾北鎮城
③ 朝天鎮城
④ 別防鎮城
⑤ 水山鎮城
⑥ 独子烽燧
⑦ 川尾煙台
⑧ 旌義県城

済州邑城から城邑民俗村まで
             ソンウプ

> 3城、9鎮、25烽燧、38煙台、済州島の防御施設がこれほど発達したのは、虎視眈々と済州島を狙っていた倭寇の攻撃をくい止めるためだった。

済州島に防御施設が発達した理由

　地政学的位置のせいで、済州島は朝鮮時代を通じて倭寇の襲撃に苦しめられた。防御施設が発達したのはそのためである。その施設をまとめると3城、9鎮、25烽燧、38煙台である。
　　　　　　　　　　　　　　　ソン　ジン　ポンス　ヨンデ
　3城とは行政と軍事という二つの目的を同時に満たす城のことである。済州邑城、旌義県城、大静県城があった。9鎮は済州島内9カ所の海岸要衝地に設置された軍事行政区域である。烽燧と煙台は、松明の炎と煙で緊急事態を知らせる通信施設である。烽燧は遠距離の眺望に、煙台は近い現場の確認に使われるといったように、役割が異なった。
　　　　　　　　　　　　オンソン　ヘジャ　ヨジャン
　城には一般的に甕城、垓字、女墻などの付帯施設がある。甕城は城門を保護するために城門の前をさらに囲む城である。半円形で、まるで甕を半分に割ったような形なので甕という文字が使われる。垓字は城壁を囲む人口池で、城壁のすぐ外側に設置されたもうひとつの障害物である。ところが済州の土壌はその特性上、水がすぐに

漏れ出てしまうので、水の代わりに茨の藪で満たしたりもした。女墻は敵の矢から身を守るために、城壁の上に低く作った垣を言う。復元された済州の城壁にはそれがないのが問題である。

済州邑城

　済州市観徳亭一帯は耽羅国の時代から現代に至るまで、済州行政の中心地だった。それだけに、昔からそこには行政機能と軍事機能を兼ね備えた邑城があったと伝えられている。しかし、済州邑城が実際にいつから存在していたかが明らかでない。一般的には中国の『隋書』に出てくる"聃牟羅国(タムモラクク)に城があった"という記述を根拠に、耽羅国の時代からその一帯に城があったものと推定している。

　しかし、一部では『唐会要』の"耽羅には城隍がない"という記述を根拠に、耽羅国の時代には済州邑城がなかったと推定する向きもある。そうした主張を展開する人々は、前掲の『隋書』に出てくる"聃牟羅国"を耽羅国とは別の地域に想定している。

　しかしながら、高麗時代には既にここに城があったことは確かなようである。三別抄の別動隊長である李文京が済州城に到着した際に、城主の高仁旦(コインダン)が城門を固く閉ざして守ったという記録や、朝鮮太宗の時代の"済州城を修理した"という記録などは、高麗時代には既に城があったことを物語っている。

　朝鮮初期の済州邑城は、今の屛門川(ピョンムンチョン)(現在は覆蓋されている)と山地川(サンチチョン)を自然の垓字(堀)として、その内側に城壁を積んで作られた。ところが、1555年(明宗10年)に千余名の倭寇が襲ってきた乙卯倭変(ウルミョウェビョン)を契機に、城が拡張された。その当時、山地川の東側の丘

（現在の東門ロータリーと沙羅峰の間）に陣を構えた倭寇たちが、城内を肉眼でつぶさに確認し、状況を把握した上で攻撃してきたからである。そのように、当時の済州邑城は深刻な構造的欠陥を抱えていた。そこで1565年（明宗20年）に赴任してきた郭屹牧司（クァクフル）は、城を東側へ拡張して東側の丘を城内に取り込んだ。現在の東門派出所から気象台へと伸びるラインが、拡張された城壁があったところである。

　東側に城を広くしたのにはもう一つの理由もあった。飲料水確保が切実な問題だったからである。かつては山地川よりも内側に城壁を積んでいたので、水事情がよくなかった。東側に二重の城壁を積み、嘉楽川（カラクチョン）の水を引き入れる程度だった。しかしながら、郭屹牧司の時代に城を拡張したことによって、山地川の豊富な水量を確保できるようになったのである。

　城が拡張されると、山地川の上を城壁がまたぐようになった。その結果、南側と北側の二カ所に水口が作られた。そしてその水口の上にも建物が造られて、南側のものを制夷閣（ジェイカク）、北側のものを竹西楼（チュクソル）と命名した。人々は一般に南側のそれを、南側にあるから南水閣と呼んだ。今でも南水閣という名前が聞かれるのはそのためである。一時期、南水閣一帯は大雨のたびに氾濫して多くの被害をもたらしたが、幸いにも、河川整備工事のおかげで最近は安全になった。しかし残念なのは、工事の際に過去の再現に神経を遣わなかった点である。かつては南水口には美しい虹橋があったのに、それは再現されなかった。どうせ新しい橋を架ける工事をするなら、あの虹の形を再現していたらよかったのにと、残念でならない。

　壬辰倭乱（文禄の役）後の1599年（先祖32年）には、成允文牧司（ソンユンムン）が赴任して、済州邑城をふたたび補修した。ところがそれが冬だっ

復元された済州邑城
山地港拡張工事の際に邑城の石で海を埋め立てたために、邑城の痕跡はあまり残っていない。

たので、13名もの死傷者が発生した。そのために人々はその城を怨築城(ウォンチュクソン)と呼んだりもした。1704年の記録である『南宦博物』(李衡祥)では南水閣の他にも、城壁上の幾つかの建物が紹介されている。東門上の濟衆楼(チェジュンヌ)、南門上の定遠楼(ジョンウォンヌ)、西門上の白虎楼(ペコル)などがそれである。

現在では、済州邑城址が確認できるのは数ヵ所だけである。済州大学病院の西側のカーセンター周辺と南門ロータリーの東側の五賢壇の上側、そして済州気象台の下側だけが残っている。1925年から1928年までの山地港拡張工事の際に、邑城をつぶして出た大量の石で、海を埋め立てたからである。植民地行政が地域の伝統を壊すためにわざとそうしたことが明らかである。

昔の姿が比較的よく残っているのは、五賢壇東側の山地川に接した箇所である。その横には復元された城壁もあるので、比較するのに好都合である。但し、女墻施設を無視して復元した点が、返す返すも残念である。

自然を利用した垓字であった屛門川と山地川の現況も、興味を惹

く。山地川の方はしばらく前まで覆蓋がなされていた。なのに最近、本来の姿に戻すために覆蓋上の建物をすべて撤去した。生態都市を志向するという趣旨からである。清渓川復元のモデルとするために、当時ソウル市長だった李明博が見学に訪れるほどだった。本当に良いことである。

　ところが、屏門川の方はその反対に、いつの間にか覆蓋が施されてしまった。覆蓋を一方では取り除き、他方では新たに設置するというように、首尾一貫性がなく生態都市とは程遠い。川に蓋をすれば膨大な不動産が生まれるのだから反対などできるわけがない、ということらしい。金が生るところには票も集まる。親・環境生態都市、そんなものはリップサービスだけで十分ということなのだろう。

禾北鎮城（ファブクチンソン）

　禾北浦口は朝鮮時代に本土と船便でつなぐ済州島の二大浦口の一つだった。たいていの地方官たちや流配客たちはこの浦口か朝天浦口を利用した。秋史・金正喜（チュサ・キムジョンヒ）や勉庵・崔益鉉（ミョナム・チェイキョン）もこの禾北浦口を経由して済州に足を踏み入れた。海流の影響もあっただろうが、何よりも済州邑城に最も近いのが長所だった。要するに、禾北浦口は朝鮮時代における済州の関門だった。

　1555年の乙卯倭変の際に、千余名の倭寇が襲来したのもここだった。それほどに、済州邑からすればここは要衝地だったのである。ところがその重要性にも関わらず、ここに鎮城が築造されたのは相当に遅かった。済州邑城から近いので、その邑城の行政・軍事力で十分と考えたせいなのだろうか。正確な理由は分からないが、ここ

『耽羅巡歴図』、「禾北操点」
禾北鎮城の姿がうまく描き出されている。この城は済州の9カ所の鎮城の中で最も遅く造られた。北側は海に接して城壁を積んだ点が特徴である。

の鎮城は済州の鎮城の中で最も遅く、粛宗4年（1678年）になってようやく築造された。崔寛(チェグァン)牧司の時期である。

城の規模もさほど大きくなく、城門も東門と西門の二つだけだった。済州邑城の補助機能程度で満足したのだろうか。禾北鎮城の特徴と言えば、北側の城壁が海に接して積まれた点である。

1737年（英祖13年）には鎮城前の浦口の拡張工事があった。水深が浅く空間も狭く、船の出入りに不便だったからである。牧司・金浄が自ら督励した工事だった。ところが過労が積み重なったせいなのか、金浄牧司はその年の9月に禾北鎮城内の客舎で亡くなった。金浄牧司は禾北の一周道路辺に三射石関連の碑石を残したことで有名であり、その点から見ても、非常に勤勉な人だったようである。浦口には彼を讃える功徳碑が立っている。

禾北鎮城で現在でも残っているのは、北側の城壁の一部である。長さが187mで高さは最高が4.3m、最低が3m程度である。これは1926年に禾北国民学校が開設された際に、本来の城の上にさらに高く石垣を積んだ結果である。その他に過去と大きく変わったこ

との一つは、北側の城壁の外側の様子である。以前には北側の城壁が海と接していたのに、今では海との間に5m道路が通っている。後になって埋め立てられたのである。李尚憲の『耽羅巡歴図』（1702年）には昔の禾北鎮城の姿がきちんと描かれている。

朝天鎮城

　朝天も禾北と並んで朝鮮時代の済州の二大関門の一つだった。本土へ向かう船は主にここで待機して、風模様が良くなると出航した。朝鮮後期にはこの浦口を中心に本土との貿易を行う商人勢力が形成された。朝天に根拠を置いた金海金氏一族である。彼らは本土との貿易を通じて得た経済力で、後には済州地域の重要な土豪に成長した。

　朝天鎮城には恋北亭が付属していた。北に座している王を恋慕するという意味の恋北亭がここにあるのも、この浦口の性格をよく表している。済州に赴任することを左遷と見なした地方官たちと流刑を強いられた政客たちは、気持ちが落ち込むと恋北亭に上がった。水平線の彼方から何か良い知らせを携えた船が来ないか窺うのが、

『耽羅巡歴図』、「朝天操点」
朝天鎮城前の浦口を中心にして本土と交易する商人勢力が成長した。9カ所の鎮城の中で規模が最も小さい。

いつの間にか習慣になってしまった。多くの船がこの浦口を利用していたからこその話である。

このように重用されていた朝天浦口なのに、朝天鎮城は9ヵ所の鎮城の中で最小の規模である。規模が小さいので、城門も南側の城壁の右側の一つだけである。元来は、もっと小さかったと言う。最初に築造されたのがいつか正確には知られていないが、現在の規模に拡張されたのは1590年（先祖23年）李沃(イオク)牧司の時代と記録されている。恋北亭もその時につくられた。最初の名前は双璧楼だったが、1599年（先祖32年）に成允文牧司が修理して、恋北亭という扁額を掲げた。但し、今の建物は1970年代にまったく新しく作られたものである。

『耽羅巡歴図』では恋北亭に上る階段が北側、すなわち、鎮城内部に描かれており、現在とは正反対である。これもやはり、間違って復元されたようである。

別防鎮城(ビョルバンチンソン)

元来、ここには鎮が設置されていなかったので、鎮城もなかった。ここに鎮城が造られるようになったのは、1510年（中宗5年）に張林(チャンリム)牧司が金寧防護所をここに移してからのことである。近くの牛島が倭寇の拠点になりかねないという判断に伴う措置だった。そのように、特別な防護が必要だったからこそ、別防と名付けられた。

ところが、どうして選りによって1510年だったのだろうか。1510年は三浦倭乱(サムポウェラン)が起こった年である。朝鮮全体が倭寇問題で過敏になっていた。別防鎮城とともに済州で最大の明月鎮城がこの時

期に構築されたのも、まさしくその為だった。牧司・張林がそれを推進した。

別防鎮城の規模は9鎮城のうちでは明月鎮城に次いで大きい。周囲がおおよそ960mである。規模が大きいからそうなのか、城を積む過程も尋常ではなかったようである。口伝によれば、飢えた民衆たちは人糞で飢えを凌ぎながらこの城を完成したと言う。

城壁造成を主導した張林牧司は後に、権力を盾にしての横暴、賄賂などで罷免された。糞で飢えを凌ぎながら城を積まねばな

『耽羅巡歴図』、「別防操点」
9ヵ所の鎮城中で明月鎮城に次いで大きい。北東側の城壁は城内に海水を取り入れるように築造されている。

らないほどに民衆たちの苦痛がひどかったのも、張林牧司の苛斂誅求のせいだったのだろうか。あるいはまた、非常時だからと、別防と明月の二つの大きな城を同時に積んだ結果、民にひどい弊害を及ぼすことになったのだろうか。あるいはまた、社会全体にひどい不正腐敗が蔓延していたからこそのことだったのだろうか。どうも牧司の横暴のせいという解釈の方に気持ちは傾く。非常時につけこんで民衆を収奪していた中世の支配層、朝鮮が滅びたのも、煎じ詰めれば、そうした人びとのせいだったのだろう。

その城には本来、東、西、南側にそれぞれ門があったが、現在は

南門址あたりの外壁がよく残っている。雉城(チソン)（城の外壁）の一部にも過去の姿が少し残っている。しかし、その他の大部分は最近になって復元されたものである。因みに、別防鎮城の復元に際しても女墻を無視している。どんな事情があってそのように女墻を無視したのか、ついつい気になってしまう。

　本来、北側の城壁の外側は禾北や朝天の鎮城のように海と接していた。それどころか、北東側の城壁はわざわざ、城内に海水が入るように築造されていた。『耽羅巡歴図』を見れば、それが確認できる。そして『耽羅巡歴図』の「別防鎮城」は、別防鎮城の様子だけでなく、済州牧と旌義県の境界も詳細に示されて、終達里(チョンダルリ)の地尾峰(チミボン)が当時は済州牧ではなく旌義県に属していたことも、その絵が教えてくれる重要事項である。

水山鎮城(スサンチンソン)

　水山鎮城は9ヵ所の鎮城のうちでも先頭を切って、1439年（世宗21年）に韓承順(ハンスンスン)牧司の建議で造成された。近くの牛島が倭寇の根拠地として活用される危険性を憂慮しての措置だった。遮帰島の向かい側に位置する遮帰島鎮城も同じ理由でその頃に造られた。

　ところが、その城が一時は廃城になった。壬辰倭乱の時である。牧司・李慶禄(イキョンノク)が城山日出峰を天恵の要塞と判断して、鎮城をそこに移転させたからである。現在の城山日出峰下の駐車場一帯が、その移転先だった。

　李慶禄牧司は父親の死の訃報を受けても故郷に戻れなかった。壬辰倭乱が彼を引きとめたのである。その為に、在任が6年5ヵ月と

長くなった。普通は1年ほどで去ってしまう他の牧司たちと比べればはるかに長く在任したわけである。どうせ去ることができない身だからなのか、彼は城を積む仕事に情熱を傾けた。そしてその過労のせいなのか、しばらく後に済州で病死した。

　李慶禄牧司のそうした努力にも関わらず、1599年（先祖32年）に後任として赴任してきた成允文牧司は、鎮城を元の位置に戻した。城山日出峰は飲料水がなくて、孤立すれば甚だ危険になるという判断だった。2年後に済州へ按撫御使としてやってきた金尚憲も、李慶禄が城を移したのは「自ら捕虜になってしまいかねない最低の計策」と批判した。

　城壁は現在、水山初等学校の石垣として使われており、原形が相当に保存されている。本来、東門と西門も備えた正方形の鎮城だったが、現在では東門だった所には果樹園、西門だった所には学校の官舎がある。

　東側の城壁と北側の城壁が交差する地点の城壁の内側には、"鎮安ハルマン堂（チナンハルマンダン）"という神堂がある。水山鎮城の築城と関連した伝説のある堂なのだが、その因縁話がなんとも痛ましい。城を積む工事が大変だったらしい。積み上げるたびに崩れてしまった。そんな時に、通りすがりの僧が奇異な方策を提示した。13歳の少女を埋めてから城を積むと言うのである。住民達はその言葉に従った。すると、不思議なことに、城は壊れなくなった。

　その後、その乙女の霊魂を宥めるために堂を造った。それが他ならぬ鎮内ハルマン堂なのである。鎮城内に奉じられた女神だから鎮内ハルマンなのである。その伝説は、糞を食べながら城を積んだという伝説と同類である。築城作業はそれほど深刻に済州の人々を苦

水山鎮城内の鎮安ハルマン堂
城を積む際に人身御供にされた13歳の乙女の霊魂を宥めるための堂である。

しめたらしい。

　そうした痛みとは無関係に、今ではその堂が賑わっている。官運を授ける霊験があるという評判があってのことである。入試の季節ともなれば、人々が押し掛ける。少女の怨気がどうして入試の助けになるのか、知る術はない。

　城の構造に関連して、北側の城壁の全区間に残っている高さ45cmの女墻と南側の城壁前の自然を活かした垓字（堀）、そして雉城の痕跡を見ておけばよいだろう。

独子烽燧
<small>トクチャボンス</small>

　烽燧と煙台は中世において、煙と松明の火を利用した通信手段という点では同じだが、役割が異なっていた。烽燧のほうが観測範囲

がはるかに広い。したがって、海岸からずいぶん離れたオルムの上に位置した。はるか遠海まで観測しようとすれば、できるだけ高い所になくてはならないからである。

但し、詳細な情報という点で煙台に劣る。海岸に接近してきた船が漂流船なのか外敵なのかを見分けるのは、海に隣接する煙台の役割である。烽燧が望遠鏡とすれば、煙台は顕微鏡なのである。

外観も大いに異なる。煙台は直六面体に石を積んであるが、烽燧はオルムの頂上に土を丸く積み上げてあるだけなので、よほど注意して見なければ、ただの丘のようにしか見えない。

独子峰の頂上にある独子烽燧は、島内25ヵ所の烽火のうちでも痕跡が最もよく残っている。それでも専門家の説明がなければ、烽燧なのか自然の丘なのか容易には区別がつかない。よく保存されているといってもその程度なのである。そんなわけだから、煙台の方は38基のうちの7基が記念物として指定されているのに対し、烽燧はただの一つも指定されていない。原形をそのままに維持しているものが殆どないからである。

独子峰はそのオルムだけが他のオルムから遠く離れていて、悲しそうに見えるから付いた名前だという。その他に、村に一人っ子が多いからそう呼ばれるようになったという説もある。高さは海抜159mで、まさにオルムらしいオルムである。

独子烽燧は西側は南山烽燧、北東側は水山烽燧と交信し、直線距離では南山烽燧まで3.9km、水山烽燧まで7.3kmである。

火を燃やしていた烽燧の中心部には、現在では山火事監視哨所が建っており、その周辺に二重の畝があり、その畝間には火がむやみに広がらないように水が入いり、排水のために東西側が低くなって

いる。

川尾煙台（チョンミヨンデ）

　済州島記念物23号に指定された7基の煙台のひとつである。それほどに原形が良く残っている。しかしながら、規模は近くの馬背浦（マドゥンポ）煙台ほどではない。入口の階段が海側にあるのが外形上の特徴である。他の煙台はたいていその反対である。どんな理由でそうなっているのかわからない。煙台上のくぼみの壁が丸くなっているので、安定感があるのも小さな特徴である。

　ところで、川尾煙台が有名税を払っているのは、たんに記念物に指定されたからではない。外形が特異だからというのでもさらさらない。名前からも分かるように、川尾川、川尾浦と関係があるからである。

　川尾煙台という名前は、近辺にある川尾川、川尾浦に由来する。川尾川は済州島で最長の河川として有名である。漢拏山の東側斜面のムルチャンオリオルムより少し上に源を発し、橋来（キョレ）、大川洞（テチョンドン）、城邑（ソンウプ）民俗村を経てここ川尾浦に注ぎ込む。この河川を境界にして表善邑（ピョソンウプ）と城山邑が分かれる。河川里（ハチョンニ）は表善邑、新川里（シンチョンニ）は城山邑に属する。

　かつては済州島で最長の橋がここ新川里と河川里をつなぐ橋、すなわち川尾川の上に架かる橋だった。ところが、その最長の橋という象徴性のために、一時期には二つの村が橋の名前をめぐって神経戦を繰り広げた。"新川橋"と"河川橋"とが競合したのである。結局は、行政官庁の仲裁で"平和橋"に落着した。二つの村が葛藤

川尾煙台、済州道記念物23号に指定されている。

を拭い去り、仲良くするようにという趣旨だった。川尾煙台のフィールドワークが終われば、その橋にしばらく佇んで、橋の名前の意味を確認してみるのもいいだろう。

　川尾川は島内のたいていの河川と同じように乾川なのだが、雨が降らない時でもわりと水が多く、随所で美しい景観を演出している。ところが最近、この河川を利用した大規模貯水池建設の議論が起きて、環境団体が緊張している。

　川尾浦は1552年（明宗7年）の川尾倭乱で有名である。ポルトガル人を含む200余名の倭寇が狼藉を働いた。そのうち70余名は上陸し略奪を恣にした。戦闘は2日間も続いた。

　最終的には、周辺の上川（サンチョン）、新川（シンチョン）、河川（ハチョン）の村民たちが力を合わせて追い払ったが、損失は甚大だった。少なからぬ人々が殺害された。その時にここ川尾煙台で火煙をあげて急を知らせていたならば、あれほど恐ろしいことにはなっていなかっただろう。

　その事件で済州牧司の金忠烈（キムチュンヨル）が罷免され、後任の牧司として

南致勤（ナムチグン）が任命された。南牧司は2年後に再びここ川尾浦を襲ってきた倭寇を見事に蹴散らした。南牧司というのは、林巨正（イムコクチョン）を捕えて殺害したことで有名になった人物であり、それは済州を去って10年もたっていない1562年のことである。

川尾煙台は東側には直線距離で6.9kmの馬背浦（マルドゥンポ）煙台と、西側には5.3kmの所馬路（ソマロ）煙台と交信していた。

旌義県城（ジョンウィヒョンソン）

高麗とは違って強力な中央集権を目論んだ朝鮮王朝は、建国初期から地方を着実に掌握していった。済州島もその例に漏れず、建国初期の太宗の時代には既に、済州牧、旌義県、大静県と3邑体制が完成していた。

済州牧はかつての済州市と北済州郡一帯、すなわち済州島北部地域（現在の済州市）にあたる。旌義県はかつての南済州郡の城邑民俗村を中心にした済州島南東部にあたる。大静県は秋史蟄居地がある大静城を中心にした済州島南西部である。そしてそれら3邑の行政はソウルから派遣された牧司と県監（ヒョンガム）が総轄した。

旌義県と大静県の設置は1416年（太宗16年）、済州牧司・呉湜（オシク）の建議によるものだった。済州邑城は漢拏山南側の住民には遠すぎた。悔しい目にあっても、はるばる訴えに行く気になれないほどだった。近くに新しい官庁が必要だった。こんな見方はすこぶる民衆愛的発想に基づくものだが、ともかく記録ではそうなっており、住民側の立場からすればその記録通りだったのだろう。

しかし本当は、地方掌握を目論む支配層の要求が実質的な理由だ

った。そもそも、民衆の中に、はるばる済州邑城まで出向く用事があった者がどれほどいただろうか。それに対して、税金の徴収や労働力の徴発は、遠く離れた村の隅々まで地方官を派遣してこそ可能だった。だからこそ、封建支配階層が残した記録をそのまま信じて郷土史を構成したりでもすると、限界が否めない。再解釈が必要なのである。そしてまた、当時の中央政府の施策、中央政界の流れなども含めて、総体として把握する必要がある。

ともかく、そうした理由で1416年（太宗16年）に旌義県がつくられた。但し、当時の旌義県の行政の中心地は、現在の旌義県城、すなわち城邑民俗村ではなかった。最初は日出峰に近い城山邑古城里（コソンリ）だった。

ところが、古城里は東側に寄りすぎていて、行政上は効果的でなかった。また倭寇の巣窟になりかねない牛島が近くにあるのも問題

城邑民俗村　旌義県城
ずいぶん前に行われた復元工事が「甕城（オンソン）」を「ぞんざい（ゾンザイ）」に処理してしまった。

だった。当然の如く、移転論議が起こった。そしてついに8年後の1423年（世宗5年）には、古城里から当時は"チンサマウル"と呼ばれていた現在の城邑に移した。今でもその痕跡が地名に残っている。過去に県城があったから古城里、今も城があるから城邑という地名になったわけである。

　新しい城を積むのにたった5日しかかからなかったという記録がある。誇張なのか、或いは、労働力徴発がそれほど過酷だったのか、或いはまた、最初はすこぶる小さな城を積んだだけだったのかもしれない。真偽は分からないがともかく、工事期間は非常に短かったようである。済州島全域から人を動員したとする記録を見れば、きっとそうなのであろう。当該地域の住民だけを動員するのが普通だったのに、そのようにしたからには、旌義県城の築城がそれほどに急を要した事業だったのだろう。

　城の周囲は約1、2km、本来は3個の門、すなわち南門、東門、西門があった。しかしながら、東門があったところは今では民家になっており、南門と西門だけが確認できる。城内の道は南門から始まる道路がやがて東西に分岐する典型的なT字型構造である。

　復元工事は随分前に行われたものなのだが、問題が深刻である。"甕城"（オンソン）がひどく"杜撰に"復元されている。先ずは、南門前の甕城がすっかり開放的な形になっており、これでは甕城の機能を果たせるわけがない。甕城の本来の目的は、城門を保護することにある。すなわち城門の外からは甕城に遮られて城門が見えないようにしなければならない。外部の視線を確実に遮断しているソウルの東大門の甕城と比較すれば、そのことが容易に理解できるだろう。

　他方、西門の"甕城"は甚だ狭苦しい。規模が小さすぎるのであ

る。これでは、あってもなくても同じことである。城門を保護するためのものなのか、格好をつけるためだけのものなのか、訳が分からない。

　2002年2月に発掘された翰林邑明月鎮城の、甕城の基壇が良い参考になるだろう。そちらの方は、規模も適当だし、視線の遮断も確実になされている。

　城壁上に女墻がないのも問題である。復元過程で女墻を省略したのは、この城だけではない。済州邑城もそうだし、明月鎮城、別方鎮城など済州島内のほぼすべての城壁復元でもそうなっている。常識ではとうてい理解しがたいことである。

　それにもかかわらず、ここ旌義県城は我が国で最もよく保存された邑城の一つと認められている。城内の村も保存状態がよい。重要民俗資料第188号に指定されたのは、そのおかげである。いわゆる民俗村なのである。済州島の民俗の独特さを考えると、このように村全体が民俗資料に指定されたのは幸いなことである。しかしながら、観光地として脚光を浴びて賑わいだすと、昔の姿が消え去り、伝統でもなく現代でもない奇妙なチャンポン風の民俗だけが残っているという印象が強くて、気分がすっきりしない。

　さて、ここで奇妙な質問をしてみよう。どうしてこの集落だけが、このように過去の姿のままに残っているのだろうか。他の集落はどうして昔の姿を失ってしまったのだろうか。開発のせいだって？なるほど、その通りである。しかしながら、他の村では開発以前でも、こんな風に昔の草家は残っていなかった。

　すべて燃えてしまったためである。特に中山間一帯の村はことごとく燃え尽きてしまった。いいや、正確に言えば、すべて燃やされ

てしまった。まるで気が狂ったように、燃やし尽くしてしまったのである。誰が、いつ？

　4・3時のことである。軍警討伐隊が中山間の村を燃やし尽くした。遊撃隊の支援基地になる可能性があるという口実によってである。日本軍が満州で用いた、家も人もすべて燃やし、殺してしまうあの殲滅・掃討作戦によってである。

　ところが城邑民俗村一帯は幸いにも燃えなかった。海抜120mの中山間地帯であるにもかかわらず。警察の支署があったからである。いづれにしても幸いなことである。しかし、そのことについて改めて考えてみよう。4・3がなかったなら、そして軍警討伐隊が蛮行をしでかしていなかったら、済州島には城邑民俗村に劣らず貴重な民俗資源が相当に残っていたはずなのである。

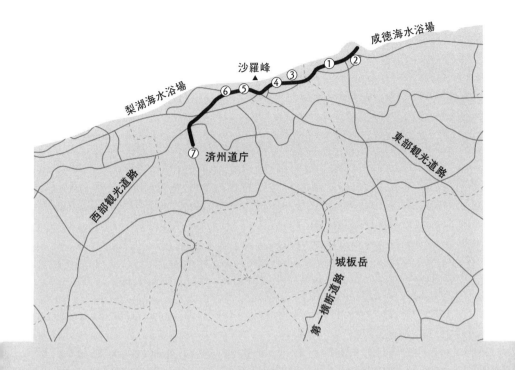

06 本土からはるばる済州島にやってきた人々

① 恋北亭
② 朝天碑石通り
③ 禾北浦口
④ 禾北碑石通り
⑤ 五賢壇
⑥ 済州牧官衙址
⑦ 訪仙門

恋北亭から訪仙門まで

> 済州牧司が勤務していた官庁には"ソウルを眺める楼閣"という意味の望京楼があった。そしてそれが官庁の建物の中では最も大きかった。地方官の心中が端的に窺われる事実である。

朝鮮時代の両班たちにとって済州島とは何だったのか?

「当地の風土も住民も、いまだに未開状態から醒めきらず、その愚鈍さ、無知さは、あの日本の北海道の野蛮人と変わらないのではなかろうか」

秋史・金正喜が済州について記した一節である。ひどい偏見である。しかしながら、こうした認識は朝鮮時代の知識人には一般的だったようである。16世紀に流刑されてきた沖庵・金浄の『済州風土録』にも「文字を知る者がはなはだ少なく、人情が荒く」或いは「羞恥や正義がいったい何のことかも分からず」などの表現が登場する。

それにも関わらず朝鮮時代を通じて、済州には中央の両班たちがしきりに出入りしていた。致し方なく済州に来る羽目になった人々がいたからである。政府から派遣された地方官こそがその種の人たちだった。高麗の毅宗の時代に初めて済州に地方官が派遣されて以来、その形が朝鮮王朝の全期間を通じて継続した。

ところが、その人たちは済州赴任をひどく嫌った。左遷だったからである。そのうえ、海を越えるには、命までも失いかねない危険が伴った。それだけにますます、回避の対象となった。

　実際に朴安臣(パクアンシン)や鄭麟仁(チョンインイン)のように、妻や自分の病を口実にして赴任しない場合も、稀にはあった。また、元百揆(ウォンベッキュ)のように、何の理由もないのに赴任しなかったせいで罷免されるような事件も発生した。或いはまた、仕方なく赴任はしたものの、ほんの数日後には病を口実に辞職して済州を去る者もいた。さらには、中宗の時代に済州牧司であった宋麟寿(ソンインス)などは、政府の許可もなしに済州を去ってソウルへ戻ってしまった。

　そんなわけなので、済州に赴任した地方官たちが善政を施すなんてことは稀だった。彼らの関心事はもっぱらソウルへ戻ることだった。済州牧司が勤務していた官庁には必ず"ソウルを眺める楼閣"という意味の望京楼があるほどだった。それも官庁の建物の中で最も大きな建物だった。地方官の心中が端的に窺われる事実である。朝天の恋北亭もまさしくそれである。"北を思慕する亭子"、思慕の対象としての北とは、ソウルの王様に他ならない。それほどに彼らにとって済州島は、一日も早く去ってしまいたい未開の土地だった。

　地方官たちの他にも、自らは望みもしないのに済州島に来ることを余儀なくされた両班たちがいた。権力闘争の結果、左遷よりもひどいことに、僻地へ追放された流配人たちである。流配刑は終身刑だったので、本来はここ済州で最後を迎えねばならなかった。しかし、政局に変化が生じれば、その余波で復権し、元の地位に戻ることもありえないことではなかった。だから、挫折感に苛まれながら

も、決して期待を失うことはなかった。実際、流配客たちこそは、地方官たちより首を長くして北側の空、北の海を凝視していた。朝鮮時代の両班たちにとって、済州島はそれほどに呪詛の地、天刑の地だった。

恋北亭(ヨンブクチョン)

　恋北亭は朝天浦口の朝天鎮城内にあった。本来は城外にあった客舎だと言われるが、確実な話ではない。

　朝天は禾北浦口と共に、朝鮮時代の済州島の2大浦口のひとつだった。昔から館が設置されていたことからも分るように、人々の往来が頻繁だった。済州島に赴任した地方官や、絶望にうちひしがれながらやってきた流配人たちも、主にこの浦口を利用した。

　"朝天"という地名もそのために生まれた。"見る"、"眺める"を意味する"朝"と"天気"を意味する"天"とを合わせた地名であり、本土に出て行く人々が天候を観測するところ、それが朝天という地名の由来なのである。

　不老草を求めてやってきた秦の始皇帝の使者が到着した金塘(グムダン)も実はここだったという説もある。この浦口の重要性がよく分かる話である。金尚憲の『南槎録』にも登場する。「賦役から逃れようと本土へこっそりと出て行く者が多いので、朝天と別刀（禾北）の二つの浦口を経由する者に限って、出陸を許可した」という記録がそれである。

　他ならぬその浦口の脇に恋北亭がある。恋北亭の前身だった朝天館（朝天客舎）がいつ建てられたかの正確な記録はない。口伝では

高麗の恭愍王23年（1374年）、朴允晴牧司の時代に建てられたというのだが、それを傍証する資料はない。
　宣祖23年（1590年）、李沃牧司の時代に初めて記録が現れる。李沃牧司は「盗賊たちがはびこる街道の要所であり、また、王命を受けた使臣たちが往来するところなので館を置いたが、今では狭くなったうえに老朽化しており、このままに放置していいものだろうか」と思案の結果、城壁を東北側に広げ、その上に望楼を安置して、それを双璧と称することにした。"双璧"とは漢拏山と青い海、即ち、青山緑水が対面していることに因んだ名前である。
　その後、宣祖32年（1599年）に金尚憲牧司が増改修し、"恋北亭"と改称した。思慕するという意味の恋と、方角を表す北という文字とを合わせて、北方を思慕するというわけである。その北方が何を意味するものだったかは、容易に分かる。そうなのである、北方と

恋北亭
恋北亭は本土からやって来た済州地方官と流配客にとって「希望の灯台」だった。

はソウルにおられる王様なのである。この亭に上り、北方に開けた海を眺め、限りなく王様を思慕していたのである。王様に対する忠誠心が如実に表現された名称である。

　しかし、はたして本当にそうだったのだろうか。朝鮮時代は儒教的名分が何よりも優先する社会だった。心の内の想いよりも外面を重視した。恋北亭の"北"が王様を象徴するというのも名分にすぎず、実際は両班個々人の政治的故郷であるソウルを意味していた。王に対する忠誠心はその殻にすぎない。重要なのは、自身の政権内への復帰だった。もちろん、王がその権力に他ならないのだから、王を敬慕したというのも、まったくの嘘ではなかろうが。

　そもそも済州島赴任は左遷に他ならなかった。したがって、中央政界へ復帰するために、当人たちがありとあらゆる努力を傾けたのも当然である。もちろん、牧民などは後回しだった。一日でも早く、この島の片隅から抜け出し、海を越えて都に戻り、出世街道を邁進したい。これが当時の済州の地方官たちの心情だった。

　流配客の場合はなおさらだった。地方官とは異なって流配は終身だった。政局が変わらない限り、島を抜け出す術はなかった。だからこそ、彼らにとって"北"は絶対的な意味を持っていた。境遇に差はあれ、ソウルからやってきた両班たちなら誰でも、そのように北方を眺めて暮らした。

　恋北亭は、そうした彼らにとって希望の灯台だった。遥か彼方の水平線に船が一隻でも姿を現すと、つま先立ちになり、眉間に神経を集中した。もしかして、吉報を携えた船がやってくるのではないか、というわけである。恋北亭はそんな人々の正直な気持ちが投影された名称でもある。

恋北亭に上がって海を眺め、当時のソウルからやって来た両班たちのことを思い浮かべてみるのも、フィールドワークの面白味のひとつである。建物自体には見るべきものは何一つない。復元されてそれほど経っていないこともあって、古建築の美しさといったものも見あたらない。そのうえ、原型に忠実な復元なのかどうかも疑わしい。1702年に李衡祥牧司が制作した『耽羅巡歴図』の絵とは異なっているからである。『耽羅巡歴図』の「朝天兆占」を見ると、今とは違って、恋北亭に上がる階段が朝天鎮城の内側にあったことが分かる。
　"朝天"という地名の由来についての異説も知っておいたほうがよいだろう。"天子に拝謁するために旅立つところ"という解釈もあるし、秦の始皇帝の使者たちがここで"朝、その日の天気を占った"という故事に由来するという説もある。

朝天碑石通り
<ruby>朝天碑石通り<rt>チョチョンビソッコリ</rt></ruby>

　ある時期までは、街や村の入り口など人の足が途絶えないところには、"碑石通り"があった。その地域のために尽力した人びとの業績を永遠に忘れないようにと、造成された通りである。もちろん、名分がそうだっただけで、実際はそうでもなかった。現代でも同じことではなかろうか。名と実とを兼備した記念碑も稀にはあったが、成り上がり者の自己誇示のためのものが多かった。昔も今も、むなしい名誉欲のとばっちりで石工が苦しむといったことがよくある。
　朝鮮後期に済州で建てられた碑石も同じことである。中でも地方官の徳を讃える"善政碑"の場合は問題が多い。欲深く、不正を恣

にした官吏の善政碑が、逆にその時代を読み解くコードにもなる。

今でもあちこちに地方官の善政碑が残っている。ところが、その碑石の共通した特徴は碑文を書いた人の名前がないこと、碑を建てた主体が村民であるという点である。一般に朝鮮時代の碑石には、碑文を書いた人の名前が記されている。さらに心を込めたものの場合には、碑文を刻んだ石工の名前まで記されている。名前を明らかにするのは、その碑文に対する責任感の表れであり、自負心を明らかにする行為である。その反対に、碑文を書いた人の名前がないのは、やましい文を碑に刻みこんだ証拠となる。

朝天碑石通り
朝天は済州の関門だった。朝天の碑石通りはそれだけに、ソウルから降りてきた官吏たちの眼につく確率が高かった。

また碑石建立の主体が"村民一同"というのも怪しい。本当に自発的に住民達がそのように望み、名乗りでたのだろうか。或いは、そうした集団名の背後には不幸な事情が隠されているのではなかろうか。というのも、朝鮮後期の歴史においては、そうしたことが一再ならずあったからである。欲のために賄賂を恣にする官吏たちに収奪されるだけでも悲しいことなのに、そのうえさらに、住民達がお金を出し合ってそんな輩の功徳碑まで建てねばならないとしたら、どれほど悔しかっただろうか。

済州の数々の碑石通りの中でも、朝天のそれはひときわ注目を集

めてきた。朝天は済州の関門だったので、ソウルから下りてくる官公吏の眼に止まる可能性が大きかった。自分が済州を去った後にも、後任者や暗行御使を通じて、碑石に刻まれた自分の善政が朝廷に伝えられれば、昇進につながるかもしれない。そう思って懸命に善政碑を建てようとした。

現在の朝天碑石通りには、済州道記念物31号に指定された碑石が7基ある。その他は最近の碑石なので歴史的価値は大きくない。指定を受けている7基のうちの1基は17世紀の人物のものだが、その他はすべて19世紀の人物の碑石である。特徴的な人物に限って見ることにしよう。

先ず、"使相白公希洙清徳善政碑"（ササンペクコンヒスチョンドクソンジョンビ）の主人公である白希洙（ペクヒス）なのだが、彼は五賢の一人である沖庵・金浄（チュンアム・キュジョン）の碑を建てた人物である。後に五賢壇で改めて見ることになるし、新村と禾北の碑石通りにも彼の善政碑がある。禾北碑石通りで確認することをお勧めする。

"使相鄭公岐源永世不忘碑"（ササンチョンコンギウォンヨンセブルマンビ）の主人公である鄭岐源（チョンギウォン）は、1862年の壬戌民乱（イムスルミルラン）、すなわち姜悌儉（カンジェゴム）の乱を鎮圧した牧司である。彼はその乱の鎮圧後、姜悌儉などを逮捕し死刑にした。民乱を起こした民衆たちは、殺された人物たちをどのように評価していたのだろうか。善政碑の純粋さに疑いを差し挟まずにはおれない。

"使相李公宜植恤民善政碑"（ササンイゴンウィシクヒュルミンソンジョンビ）の李宜植（イウィシク）牧司は、コソ泥に至るまで捕まえては斬刑に処した。そのために民衆に恐れられるようになったという。もちろん、それをも善政と呼ぶならば、なるほど善政なのかもしれない。厳格な法適用ということなのだろう。三陽民俗博物館にも彼の善政碑がある。

そのほか、蔡東健（チェドンゴン）、金寿翼（キュスイク）、判官・金応友（キュウンウ）、李源達（イウォンダル）などの碑があ

る。そのうちの李源達の碑には、禾北でもお目にかかれる。

禾北浦口
<small>ファブクポグ</small>

　朝天浦口と同じく朝鮮時代の済州の2大関門である。特に済州邑と最も近い浦口だったので、なおさら重要だった。流配された宋時烈、金正喜、崔益鉉などがこの浦口から入島したことを見ても、そのことが分かる。
<small>ソンシヨル　キムジョンヒ　チェイキョン</small>

　禾北は高麗時代の三別抄抗争の頃から注目されていた浦口である。三別抄が済州に入島するのに先んじて、それを阻止するために高麗政府は霊厳副使の金須と将軍の高汝霖を済州に派遣した。その部隊が陣を構えたのがまさに禾北なのである。その頃には既に、禾北浦口の重要性を認識していたわけである。
<small>ヨンアムプサ　キムス　コヨリム</small>

　それだけに浦口の整備も重要だった。英祖13年（1737年）に金浄牧司が浦口の拡張工事に苦労したのもそのためである。その功徳

禾北浦口
済州の2大関門の一つだった。

碑が浦口に建っている。金浄牧司は三射石を整備し、三泉書堂を建てたことでも有名な人物である。三泉書堂址には現在、済州銀行が位置している。東門ロータリーの近辺である。彼の教育振興の功を讃える"蘆峯・金先生興学碑^{ノボン・キムソンセンフンハクビ}"も一時は三泉書堂址にあったが、今では五賢壇境内に移されている。後に五賢壇に立ち寄った際に、どちらも確認してみるのがよいだろう。

　牧司・金浄は任期を終えて帰京の準備をしていた最中に急死した。それも禾北鎮城内で亡くなったので、後の史家たちは彼がまるで禾北浦口の工事過程で死亡したかのように、さらには、自らが率先して石を運ぶなど無理をしたせいで亡くなったかのように美化している。美しい話を創りたいのは人間の本性なのかもしれないが、朝鮮時代の社会が厳然とした身分制社会だったことを冷徹に考えてみる必要があるだろう。

禾北碑石通り^{ファブクピソクコリ}

　朝天碑石通りと同じように地方官の善政碑が建っている。済州の最も重要な関門だったことを象徴するのに十分である。良木を虎視眈々と狙う材木商人のように、地方官たちはここに自分の碑石を建てようと躍起になっていたらしい。碑石数が朝天の2倍もある。もちろん、その多くが19世紀のものである。日帝の植民地になるのが目と鼻の先に迫っていた時点で、地方官たちがどのような善政をそれほど施していたのか、相当に疑わしいのだが。

　禾北碑石通りの碑石に共通する特徴は、碑文の姓氏の文字がすりつぶされている点である。"碑石打ち^{ピソクチギ}"のせいである。民衆の憤怒

の最小限の表示なのである。他に抵抗手段を持たなかった民衆の、せめてもの自衛行為である。欲に目がくらんで不正を恣にした官吏の碑石に唾をかけたり、石で姓氏をそぎ落としたりして、自らを慰めていたのである。もちろん、その程度のことさえも当時としては非常に危険な行動だった。だからこそ、民衆の抵抗の一手段として積極的に評価すべきなのである。

それが後には、子供の遊びになった。だから今日ではこの"碑石打ち"が継承されるべき民俗遊びと評価されている。継承するのはもちろんよいことなのだが、そこに込められていた精神を継承するほうが本筋だろう。

ところで、何故ことさらに姓氏だけが潰されているのだろうか。それもやはり、個人よりも家門が重要視されていた身分制社会の特徴を見事に語っている。ここでも、いくつかの碑石に限って、その主人公を眺めてみよう。

牧司・李玄功(イヒョンゴン)は観徳亭を増築した人物なのだが、後に前任地での

禾北碑石通り
この碑石通りでは「碑石打ち」のせいで、碑文の姓氏の部分がすべてつぶれている。

問題が露見して罷免された。その
ようにして罷免された人物なのに、
このように立派な饍災民善政碑が
建てられているのである。

　牧司・白希洙は、先ほど朝天碑
石通りで見た名前である。沖庵・
金浄の碑石を建立した人である。
五賢壇にある沖庵・金浄の碑石を
見る際にも、その名前を再確認し
てもらいたい。

　牧司・具載龍(グジェリョン)は秋史・金正喜が
流配されてきた当時の済州牧司な
のだが、英国軍艦による加波島で
の牛の略奪を食い止められなかっ
たことで罷免された。

　牧司・洪圭(ホンギュ)は延曦閣(ヨンフィカク)を増築した

任憲大の碑石
壬戌民乱を誘発した任憲大の碑石は「碑
石打ち」のトップ級の損傷を被っている。

人である。後に訪仙門に行く機会
があれば、深くしっかりと彫り刻
まれた彼の名前に再び出会える。
　牧司・張寅植(チャンインシク)は、三姓穴三姓祠(サムソンヒョルサムソンサ)に"橘林堂(キュルリムダン)"を建て、学生たちが
寄宿して勉強できるようにしたし、禾北海神祠(ファプクヘシンサ)に"海神之位(ヘシンジウィ)"とい
う石製の位牌を奉安もした。そして秋史・金正喜が流配されてきた
際にも、様々な助力を与えたことで知られている。後に五賢壇でも
その名前に出会える。五賢壇にある哲宗元年（1850年）の
"橘林書院廟庭碑(キュルリムソウォンミョジョンビ)"は彼が建てた。多くの仕事をした功徳なのか、

ここのほかに済州郷校、三姓穴、旧巌(クオム)、新村などでも彼の善政碑を見ることができる。

　牧司・任憲大(イムホンデ)は、欲にかまけて不正を恣にした官吏の典型であり、碑石打ちの最大の対象である。1862年の壬戌民乱、すなわち姜悌儉の乱を誘発した不正腐敗で罷免・追放された。そんな人物でも去思碑を残している。そんな人物の碑石こそは"碑石通り"という象徴コードの性格を如実に示している。

　判官・高景晙(コギョンジュン)は姜悌儉の乱の収拾過程で出世した。民乱がおこると政府は科挙試験を行い、少数の人物に限って権力内に取り込んだ。民衆の不満を宥めるための懐柔策の一つである。高景晙はその機に乗じて官職に就き、1883～1885年には済州判官を歴任した。現在は五賢壇にある郷賢舎祠遺墟碑の文字を書いたのもこの人物である。後に五賢壇と訪仙門で確認していただきたい。あちこちに名前を残しているのを見ると、立派なことを数多く行ったに違いない。

　それにも関わらず、気分がすっきりしないのは何故だろうか。あまりふさわしい喩ではないのだが、しきりに"無賃乗車"という言葉が浮かんでくる。姜悌儉と民衆は死に果て、そのおかげで出世したのが高景晙である。ところが、そんな人物が済州のために良いことをたくさんしたと言わていれる。済州教育博物館に彼の遺品が展示されているので、確認してみれば何かの役にたつだろう。

　牧司や判官ではない助防将(チョバンジャン)の碑石、すなわち禾北鎮城の責任者だった洪在昱(ホンジェウク)の碑石があるのも、禾北碑石通りの特徴である。

五賢壇

　五賢とは誰々のことだろうか。沖庵・金浄、清陰・金尚憲、桐渓・鄭薀、珪庵・宋麟寿、尤庵・宋時烈のことである。すべて朝鮮時代に済州を大いに教化した人物と評価されている。ところが配享（学徳のある人を祀ること）に至る過程を見ると、必ずしもそうではなかったことが分かる。

　先ず沖庵・金浄なのだが、朝鮮後期の両班の誰からも崇め奉られるにふさわしい人物である。朝鮮後期の社会を掌握したのは士林勢力なのだが、沖庵・金浄こそはその士林勢力の政界進出の橋頭堡だった。彼は勲旧と士林の対立の中にあって、士林の最前線で活躍していたが、己卯士禍の際には趙光祖と共に犠牲になった。それだけに、党派の利害とは関係なく敬われた。

　次の清陰・金尚憲は、1601年に済州島で"蘇徳兪・吉雲節逆謀事件"が起こると、その事後処理の為にやってきた御使である。その職分にふさわしく、済州島の隅々まで巡回し、民弊を是正し、その過程で『南槎録』という紀行文も残した。しかしながらそれよりも、「いざ行かん、三角山よ、また会わん、韓江水よ」という詩で、一般によく知られている。丙子胡乱後に清国へ連行される際に彼が吟じた詩なのだが、それでもよく分るように、徹底した尊明反清主義者だった。そのおかげで、後には西人勢力の亀鑑となった。宋時烈が金尚憲を大義の宗主として称賛していることが、それを証明している。

　3番目の桐渓・鄭薀は、光海君の時代に永昌大君殺害の責任者の処罰を要求したために済州島へ流配された。元来、光海君政権時に

は北人だったが、師匠の鄭仁弘(チョンインホン)に反旗を翻し、反・光海君、親・永昌大君路線を堅持した。当然のごとく、西人たちは歓呼の声を上げた。北人でありながら西人の立場を見事に代弁したからである。後日、西人老論勢力の

五賢壇の五個の俎豆石
五賢は朝鮮後期の西人老論勢力が、権力掌握のために造りだした象徴物である。

子孫である秋史・金正喜が済州に流配されてきた際に、そうした桐渓・鄭蘊のかつての流配地を巡って、その碑石の建立を推進したのも偶然のことではない。党派関係が継続していることを如実に示している。

4番目の珪庵・宋麟寿が済州五賢壇に配享されるようになった経緯は、まるで喜劇である。彼と済州島との因縁はあまりにも否定的だからである。

「麟寿が辞職願を提出した際には、海を越えて赴任するのが嫌なのかと思っていたのだが、…今しがた聞いたところでは、勝手気ままに赴任地(済州)から去って清州に来たということなので、直ちに尋問するように取り計らえ。」『中宗実録』中宗29年(1534年)7月4日の記事内容である。それを見ると、彼が済州島への赴任そのものを嫌っていたことが明らかである。しかも、朝廷の許可も得ずに済州を去ってしまったことも分かる。そんな人物が済州の人々の

06 本土からはるばる済州島にやってきた人々 | 149

精神的恩師として受け入れられているのだから、なんとも呆れた話である。

そのうえ、金尚憲や鄭蘊よりもはるかに前時代の人物なのに、粛宗4年（1678年）になってようやく配享されているのも、何やらおかしい。政治力学が作用した結果なのである。逆に言えば、宋麟寿の配享の経緯を通じて、当時の政治状況が窺える。

当時の実権者は西人の宋時烈だった。宋麟寿が配享された粛宗4年当時には、宋時烈は孔子、孟子と並んで、"宋子"と呼ばれるほどだった。そこで、後付けであっても家門の美化作業の必要があった。族譜を調べた結果、それなりに格好がつきそうな祖先として選びだされたのが宋麟寿なのである。宋時烈の一族には曽祖父の代にまで遡っても、注目に値する人物は見当たらなかった。ところが、従曽祖である宋麟寿が大司憲を歴任するなど、一族で初めて有力な官職についていたことが分った。そこでその人物が相当に遅ればせに、つまり粛宗の時代になってようやく、宋時烈の権力強化のために選びだされたのである。子孫が優れていたおかげで、単なる家門の偉人から国家的聖賢への昇格が叶って、地下の宋麟寿もさぞかし満足していることだろう。

最後の尤庵・宋時烈は、張禧嬪の息子を世子として柵封することに異議を唱えて、済州に流配された人物なのだが、済州に滞在していたのは、たった111日にすぎない。そんな短期間に済州人に対する"儒教的教化"を盛んに行ったということになっている。もちろん、両班中心の視角、中央中心の視角からの話である。それに対して、老論勢力が朝鮮社会の発展を阻害したという観点からすれば、評価は一変する。たった111日くらいで実際に何ができたのか、疑

わしくなってくる。

　彼の最後は、済州流配の時点で既に予見されていたことだった。南人勢力を育てることで老論勢力を牽制しようとしていた粛宗によって、宋時烈は帰京途中の井邑(ジョンウプ)で賜死する羽目になる。しかし、それからわずか6年後の粛宗21年（1695年）には、ここ五賢壇に配享されて復活する。政局が再び変わったのである。そのおかげで彼は死んでいながらも死んでおらず、朝鮮王朝が滅びるまで、いいや、ひょっとすると現在に至るまで、既得権層の精神的支柱として生きながらえているのかも知れない。

　結局のところ、五賢を総体として見れば、朝鮮後期の西人老論勢力が権力掌握のために作りだした象徴物だったことが分かる。済州人たちを教化した優れた聖賢たちなどと評価するのは難しい。

　五賢壇は彼ら5人の聖賢（？）の位牌を奉る祭壇である。そこには元来、"忠庵墓(チュンアムミョ)"という祠堂と"蔵修堂(チャンスダン)"という学校を統合した橘林書堂(キュルリムソダン)があった。それが大院君の書院撤廃令によって、高宗8年

五賢壇にある「曾朱壁立」
本来、成均館の北側の断崖に刻まれていた宋時烈の文字を、拓本にとってここに改めて刻んだものである。

（1871 年）に廃止されたが、高宗 29 年（1892 年）には五賢壇として復活することになる。但し、以前とは違って、ごく小さな祭壇に縮小された。現在そこには、五賢の位牌を象徴する 5 個の俎豆石が配置されているが、その他に、関連碑石と摩崖銘、そして五賢高等学校総同窓会が最近造成した数種の記念物がある。

　先ずは橘林書堂の来歴が詳細に記述された"橘林書堂廟庭碑"（キュルリムソダンミョジョンビ）がある。碑の背面を見ると、"通政大夫　済州牧司　張寅植"が建てたことが分かる。張寅植が通勲大夫ではなく"通政大夫"だったという点に注目する必要がある。他の地域の牧司とは異なって、済州牧司は正 3 位堂上官、すなわち、行牧司が派遣されていたことを端的に示す事例である。因みに、張寅植の善政碑は既に禾北で見た。

　次に"沖庵金先生謫廬遺墟碑"（チュンアムキムソンセンチョンニョユホビ）である。五賢の一人である沖庵・金浄の流配生活を讃える碑石であり、牧司・白稀洙（ペクヒス）が哲宗 3 年（1852 年）に建てた。本来、この碑は彼が流配生活を送っていた嘉楽川辺（カラクッチョン）の金剛寺址（クムガンサト）に建っていた。そこに"パンソ井"（ジョン）という井戸があったので、今でもパンソ井があった所といった言い方がなされる。その碑石がいつの間にか五賢壇境内に移されて現在に至る。碑石の下部が毀損したために、1979 年には同じ内容の碑石を横に建てた。白稀洙は朝天と禾北碑石通りでも見た名前である。

　"尤庵宋先生謫廬遺墟碑"（ウアムソンソンセンチョンニョユホビ）もまた、五賢の一人である尤庵・宋時烈の流配生活を讃える碑石である。この碑石は英祖 48 年（1772 年）に流配で済州大静県にやってきた権震應（クォンジンウン）の発議で建てられた。彼が流配を終えてソウルに帰る途中で、宋時烈の流配地址を訪問し、地方儒林たちに碑石の建立を依頼したのが契機となった。元来は宋時烈が暮らしていた山地界隈の金煥心（キムファンシム）の家にあったが、1935 年には

済州郷校に移し、さらにその後、済州中学校が整備される際に五賢壇に移転した。

"蘆峯金先生興学碑"は、英祖11年（1735年）に三泉舎堂を建てて学問を奨励した済州牧司・金浄を讃える碑である。五賢の一人である金浄とは別人である。高宗30年（1893年）に三泉書堂内に建てられたが、当の三泉書堂が滅びてしまったので、五賢壇境内に移されることになった。金浄牧司は禾北浦口の増築と三射石整備などで知られる人物である。

"郷賢祠遺墟碑"は"郷賢"、すなわち済州出身の賢人の祠堂があったことを記念するために、地元民が高宗30年（1893年）に建てた碑石である。郷賢に関係する碑石だからと、済州を故郷とする判官・高景晙が碑文を書いた。高景晙は禾北碑石通りでも出会った人物である。郷賢祠堂は憲宗9年（1843年）に造られたが、30年も経たない1871年に門を閉じる羽目になる。大院君の書院撤廃政策に伴う処置である。遺墟碑を建てたのは、その痕跡を記憶する為だった。

郷賢祠は字義通り済州郷村の聖賢を追仰する祠堂である。最初は世宗の時代に漢城判尹（現在のソウル市長に相当する）の任にあった高得宗だけを配享していたが、後には地元の儒者である参奉・金晉鎔も配享された。

磨崖銘も一見の価値がある。五賢壇境内には"曽朱壁立"と"光風台"という摩崖銘がある。"曽朱壁立"は"曽氏と朱子のように、自らの所信をもって生きるように"という意味である。宋時烈が記した文字であり、本来は成均館の北側の城壁に刻まれていたが、正祖10年（1786年）に済州出身の辺聖雨が拓本を取り、判官・

洪敬燮(ホンギョンソプ)が哲宗7年（1856年）に五賢壇の壁に刻んだ。宋時烈の影響力がこうして引き継がれることになった。

　光風台の「光風」は『宋史』の「周敦頤伝(チュドンイジョン)」に出てくる"光風霽月"からとったもので、「雨が止んだ後の風月のように澄んで涼しい心」を意味する。他の地域の古い楼閣にも、殴り書きスタイルの"光風霽月"の額をよく見かける。

済州牧官衙址(チェジュモクカンアト)

　ここは耽羅国以来、済州最高の行政官庁が集中していたところであり、最近、かつての官衙の建物群の復元工事がなされた。1702年の『耽羅巡歴図』と1760年頃の『耽羅防営総覧』を基礎図面として用い、朝鮮後期の復元を目指した。ところが、当時の全体像を確認できそうなものにはなっていない。観徳亭を中心にした南側は全く復元されておらず、北側も復元されたのは一部にすぎないからである。

　『耽羅巡歴図』を見ると、復元された現状とは違って、東向きの観徳亭広場を間に挟んで北側と南側に建物が並んでいたことが分かる。北側は済州牧司の執務所であり、南側は済州判官の勤務場所であった。牧司が執務していた北側の区域を上衙(サンア)と言い、最初に赴く官衙という意味だった。

　それに対して、南側の建物群は二衙(イア)、二番目に赴く官衙という意味である。済州島は当時、形式上は全羅道に属しながらも、島という特殊性のために独自の行政体制になっていた。済州牧司が済州牧の他にも旌義県と大静県とを統括するといったように、全羅道の監

査業務の一部を代行していたのである。そのために、済州島には牧司とは別に判官も派遣され、その判官が執務していたのがこの二衙だった。

因みに、その二衙が郷庁ではなく、判官の執務所だった点が特異である。一般に、二衙は地方士林の権力機構としての郷庁を意味するものなのだが、済州島の場合は全く違っていた。士林勢力がそれほど強くなかったので、その代わりに牧司の補佐役である判官が主要業務を担当

『耽羅巡歴図』済州殿最

し、二衙でも中央から派遣されたソウルの両班たちが業務を行っていたのである。ところが残念なことに、その二衙は全く復元されなかった。かつて二衙が位置していたあたりには、金融機関やホテルその他の建物群が既にひしめいており、復元が実際上、難しかったからである。

観徳亭は世宗30年（1448年）に辛淑晴(シンスクチョン)牧司によって創建された。その創建記によれば、「矢を射ることは高く優れた徳を観ることである（射者所以観盛徳也）」という『例記』の一節に因んで、「観徳」と命名したと言う。その名の通りに、弓射の競技や科挙の試験、朝廷への進上馬の点検などが行われ、民と官とが対面する広場だったのである。

観徳亭の額は元来は安平大君(アンピョンデグン)によるものだった。しかしながら、その額が燃えてなくなり、今では李山海(イサンヘ)による額が残っている。李山海はライバルの鄭澈(チョンチョル)を追い出して領議政になった人物である。しかしながら、程なくして彼自身も左遷された。壬辰倭乱の際にソウル死守の命令を守れなかった責任を問われたのである。建物内の"耽羅形勝"の文字は、正祖の時代の金永綏(キムヨンス)による。彼の文字は訪仙門にも残っている。闊達な草書体で書かれた"喚仙台"がそれである。後に訪仙門で是非とも確認してもらいたい。

　観徳亭の軒の長さは、伝統的な韓屋とは異なって短かく、見慣れないものになっている。日帝時代に60cmずつ短くされてしまったのである。その後、1969年の修理工事の際にも、本来の形には戻せなかった。道路事情のせいで、改めて外側に張り出すわけにはいかなかったのだと言う。

　現在では済州の行政官庁のすべてが新済州に移転してしまったが、それ以前はここ観徳亭広場こそが、名実ともに済州の歴史の中心地だった。李在守の乱や4・3事件など済州の代表的な歴史はすべてここで繰り広げられた。最近では済州市長の就任式がここで挙行されている。歴史を利用して権力の正当性を誇示しようという発想なのである。観徳亭広場が今なお、大きな象徴的意味を備えている証拠である。

　観徳亭北側、すなわち済州牧司の執務所である上衙の建物群のうちで復元されたのは、鎮海楼(チネル)、友蓮堂(ウリョンダン)、弘化閣(ホンファカク)、中大門(チュンデムン)、瀛州協堂(ヨンジュヒョプダン)、橘林堂(キュルリムダン)である。そのうち鎮海楼は2層の楼閣建築で、上衙の外大門にあたる。本来この楼閣には時刻を知らせる鐘があった。しかし、李宜植(イウィシク)牧司がその鐘を溶かして武器を作ってしまったので、後の張

寅植牧司が全羅道の弥黄(ミファン)寺から大鐘を購入してきて、それを吊るした。ところが、それもまた日帝時代になくなってしまった。もちろん今もないので、改めて吊るせばいいのにと思う。建物だけでなく、音も復元したほうがよいのではなかろうか。

外大門前には"守令以下皆下馬"と記された"下馬碑"がある。門を通る際に、守令以下の者はすべて馬から降りろ、という標識である。出入り口も、守令は真ん中の門から、その他の者は左右の門から出入りするなどして、官衙の威厳を高めていた。

外大門を入ると、左側に友蓮堂がある。蓮と友という文字が額を構成しているのを見ると、その建物の用途が推察できる。蓮池の上に建物を配置して、友人知己を招いて宴会を楽しんでいたのである。もちろん、蓮池は風流だけではなく、火災防備の機能も備えていた。

本来の友蓮堂が建立されたのは中宗21年(1526年)、李寿童(イスドン)牧司の時代のことである。李寿童牧司は三姓穴の巫俗祭儀を儒教式に変えたことで有名な人物である。その後、英祖時代の金浄牧司は、友蓮堂を進上品関連の業務を行う場所として活用した。このように、建物の機能も時代に応じて変わった。

『耽羅巡歴図』柑橘封進

友蓮堂の背後には弘化閣がある。"王の善き徳化が民衆にあまねく及ぶことを祈願する"という趣旨の名称であり、世宗17年（1435年）に崔海山牧司が建てた。崔海山とは火砲を発明した崔茂宣の息子である。崔海山牧司がこの建物を建てた来歴は、世宗時代に漢城判尹だった済州出身の高得宗による「弘化閣記」にきちんと記されており、三姓穴展示室で確認できる。

　弘化閣は営庁（ヨンチョン）とも呼ばれる。按撫使や防御使、節制使が勤務するところなので、そのように名付けられた。もちろん、それらの職責はすべて済州牧司が兼務することになっていた。済州地域は全羅道に属しながらも、そこからは海を越えて遠く離れているので、済州牧司が済州牧ばかりか、大静県と旌義県の軍事業務まで統括しなければならなかった。済州牧司の執務所である延曦閣に加えて弘化閣まであるのは、そのために他ならなかった。

　延曦閣（ヨンフィガク）は済州牧司の執務所であり、一般には東軒（トンホン）とも言う。東軒の庭での裁判光景を想像してみると、その機能が理解しやすい。外形的特徴は基壇と踏み石で、他の建物よりも少し高く作られている。役人の威厳を高めるための意図的な装置である。

　すなわち、庭には罪人と刑吏が、踏み石上には役人の命を受けて復唱する副官、そして楼閣の床上には号令をかける守令が位置するといったように、位階に合わせて空間が上下に分割されている。眼の高さを基準に構成された身分制社会の司法システムの一断面である。

　東軒横の老巨樹もまた、単なる造景用のものではない。先に述べたのと同じように、裁判の権威を高めるために意図的に動員されている。長年の年輪を誇るこの樹木は、神が降臨する神堂木なので、

裁判の全過程を神が見守るという理屈になる。その結果として、判決は完全無欠とされる。少なくとも守令の立場からすれば、そのようになる。
　ところが、『耽羅巡歴図』の「柑橘奉進」を見ると、延曦閣は南向きなのに、その南側の庭よりも東側の庭が主に使用されていたことが分かる。これは一般的な常識とは違っているが、それは観徳亭が東向きの広場を備えているのと同じ理屈に基づいているのだろう。済州島では、島特有の強風の勢いを削ぐために、路を屈曲させるなどの工夫を余儀なくされてきた。そうした自然環境との格闘・共生のために形成されてきた済州島独特の方位概念が、ここでも生きていると推察するしかない。
　東軒の名称（堂号）には、どの地域でも地方官の統治理念が込められている。済州牧の延曦閣もそうである。"延曦"は"陽光で導く"という意味である。要するに、王の聖徳によって民草を導くという、済州牧司の行政指標が込められた命名なのである。
　その他にもいくつかの建物が復元されたが、復元された建物が限られているので、官衙全体の姿を描くには不十分である。特に済州牧司たちの心理状態が如実に表れていた最大規模の建物である望京楼が抜け落ちているのが、なんとも残念である。
　ソウルを眺める場所という意味の望京楼、その楼閣が官衙の建物群の中で最も大きかったことは何を意味するのだろうか。牧民などのことよりも、中央政界への復帰が彼らの最大の関心事だったことを示しているのだろう。流配で済州にやってきた光海君が、望京楼の西側で最後を遂げたという事実も同時に記憶しておこう。

訪仙門
<small>パンソンムン</small>

　訪仙門は文字通り、神仙世界へ入いる門である。では、その神仙世界は一体どこにあるのだろうか。もちろん、漢拏山である。昔の人は漢拏山を瀛州山と呼んだ。"瀛州"とは"神仙たちが暮らす島"のことだと『列字』にある。

　要するに、ここ訪仙門は神仙世界と人間世界との境界線なのである。訪仙門を境界にして漢拏山の内と外とに分割される。白鹿潭と訪仙門の両方が登場する伝説でも、訪仙門は神仙世界の境界線として表現されている。

　その伝説とはこうである。昔、伏日（酷暑の日）になると、仙女たちが水遊びをするために天から降りてくる。そしてそのたびに、漢拏山の山神は訪仙門から人間世界に追い払われて、仙女たちが天に上っていくまでそこに留まっていなくてはならなかった。

　ここまで話せば既に、その後のストーリー展開の推測ができるのではなかろうか。これが物語として成立するには、漢拏山の山神が仙女たちの沐浴の現場をのぞき見しなくてはならない。故意ではなく、山神は訪仙門まで降りて行くつもりだったのに、運悪く、そうできなかったにすぎない。それでも罰は免れない。激怒した玉皇上帝は山神を白鹿に変えてしまう。それからと言うもの、山神は毎夏の伏日になると山頂に上っては、その池で悲嘆にくれた。その池はこのように白鹿の池だから、白鹿潭と命名された。

　崔益鉉は済州での流配生活を終えてソウルに帰る前に、ふと漢拏山を訪ねるが、彼もまた、訪仙門を漢拏山の境界と見なしていたようだ。本格的な漢拏山登攀を前にして、訪仙門とその横の竹城村に

言及しているところを見ると、なるほどそのようである。彼の『遊漢拏山記』には、「断崖にそって数十歩下っていくと、両側に青い絶壁が切り立ち、その一隅に大きな岩があり、歓迎でもしてくれているかのように門の形をしている。…横には訪仙門あるいは登瀛邱など 10 余の文字が刻まれており、その他にも、実に様々な昔の人々の文字がある。これこそまさしく、漢拏山十景の一つである」という一節がある。

　その文を読むと、そこには門の形をした大岩があり、その岩が訪仙門、或いは登瀛邱(トゥンヨング)と呼ばれていたことが分かる。登瀛邱は"瀛州の丘に登るところ"という意味である。なるほどぴったりの名前である。しかしながら、それは元来の名ではない。村民たちがかつて、土地の言葉で"トゥロンクィ"と呼んでいたのを、後になってその意味にふさわしそうな漢字を当てはめたのである。"トゥロン"とは"中が空いた"という意味の済州語、"クィ"は入口を意味する"オグィ"の略語である。要するに、村民たちの呼称だった"トゥグィ"が風流好みの両班たちの"トゥンヨング=登瀛邱"へと装いを新たにしたわけである。

　神仙が暮らす瀛州の丘の入口なのだから、その景観の秀逸さは改めて言うまでのこともないだろう。最近では、その神秘の多くが消えてしまったが、朝鮮時代には本当に素晴らしかったに違いない。因みに、崔益鉉が"漢拏山十景の一つ"と記しているのは間違いである。漢拏山ではなく済州の十大景観の一つである"瀛丘春花"の舞台、それがまさしくここだった。今でもツツジが真っ赤に絶壁を染める光景を見ると、感嘆を禁じ得ない。その点については昔となんら変わらない。神仙の丘という名前なのだから、当然のことだ

訪仙門
「神仙を訪ねる門」という意味の訪仙門、ここを境界にして漢拏山の内と外とに分けられた。

ろう。

　ともかく、済州を訪れたソウルの両班たち、すなわち地方官や流配人のように家柄の高い人々の多くが、ここで風流を楽しんだ。岩壁の至る所が彼らの名で埋められている。そのせいなのか、今では景観よりも彼らの磨崖銘を目的として訪れるほうが実際的だし、有益である。

　先ず、ここの名称となっている訪仙門という文字は天井の岩に書かれているのだが、それを誰が書いたのかは分かっていない。

　次いでは"喚声台"なのだが、「神仙を訪ねて門を入ってみたが神仙に会えないので、この楼台から神仙を呼んで見る」という意味で、観徳亭の"耽羅形勝"の額を書いた牧司・金永綬の親筆である。

　天井の"訪仙門"という文字のすぐ下には、英祖時代の牧司・洪重徵の"登瀛丘"という文字が刻みこまれている。いつ見ても一気に生動するような躍動感がある。詩に劣らず優れた書である。しかしながら、その横に刻まれた"李命俊"がそれを台無しにしている。李命俊は洪重徵より約50年後の正祖の代の済州牧司なのだが、彼はどんなつもりで詩の余白を侵犯したのだろうか。

　横に少し上がっていくと、トルハルバンを建てたと言われる

金夢煃牧司の名前も確認される。五賢壇の前身の蔵修堂を建立した李檜牧司の名前も確認できる。ここで李檜牧司の名前を確認するのは非常に意味がある。済州の数多くの郷土史の本ではその名前が李檜〔きへん〕となっているが、それは明らかな間違いで、正しくは李檜〔のぎへん〕だったことが確認できる。

　禾北碑石通りと五賢壇郷賢祠遺墟碑で出会った判官・高景晙の名前も見える。済州教育博物館に行って彼の『霊雲文集』を確認してもよいだろう。李源祚の名前も見える。秋史・金正喜の依頼を受けて桐渓・鄭蘊の遺碑を建てた済州牧司である。

　入口には崔益鉉と、その道案内を引き受けた李基瑥の名前もある。反対側の上側の岩には、甲申政変の主役だった金玉均を暗殺した洪鍾宇の名前もある。1903年に済州牧司として赴任し、1905年には済州を去ったが、その在任期間中には李在守の乱の事後処理を担当した。名前の横の"光武甲辰5月"とはまさしく1904年のことである。禾北碑石通りで見た牧司・洪圭の名がここでは非常に鮮明である。

　その他にも数多くの人々の名前と詩が残っている。そのうちでもっとも古い摩崖銘は光海君1年（1609年）の金緻判官のものである。その他の多くは、国が滅亡へと転がっていた18、19世紀のものである。人は死んでも名を残すと言うが、ここや碑石通りで出会う名前は、何故かしら誇らしそうに見えない。植民地へ転落していく時期に国事を担当していた人々だからだろう。

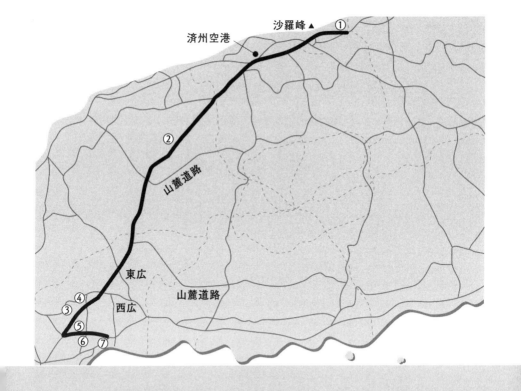

07　秋史・金正喜の足跡を訪ねて

① 禾北浦口
② 西部観光道路
③ 秋史記念館
④ 秋史流配生活の家
⑤ 桐渓・鄭蘊碑
⑥ 大静郷校
⑦ 山房山

禾北浦口から山房山まで

済州の肌を切る風が、秋史をしてついには傲慢から脱却させたようである。肌を切る風の中で、秋史は孤独と苦痛に打ち勝ち、自己の内面から"不要な油気"を拭い去って一家を成した。秋史体を完成させたのは済州の厳しい環境だった。

過酷な環境だからこそ生まれた秋史体

　たいていの済州観光案内パンフレットでは"秋史　謫居址"が紹介されている。したがって、秋史・金正喜が済州で流配生活をしていたことを知らない人はさほど多くないだろう。しかしながら金正喜の代名詞に他ならない秋史体が済州で完成したことを知っている人は稀である。
　朴挂寿大監の評に拠れば「秋史の字体は何度も変化したあげくに、済州島での流配時代に完成された」。そして、「彼の字体は本来、中国古代の碑文の文字と翁方綱の文字に似て油気が濃すぎる気味があったが、流配後には特定の字体に拘束されずに自らが一家をなすに至った」と言う。この"油気が濃すぎる気味"という一節が重要である。秋史体はまさにその中国風の"濃い油気"が抜け落ちて完成したからである。
　ところで、どんなわけで済州島でその油気が抜け落ちたのだろう

か。その問いに端的に答えれば、済州の流配生活で彼はひとりの人間に生まれ変わったということになるだろう。

　最高の家門で生まれ、権力の日向だけを歩いていた天才金正喜。それだけに、並外れて傲慢な人物だった。天才芸術家だったから、自分の"はやる気持ち"を抑えることができなかったのだろう。みなぎる自信のあまりにそうなったのだろう。兪弘濬教授が「我が国で生まれた人物としては檀君以来、世界的な舞台で一番になったのは、正確に言えば金正喜のほかには誰一人いない」と評しているほどである。

　ところが、もっぱら最高の人生を送ってきた彼が、僻地の中の僻地である済州に来て9年近くも苦労を重ねた結果、人間そのものが変わったとしても不思議ではない。彼が済州での流配地から妻に送った手紙では、ほとんどいつも生活の苦しさを訴えている。ここが痛い、あそこが痛い、少しはまともな惣菜を送ってくれ、季節に合わせて服を送ってくれなどと、極めて人間的な訴えが見られない時がない。日常の些細なことに煩わされるなんて、それまでには想像もしなかっただろう。ところが、いかに天才や大家だと言っても、やはり並の人間と大して変わるはずもない。秋史は苦痛の中で徐々に悟りを得ていく。

　彼にそうした苦痛をもたらしたのは、流配だけではない。流配という事実もたしかにその一因なのだが、流配地の特性もまた重要である。済州島、その中でも特に彼が流配生活を送った大静地域は、格別なのである。大静は済州島でも風が最も強く、土地が痩せ細っている。その地域内の慕瑟浦(モスルポ)のことを、しばしば「住んでなどおれない浦」と呼ぶほどである。冬にここで済州の刀

風（肌を切るような厳しい風）を実際に経験してみて初めて、その凄さが実感できる。まさに「百聞は一見にしかず」なのである。このフィールドワークは冬、それも雪嵐が吹きすさぶ日を選んでこそ真髄が味わえる。秋史の苦痛、その中で昇華されるに至った芸術家魂、その断片でも経験したければの話だが。

慣れない済州の風土、口に合わない飲食物が彼をひどく苦しめたようである。手紙には、「毒雨」、「毒熱」、「毒風」がひどくて、病が癒えることがないと訴える文面が多い。

毒風とは何か？　済州のあの恐ろしく厳しい風ではなかろうか。しかし、その刀風が秋史をして、傲慢な根性を洗い浄めさせたようである。砂を舞わせる済州の刀風の中で、彼は孤独と苦痛に打ち勝ち、自身の内面を覗き見るようになった。その結果、幸いにも"不要な油気を拭い去って"、"自らが一家"をなすに至った。

要するに、秋史体を完成させたのは流配地である済州の厳しい環境だった。

禾北浦口

禾北浦口は朝鮮時代における済州の２大関門の一つだった。それだけに、地方官や流配客たちは主にこの浦口を利用し、済州島に出入りした。秋史・金正喜ばかりか、尤庵・宋時烈、そして勉菴・崔益鉉もやはりここを通って済州に入ってきた。

当時、済州の人々にとって流配人はなんとも不思議な存在だったようである。「都落ち」（クィヤンダリ）という別名があるほどだった。そんな人々が島に入ってくる日ともなれば、好奇心に満ちた野次馬が集まった。

秋史の詩にもそんな場面が出てくる。

　村裏児童聚見那
　逐臣面牧可憎多
　終然百折千磨処
　南極恩光海不波

村の小童（こわっぱ）たちが押し寄せてきて、「あの都落ちの連中を見ろ」と声をあげ
なるほどこの私の顔には、そんなに怪しいところが多いものなのかと
百回も気持ちを挫かれ千回も白眼視されたあげくにようやく
南の果てのこの地にも恩恵の光が射し、海に波風も立たなくなった

　1840年9月27日、莞島を出発した秋史はたった一日でここ禾北浦口（ワンド）に到着した。普通なら3日の船旅だったが、順風だったらしい。その夜はこの禾北浦で過ごし、翌朝、10里（4キロ余り）の済州城に向かって出発した。禾北浦口に立って海を眺めながら、秋史が流配でやってきた時の姿、そして流配を終えて本土に帰って行く時の姿を想像してみるのもよいだろう。
　現在、ここには金正喜、崔益鉉などが流配でやって来た浦口であることを告げる標識が立っている。"英祖"を"英宗"と誤記しているのが気になるが、ともかく、こうした標石があること自体は悦ばしいことである。

禾北浦口の海神祠
済州の巫俗信仰を官の統制下に取り込むために建てられた海神祠は、龍王神を祀る祠堂である。

　そして、その横には英祖13年（1737年）に防波堤築造工事を主導した金浄牧司の記念碑も立っている。みすぼらしいものだが、むしろそうだからこそ、情もわく。金浄牧司は自らも石を運ぶなどして工事を督励したと伝えられている。実際にどうだったかを確認するすべはないが、彼がここ禾北鎮城で亡くなったことから推しはかって、誠意と努力を傾けたことは確からしい。
　西側には海神祠という祠堂がある。海の龍王神を祀る祠堂である。龍王神は明らかに巫俗の神だから、儒教イデオロギーで精神的に武装した地方官がこの海神祠を建てたのは、かなり特異なことである。その地方官とは、純祖20年（1820年）に済州牧司だった韓象黙（ハンサンムク）のことである。
　儒教原理主義者がどうして巫俗神堂を建てたのだろうか。記録では海上活動の安全のために建てたと記されているだけなのだが、お

そらくはそれ以前にも、ここに海神祠があったのだろう。但し、あくまで民衆信仰の祠堂である。それを韓象黙が儒教式の建物に建て変えた上で、体制内に編入したのだろう。済州の人々の情緒を積極的に受け入れたうえで、官の統制下でその信仰を縛ろうと計画したのだろう。それほどに済州の巫俗信仰が強かったからである。信仰次元での民衆の包摂策である。そのほうが統治に便利だからである。

　韓象黙だけではない。憲宗7年（1841年）には牧司・李源祚がこの建物を増築して、扁額も掲げた。そして憲宗15年（1849年）には牧司・張寅植自らが"海神乃位"という文字を書き、それを石に刻んで安置した。今でも祠堂内にはそれが残っている。因みに、その李源祚と張寅植の両人共に、流配されてきた秋史を何かと助けている。

　彼らが祠堂を整備して以降、毎年の正月15日と船舶が出航する際には、海神祭を行うようになった。秋史も済州を去る際には、海神祭を捧げた。当然のことである。9年近くもの流配生活をやっと終えて、帰京の途上で海に溺れて死にかねないとでも思えば、どれほど情けないことか。そんな恐怖に囚われた時には、孔子様よりも龍王神のほうが助けになる。

　彼がここ海神堂で書いた祭文が二つも残っている。ひとたび祭を捧げておきながらも不安が消えなかったのか、祭壇から降りてくると改めて新しい祭文を書いた。だから祭文が2篇になった。その2篇ともに龍王神に自身の無事を哀願する内容である。

　　清龍己酉年（1849年）の某月、某日、某干支に、某者は10年にわたる流配暮らしを経て、体も髪も清潔にできない境遇なので、

そんな姿のままに神明の御前に参るわけにもいきませず、謹んで酒と魚を揃え、某者に依頼して誠心こめて海神の祭壇にお祈りをささげ、お告げ申し上げます。
貴い身分の御方が海を渡る際には
ありとあらゆる神々が霊験あらたかに…
かつてこの私めが流配で参った折には、雑鬼の助けを得ましたが
この度は王様の恩恵によって流配生活が解かれることになりました
輝かしい王様の、なんとも有り難いお気持ちには
臣として逆らうことなど滅相もなく、
縁起のよい風が吹き、一隻の小舟に
千里の波乱も静まり返りますように
無事にこの海を乗り越えていけるかどうかは
ひとえに海神さまのお心ひとつにかかっており
敢えて、ふつつかな誠心を捧げて申し上げますので
神さま、どうかご降臨賜りますように

秋史のこんな姿を目にすると、儒教知識人による巫俗信仰の包摂も、政治的目的に過ぎなかったなどと言えないかもしれないという気になる。彼らも一介の脆い人間に他ならず、生死の岐路を前にすれば、いかなる雑神であろうとも、ともかくその助けにすがりつきたかったのだろう。済州牧司たちが海神祠を整備した際にも、そんな気持ちがどこかに潜んでいたのかもしれない。彼らもいつかはこの海神祠の前、禾北浦口を経由してソウルに帰る身の上だったから。

西部観光道路

　たった一日で海を越えて済州に着いた秋史なのだが、その夜は禾北で泊まり、翌日は済州城内の高ハニクの家に滞在した。流配地への旅程はまだ残っていたが、強風のせいで身動きならなかったのである。その家で一日を過ごし、翌日には改めて流配地の大静に向かって出発しなくてはならなかった。
　その際に秋史が進んだのは、海辺沿いの一周道路ではなく、中山間村をつなぐ山側の道だった。その道こそが現在の西部観光道路（西部産業道路）なのである。他方、秋史が8年3ヵ月にわたる流配生活を終えて帰京する際には、海側の一周道路を利用した。明月(ミョンウォル)で一泊してから済州邑城に入り、牧司の張寅植に会う予定と記された手紙が残っている。
　秋史が大静へ向かう際に利用した当時の道はもちろん、現在のように広くまっすぐに整備された道路ではなかった。現在の道路は2002年のワールドカップを控えて、大々的な拡張工事を行った結果である。その道の往時の様子が、秋史が弟に送った手紙で詳細に描かれている。

　　大静に向かう行程の前半は石ころだらけで、人馬が足を踏み入れるのも難しいくらいだったが、半ばを過ぎると少し平坦になった。それにまた、鬱蒼とした木立に囲まれて進むうちに、木洩れ陽がかすかに射してきて、冬なのに樹木が青々と美しく、時には見事な紅葉の森もあり、しかも本土のそれとはちがって、いかにも人間らしく感じられた。しかし、決められた日程に追われる身

ということもあって、風流に気を取らているわけにもいかなかった。

　今のようにひたすら一直線の道路とは全く見違える様子である。森が鬱蒼として陽光がかすかに射す程度だったと言うのだから、世の中がすっかり変わったわけである。秋史はその道を進みながら、南の島の異国情趣をしかと感じたようである。しかしながら、「決められた日程に追われる身ということもあって、風流に気を取られているわけにはいかなかった」というように、慌てて気持ちを切り替えている。本当に名残惜しそうである。
　ところで、「人馬が足を踏み入れるのも難し」いほど狭い道路であるにも関わらず秋史が辿ったその道は、当時の済州島で最も重要な道路のひとつだった。済州牧と大静県とをつなぐ官道、すなわち、行政道路だったのである。そんなわけだから、今でも老人たちはその道のことを"上の大道（ウッハンジル）"と呼ぶ。上側（山側）にある大きな道という意味である。陽光がかすかに射しこむほどの道であったにも関わらず、そうだった。
　しかしながら、今では本当に"大きな道（ハンジル）"になった。済州市と中文観光団地を連結し、また、ワールドカップ競技場へもつながっているので、重要度が高まっている。世界サミット級の指導者が済州を訪問すると、たいていはこの道を通る。ゴルバチョフ、江沢民、金容淳なども空港に降り立つと、この道を通って中文観光団地の宿舎に向かった。例外は、米国人だからと傲慢にもヘリコプターを利用したクリントンだけだった。
　それほどに重要な道路なのである。ところがそのように由緒ある

07　秋史・金正喜の足跡を訪ねて

道路の名称が"西部産業道路"だなんて、どうしても納得できない。行政官庁もそのように考えたのか、数年前に道路名称の公募を行った。実に良いことだから、このわたしも応募した。秋史の流配の歴史との因縁もあるので、"秋史路"、また大静に向かう道だからと"大静路"、古老たちの口からよく聞かれる"上大道(ウッハンジル)"なども応募作にした。

　結果？　もちろん、わたしのアイデアなど採択されなかったが、その点に関してはどおってことはない。しかし当選作を見て、ため息が出た。

　"西部観光道路"、これが当選作なのである。観光済州のイメージを込めたのかもしれないのだが、哲学というものがない。苦労の痕跡が窺えない。ともかく、現在の地図や観光案内パンフレットを見ると、"西部産業道路"に代わって"西部観光道路"と記されている。拡張工事以前の曲がりくねった情趣が残っていたならば、"観光"道路もふさわしかったかもしれない。しかしながら、山を削り取った切開地、ひたすら一直線の現在の姿は、観光や美には全く似つかわしくない。むしろ"祖国近代化の旗手"を想起させる"産業"道路のイメージがいっそう強まっただけである。拡張するにしても、少しは美しくできそうなものなのに、馬鹿正直に直進するばかりの道路美学には、息が詰まる思いがする。

　道路の名前の話が出たついでに、それに関連した話をもう少し続けよう。済州道には心底、恥ずかしい名前の道路がひとつある。済州市と西帰浦市をつなぐ5・16道路である。"第1横断道路"という立派な正式名称があるのに、通常は5・16道路と呼ばれている。

　5・16は教科書では軍事政変と記されている。"政変"はクーデ

ターを意味する。クーデターを記念して誇っているかのように、道路名にまで用いているのは何故なのか、それがわたしには分からない。もちろん、その道路が造られた時代の雰囲気が理解できないわけではない。問題は、今なのである。今や時代も変わった。かつて日本軍将校だった高木正雄（朴正煕）に追従する頭のおかしい人たちがいまだに多くいるとは言っても、これではひどすぎる。一日でも早く正すべきである。

　"城板岳道路"ではどうだろうか。第2横断道路の場合、その中間地点である1100高地に因んで"1100道路"と呼んでいる。それに倣って、第1横断道路もその中間地点にある"城板岳"（チョンペクトク）の名前を借用してはどうだろうか、と言うのである。少なくともわたしは今後、そのように呼ぶつもりである。心ある方々の賛同をお願いしたい。

秋史記念館

　秋史の済州流配を記念するために、彼が流配生活を送っていた家のすぐ横に、記念館が建てられた。それほど大きくない建物だが、その記念館には秋史が残した作品を数点、展示している。もちろん最近入手した2つの作品を除いては、すべてレプリカである。

　兪弘濬はその話が出るだけで、興奮して悪しざまに言う。真っ当な批判である。彼が言うように、粗雑なレプリカよりは本物の写真のほうがましである。それに、記念館の位置も問題だと言う。記念館が秋史が流配生活をしていた家の前景を塞いでしまっており、かつての流配地の雰囲気を台無しにしていると言うのである。これま

た真っ当な話である。建てられたばかりのトイレの位置に、記念館を移した方がよいだろう。

　兪弘濬のそうした憤怒が一役買ったのかどうか、その秋史記念館一帯が大々的に整備されるようになった。その一環として、秋史の本物の作品も２点確保した。その他はすべてレプリカだとは言っても、ともかく秋史の作品を鑑賞できるようになった。しかも、特に意味がある作品のレプリカが選ばれた。作品ごとに説明を付すようになったのも、喜ばしい変化である。幾つかの優れた作品だけでも、注意深く鑑賞してもらいたい。

　"歳寒図"、国宝第180号である。芸術作品を鑑賞する術を知らない者は、国宝というレッテルが付いてさえおれば、優れたものだと思い込んで受け入れる。この作品も非常に有名な名作らしい。しかし、わたしにはその良さが全く分からない。感動が湧かないのである。あまりに有名だから怖気づいてのことだろうか。率直に言えば、この程度ならば自分にでも描けそうな気さえしてくる。線をすっと引いて一棟の家を描き、その横に松の木を幾つか配置しているのが、そんなに立派なことなのだろうかなどと、騒いでいる人の気持ちが分からない。

　わたしに芸術感覚が不足しているせいならば、それはもう致し方ないことなので、せめて、この作品にまつわる因縁話でも紹介しておこう。もしかしたら、その方が重要かもしれない。というのも、作品というものは作家が生きていた現実を反映するものなので、作品の背景なりともまともに理解すれば、その作品の半分は消化したと言えそうだからである。

　この作品は1844年、秋史が済州で流配生活を始めて５年経った

秋史の作品　歳寒図

'一爐香室'、「爐があり、茶の香りが漂う部屋」という意味である。秋史が草衣禅師に贈ったものである。

頃の作品である。"歳寒"は本来、『論語』の子罕篇にある"歳寒然後知松栢之後凋"という一節からとったものである。

　寒さが厳しい冬になって、他の木々はすっかり葉を落としたのに、松柏だけは最後まで枯れ落ちないことに、今さらながらに気づいた、という意味である。

　これは自然現象のことだけを語っているのではない。人間世界の信義について語っているのである。権力を失って悲惨な立場に転落しても、決して裏切ったりしない本当の仲間のことを言っている。

　秋史にとってそれは誰だったのだろうか。作品の右上の歳寒図という文字の後に、その答えが記されている。"藕船是賞"、即ち"藕船よ、これを見ろ"という意味である。"藕船"とはだれのことか。秋史の弟子の李尚迪を指している。通訳官として中国に出入りする

茗禅
「茶を飲みながら参禅する」という意味である。草衣が送ってくれた茶に対する礼として書いた。

度に秋史に本を送ってくれていた人物である。特に秋史が流配となり、現実の権力をすべて失ってしまってからも裏切らず、以前と変わることなく中国の新刊書を送ってくれていた。それに感激した秋史が、贈り物として描いたのが他ならぬ歳寒図なのである。

そうした因縁を知った上で、改めて歳寒図を見ると、初見の時とは違って、何かが感じられるようになる。単純な構図、硬い筆跡、乾いた墨の痕跡などが、流配客の寂しいながらも超然とした心情を如実に表している。感情を節制し、簡略に処理して余白を置いたのは、孤独な流配生活の悲哀を、高潔な感情に昇華した成果ではなかろうか。

ところが、それでもわたしはこの作品に、秋史の事大主義を見る。描かれた家の丸窓は、朝鮮のものではなく清国のものであることが明らかなのである。秋史の精神世界はこのように、いつでも中国の士太夫の方に向かっていた。天才・金正喜の如何ともしがたい事大根性、だからと言って、それが何としてもダメだなどと言うつもりはない。先進文物に関心が向かうのは、あまりにも自然なことである。愛国心にかられて、事大主義云々などと文句をつけるよりもむ

しろ、そのように理解する方が現実的な姿勢であろう。

歳寒図はその制作過程に劣らず、完成後に展開された人生模様も話の種になる。李尚迪が大切に保管していたこの絵は、その後、当時の勢力家であった閔泳徽（ミンヨンフィ）、閔奎植（ミンギュシク）の手に渡った。さらには、どんな理由か定かではないのだが、日本人研究家である藤塚鄰（京城帝大名誉教授）が主人になった。

その後、秋史作品の最高のコレクターだった素田・孫在馨（ソジョン・ソンジェヒョン）がこの作品に執着することになるのだが、そのエピソードが実に面白い。孫が藤塚を訪ねたのは1943年のことだった。礼を尽くして挨拶したうえで、価格は問わないので譲ってもらいたいと頼んだ。しかし、藤塚は、自分も秋史を尊敬しているので、そうはできないと拒んだ。

その翌年の1944年、藤塚は日本の敗戦を予想して帰国してしまった。孫は焦り、直ちに東京へ渡った。そして2ヵ月間にわたって、藤塚宅に日参した。

そしてその年の12月には、藤塚もついに孫の真心に感服して歳寒図を譲ると約束した。悪化していた自身の健康も、決心の要因になったようだ。藤塚は長男を呼んで、自分が死ねば必ず孫に譲るようにと遺言した。しかしながら孫が望んでいたのは、直ちに譲り受

大烹豆腐
秋史がこの世を去る少し前の作品。村の翁のような枯れた心情がよく表れている。

けることだった。そこで、孫は何も言わずに、黙々と歳寒図を凝視していた。

ついには藤塚が降参した。藤塚は、お金には替えられない作品なので、しっかり保存してくれるようにと念を押しながら、歳寒図を孫に譲り渡した。こうして歳寒図は再び朝鮮人の手に戻ることになった。

これだけでも十分に面白いのだが、それ以後の話がさらに興味深い。1945年の東京大空襲の際に、藤塚の書斎も爆撃を受けた。その結果、2つの部屋を埋めていた秋史の作品がすべて燃えてしまった。他方、藤塚自身は1948年まで生き延びた。したがって、藤塚が言っていたように、もしも孫が藤塚の死亡後に歳寒図を受け取りに行ったならば、既にその作品はこの世のものではなくなっていただろう。

ところで、孫は藤塚との約束をきちんと守れなかった。1958年の民議員（国会議員）選挙に出馬する際に、歳寒図を担保にお金を借り、それを返済できなかったのである。そこで、その後しばらく、歳寒図はお金を貸した李根台（イグンテ）の収集室にあり、やがて孫世基（ソンセギ）の手に渡り、今ではその息子の孫昌根（ソンチャングン）が所蔵している。

"一爐香室（イルロヒャンシル）"、"爐（イロリ）があり、茶の香りがたつ部屋"という意味である。本来はこの扁額も、秋史が草衣禅師（チョウィソンサ）に贈ったものである。全南の大芚寺（テドゥンサ）の住持だった草衣禅師は韓国の茶聖と呼ばれるほどの人である。そうした事情があるので、全国のそれなりの伝統茶の店にはこの扁額が懸かっている。もちろんレプリカであるが、村里の茶店でこの扁額を見るとわたしは嬉しくなる。

"茗禅"。"茶を飲み、参禅する"という意味である。秋史は草衣

が送ってくれた茶を受け取ったので、心を込めて書を認め、返礼とした。横に小さな文字で書かれた来歴を確認すれば、作品理解が深まるだろう。

本物の疑問堂
寄宿舎の扁額として書いた作品。いつも疑問を持って勉強するようにという意味が込められている。

「草衣が手製の茶を送ってくれたが、（中国の有名な茶人）である蒙頂（モンジョン）や露芽（ロア）の茶にも劣らない逸品である。心ばかりのお返しをするにあたって、漢の時代の碑石である白石神君碑の筆意で認めることにする。病居士の隷書」。

"疑問堂（ウィムンダン）"、展示館内に２点しかない本物の一つである。近くの大静郷校東斎、すなわち寄宿舎の看板として使われていた作品である。常に"疑問"を忘れることなく学問に励むようにという教えが込められている。但し、文字とその内容は良いのだが、保存状態があまりよくない。文字の上にペイントが塗られてしまっているのである。当事者のつもりでは、心を込めて保存しようとしてのことなのだろう。だから、文句をつけたいわけではない。気持ちが大事なのだから。

"不二禅図（ブルイソンド）"、"不作蘭図"とも呼ぶ。珍しいのは、蘭草の絵の左上の余白に"不作蘭20年…"で始まる文言が記されていることである。この作品には、天才・金正喜の傲慢さがいかほどのものであったかが、如実に示されている。ひどく破格に描かれた蘭の絵だけでも理解が難しいのに、その文言を見ると唇が震えてくる。

絵の左側の上段には次のような文言が記されている。「すっかり描かなくなっていた蘭草なのだが、20年ぶりに、それもふとした

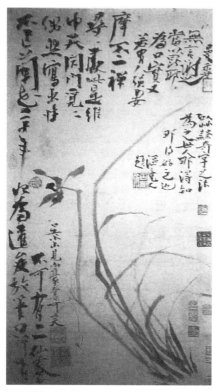

不作蘭図
天才・金正喜の傲慢さがよく分る。

偶然から描いてみたところ、天然の本性が現れている。これこそは描くことを自らに禁じて探し回っていたものであり、維摩居士が言うところの不二禅なのであろう」。さらにその右横には「草書と隷書の奇字の手法で描いてみたが、世間の人々は、これをどのように理解し、どのように評するだろうか」とも書いている。これこそまさしく秋史なのである。

"藻華蝶(チョファジョブ)"、これは水上に落ちた落葉が船のように浮かぶ姿を、文字で表したものである。なるほど、文字が実際に水上に浮かんでいるように見える。

"宝丁山房(ポジョンサンバン)"、これは"宝物のような丁若鏞が暮らす山中の部屋"という意味である。丁若鏞が流配生活を送っていた全南・康津(カンジン)の茶山草堂(ダサンチョダン)にも同じ作品が懸けられている。

秋史が茶山(ダサン)・丁若鏞(チョンヤギョン)の流配地に書を認めて送ったのだろうか？そうではない。茶山・丁若鏞は秋史よりも一世代前の人である。なのに、どのようにしてこのような扁額が書かれたのだろうか。実は

これは"集子"なのである。秋史がこのように書いたのではなくて、秋史が書いた幾つかの文字から4文字を切り抜いて総合した作品なのである。但し、秋史が茶山の息子の丁学淵〔チョンハギョン〕、丁学游〔チョンハギュ〕と親密に交流していたのは事実である。

"大烹豆腐瓜薑菜〔テペントゥブクァガンチェ〕　高会夫妻児女孫〔コフェブチョアヨソン〕"。秋史の生前最後から二番目の作品である。あれほど傲慢だった秋史も晩年ともなると、村里の翁の心情になっていたようである。作品の内容はこうである。「豆腐、瓜、野菜を入れてチゲをぐつぐつ煮ながら、子供、孫、嫁が集まって円座になること、これがこの世で最も美しい時間だ」。限りなく素朴である。最高の権力から流配の苦痛に至るまで、なにもかもを経験した秋史が、晩年になって悟った人生の真の意味のようである。

秋史が流配生活を送った家

流配にも幾つか種類がある。罪の軽重にしたがって、本郷安置〔ポニャンアンチ〕、中途付処〔チュンドブチョ〕、州郡安置〔ジュグンアンチ〕、圍離安置〔ウィリアンチ〕、絶島安置〔チョルドアンチ〕などに分かれる。本郷安置は罪人を帰郷させる罰であり、相当に配慮のある措置である。中途付処もやはり政治的配慮が加味されたもので、流配地へ赴く途上の一定の場所に限定して生活させる刑罰である。州郡安置は罪人の活動半径を相当に広く許容し、流配地の行政区域内であればどこにでも足を伸ばすことができた。

それに対して、苛酷な流配刑に圍離安置と絶島安置があった。圍離安置は流配地に指定された家の敷地を茨で囲み、その内部でのみ暮らすように強いる刑罰である。絶島安置は文字通り、絶海の孤島

秋史が流配生活を送った家
4・3の時に焼けてしまったが、後に復元された。

に閉じ込める。

　秋史が受けた流配刑は圍離安置である。"家極安置（カグッアンチ）"とも言う。すなわち、家の敷地の周囲に茨の木を植えて、その内側に限って活動を許容されるという非常に厳しい罰である。そんなわけだから、秋史はまさに孤独の中で自分自身と闘うしかなかった。

　ひょっとすると、その孤独が彼の芸術を完成させたのかもしれない。茶山・丁若鏞とはその点が違った。茶山が受けた刑罰は州郡安置だった。したがって、自らの足で村を回りながら民衆の凄惨な現実を見ることができた。そして結局は、それが『牧民心書（モンミンシムソ）』を書く原動力になった。

　すなわち流配刑の差異によって、茶山は"社会の現実"を、秋史は"自己の内面"を見たことになる。これは決してわたしひとりの考えではない。兪弘濬教授の持論でもあり、なるほど、ごもっともである。

秋史記念館の背後には、秋史が圍離安置で滞在していた家が復元されている。最初は捕校（捕盗部将の別称）だった宋ギェスンの家に滞在していたが、やがて姜道淳宅に移り、そこで流配期間の大部分を過ごした。

　復元されたのは、その姜道淳の家なのである。但し、時代が変わっても昔の家がそのまま残っていたのかと言えば、そうではない。4・3事件のせいである。軍警討伐隊が中山間地域の家を見境いなしに燃やしつくしたのである。

　現在、母屋、離れ、予備離れ、大門棟、研子磨小屋の5棟が復元されている。そのうちの予備離れ棟が秋史が暮らしていた場所として紹介されている。しかし実際に現場に行ってみると、秋史がはたしてそんな狭い所で、書を認め、絵を描いて暮らしていたのか疑わしくなってくる。そうした説明とは異なって、実際には主人の姜道淳が母屋を秋史に譲り与えていたのではなかろうか。

　ソウルの家から秋史のお伴をしてきた従者たちが、どこで暮らしていたのかを考えてみると、既存の説明の弱点が明らかになる。秋史が暮らしていたと紹介されている予備離れは、実は従者たちの居住空間だったのではなかろうか。常識に照らして考え直してみたほうがよさそうである。

　現在、出入口とされているところも、もう一度考え直してみるべきである。秋史記念館側からその家に出入りするのは、本来のやり方ではない。復元された大門棟こそが本来の出入り口だったはずである。それが済州の伝統的家屋の常識である。

　敷地に茨の木を植えたのはいいことである。圍里安置の実態を少しでも体感できるようにしたければ、そうする必要がある。流配地

秋史が好んだ水仙の花。カン・ジョンホ撮影

らしい雰囲気がなくてはならず、そのためには、細部にも神経を遣う必要がある。秋史が水仙を見ながら孤独を宥めたからと、水仙を植えたのも気の利いた発想である。ともかく、歴史遺跡地が安物の観光地に転落してはならない。

この家の主人だった姜道淳一族の話も面白い。彼の曽孫に姜文錫(カンムンソク)という人がいた。解放直後には南労党宣伝部長を歴任し、朴憲永(パクホヨン)の右腕としても知られていた。その人が一時期、金達三(キムダルサム)という仮名を使用していた。

その後、その金達三という仮名は、その婿である李承晋(イスンジン)が引き継いだ。李承晋とは何者か。4・3の初期武装隊の司令官だった金達三のことである。流配人の反骨気質が済州の人々に抵抗精神を植え付けたという説があるが、もしかして、この一族もそんな流れと関連があるのかもしれない。

桐渓(トンギェ)・鄭蘊碑(チョンオンビ)

桐渓・鄭蘊は光海君の時代の人物であり、秋史とは直接には関連がない。秋史より約200年も先立つ1614年に、流配で済州島大静県にやってきた。それなのに、秋史は彼を記憶していた。そして彼のために、当時の済州牧司だった李源祚に建てさせるに至った碑石が、保城(ポソン)初等学校前の"桐渓鄭先生遺墟碑(トンギェチョンソンセンユホビ)"なのである。

桐渓・鄭蘊は慶南の居昌で宣祖2年（1569年）に生まれ、仁祖20年（1642年）に生を終えた。彼が済州島に流配になったのは上訴文のせいである。光海君の異腹弟である永昌大君殺害の罪を問い、その責任者を処罰すべきという上訴文だった。
　宣祖には任海君、光海君といった優れた息子たちがおり、そのうちでも光海君は壬辰倭乱における戦功で、既に指導力を認められていた。したがって、宣祖の後を継ぐのは当然だったし、そのように決定もされていた。しかし、嫡子ではなく庶子だった。宣祖には老境に至るまで嫡子がなかったのである。

桐渓・鄭蘊碑
自分よりも200年ほど先立って大静県へ流配されてきた鄭蘊のために、秋史は済州牧司・李源祚を動かして碑石を立てた。

　そうした状況下で、宣祖が仁穆大妃を娶り、嫡子となる永昌大君をもうけるに至った。こうして問題は複雑になった。永昌大君には誠に失礼な言い方なのだが、朝鮮の歴史を考えれば、彼は生まれなかったほうがよかった。
　複雑な状況だったが、光海君は困難を乗り越えてなんとか王位を継承した。しかし、幼い永昌大君が生きている限り、王位は不安定なままだった。そのために光海君を擁立した北人勢力は、なんとしても永昌を無力化しようとした。その方法が、永昌大君の殺害だった。そしてそれに続いて、仁穆大妃を廃位させることによって、後

顧の憂いを一掃したつもりだった。

　しかしながら、後にはそれが仇となって、光海君は王位から追われる。明国の恩に背反したことに、弟を殺し義母を廃位させたという反人倫の罪とが、重なったわけである。仁祖反正(インジョバンジョン)がそれに他ならなかった。追われた光海君は、江華島を経て済州島での流配生活を強いられ、ついにそこで生を終えた。奇遇なことに、桐渓・鄭蘊とは人生の展開が正反対になったのである。

　ところが最近では、その光海君が新たに評価されるようになってきている。明と後金の狭間で中立外交を繰り広げるなど、卓越した外交能力を発揮したのに、彼を追い出した西人政権が、彼を人倫に悖る息子として潤色したために、その功績がまともに評価されてこなかったと言うのである。妥当な理屈のように思われる。

　いづれにしても、性理学的な大義名分を掲げていた桐渓・鄭蘊は光海君の措置に反発した結果、ここ大静に流配され、その約200年後には秋史・金正喜がその気概を欽慕して碑石の建立を推進した。それは性理学的名分だけで見ると美しい話なのだが、光海君の改革政治の立場から見れば、おのずと別の評価が下されるだろう。

　本来、この碑は憲宗8年（1842年）に秋史の依頼を受けた済州牧司・李源祚が、鄭蘊が暮らしていたマグンコル（村）に建てたものである。それがいつの間にか、大静城東門外に移されていたのだが、1963年にはさらに保城初等学校の校庭に移され、それがまた現在の場所に位置するようになったのは1977年のことである。

　碑石を建てた翌年（1843年）には、松竹祠(ソンチュクサ)という祠堂も建立されて、鄭蘊の位牌も祀るようになった。"松竹"とは、鄭蘊の気概を称えた名称である。

大静郷校
〔テジョンヒャンギョ〕

　朝鮮時代、流配客はただの犯罪者ではなかった。現代の言い方なら、政治犯ということになる。流配によって権力がしばらく留保されるだけで、政局が転換すれば再び中央政界に華麗に復帰する可能性があった。もちろん、そんな日がこないままに流配地で亡くなる場合もあったが、ともかく、可能性はあった。

　そんなわけなので、地方官たちも程ほどに流配客の便宜を図ってやる場合が多かった。政局変化がひどい時代には、とりわけそうだった。もちろん、流配客の呉始復〔オシボク〕の後押しをしすぎたあげくに免職になった李衡祥牧司のような場合もあったが、大部分の地方官は流配客の顔つきを窺わないではおれなかった。

　秋史の場合も、地方官の配慮を少なからず受けた。桐渓・鄭蘊の碑が建てられたのも、牧司・李源祚が秋史を無視できなかったからである。"圍里安置"という刑罰にも関わらず、時には茨の外へ出回ることができたのも、すべてそのおかげである。もちろん、法に従っているかぎり、夢にも考えられないことだった。

　秋史が敷地外で、しきりに通っていた場所の一つが大静郷校である。大学者の教えを受けたいと望む人が多かったので、郷校へ出入りしないわけにはいかなかった。郷校へ通い、書も認めてやったりしたようで、東斎の扁額として書いた"疑問堂"が今でも残っている。秋史記念館に移して展示されているが、残念なことに大きく毀損している。いつ、誰が、そうしたのかわからないが、しっかり保管するつもりで、字の上にペイントを塗ってしまったのである。それでもレプリカではない本物を済州島で見ることができるのだから

喜ばしいことである。

　大静郷校の松の木も有名である。本来は三綱五倫を表すために3本の榎と5本の松を植えたと言う。しかし、今では現場の状況が大きく変わってしまっており、確認する術がない。但し、有名なのは三綱五倫の木ではなく、いわゆる"歳寒松"の方なのである。ここの松の木が"歳寒図"という作品の松の木のモデルだというのである。もちろん、出所不明の話なのだが、随分と広まっている。わたしの印象でも、噂通りで、なるほど似ている。

　しかしながら、兪弘濬はそれを"ひどい間違い"だと否定する。"歳寒図"は実景山水画ではない。観念に浮かんだイメージを描いた作品なので、大静郷校の実際の松の木とはいかなる関係もないと言うのである。正しい言い分である。

　しかしながら、ここの松の木を"歳寒図"とつなげたいという誘惑は、そうは簡単に消えそうにない。歪んだ愛郷心のせいだろうか。

　せっかく大静郷校まで来たついでに、この郷校の沿革も知っておいたほうがよいだろう。郷校は本来、官立教育機関として守令が派遣される行政単位には、必ず一つ設置されることになっていた。大静郷校は太宗16年（1416年）に大静県が設置された時に造られたと推定されている。最初は城内にあったが、それを孝宗4年（1653年）に李源祚牧司が現在の位置に移した。したがって、350年前からここに郷校があったことになる。

　建物は里山を背景に、典型的な前学後廟の構図になっている。すなわち、後ろに聖賢の位牌を祀る大聖殿があり、前には講義室である明倫堂が位置する。そして左右に寄宿舎である東斎と西斎がある。

　映画「李在守の乱」の一部はこの郷校で撮影された。雨がざあざ

大静郷校の松
この松が「歳寒図」のモデルという話が残っている。

あと激しく降っていた夜、呉大鉉(オデヒョン)が状頭(チャンドゥ)として先頭に立つシーンを記憶している読者もいるかもしれない。大静常撫社(サンムサ)の会員たちが義兵を起こそうとしているシーンであり、その撮影にここ明倫堂が使われた。実際には、郷校と李在守の乱とは何の関連もない。昔の建物なので映画に動員されただけのことである。

山房山

　秋史が敷地を取り巻く茨の外に出て、よく通っていたもう一つの場所が山房山である。そこに上ると気が晴れる。眼前には広々とした海が広がり、息苦しさを宥めるには格好である。
　山腹にぽかりと開けた洞窟を利用して、仏像を祀っている小さな寺がある。今ではそこまで階段が通じている。有名な観光地であるうえに、福が授かるように祈る場所でもあるので、少し落ち着かな

山房窟寺
山腹にある洞窟を利用して仏像を祀る小さな寺である。

い雰囲気である。それでも流配客だった秋史の気持ちになって、山房窟寺まで上り、海を眺めるのもいいだろう。

　時間の余裕があり、登山を好む人なら、後ろ側の徳修里(トクスリ)方面から昇れば、頂上まで行ける。頂上に立てば、太平洋が眼前に広がる。左側には西帰浦沿岸の幾つかの島が、右側には済州島の西の果ての遮帰島が一目に入ってくる。しかし、少なくとも一時間は汗を流しながら登らねばならず、怠け者の人はそんなことを考えない方がよさそうである。

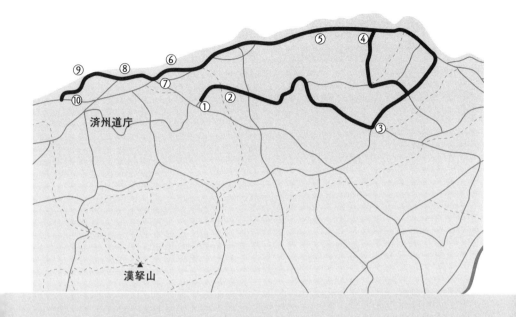

08 永遠の信仰、巫俗の故郷

① 華頂寺五石仏
② 臥屹本郷堂
③ 松堂本郷堂
④ 金寧徐憐判官功徳碑
⑤ 金寧西門男神堂
⑥ 禾北浦口海神祠
⑦ 東資福弥勒
⑧ 西資福弥勒
⑨ 道頭山腹堂
⑩ 道頭酺祭堂

華頂寺の五石仏から道頭酺祭堂まで
<small>ファチョンサ　オソクブル　　　　　トドゥポジェダン</small>

島民の心性とよく似た素朴な神堂

　学者たちは済州の神堂をしばしば、本郷堂、七日堂、八日堂、海神堂に分類する。内容、機能などに従った分類である。もちろん、そのような分類ですべての堂を、豆腐を切るようにきっぱりと分けることができるわけではない。一つの堂が幾つかの機能を兼ねている場合もある。

　先ず、本郷堂は村落共同体の神を祀る聖所である。そこでは村のクッ（村祭）が行われる。本郷堂の堂神は村落共同体の神であるだけに、村民全体の生命と健康、家業繁盛など、ありとあらゆる事柄を管掌する。本来は自然集落ごとに、その集落ができた時にはあったものである。しかしながら、今ではその多くが統合されたり消滅している。それにも関わらず、済州の神堂では最多、全体の約44％を占めるのがこの本郷堂なのである。

　それに対して、残りの3種類は、個別的信仰の聖所である。すなわち、本郷堂が中核的信仰の場所だとすれば、その他は周辺的信仰の聖所と言える。もちろん、前でも述べたように、本郷堂でありながら他の機能を兼ねている場合もある。

　個別信仰の聖所の中で最も多いのは全体の約33％を占める七日堂である。毎月7日、17日、27日に祭りを捧げるのでそのように

命名された。七日堂神は子供の産育と、病の治癒を管掌する。七日堂が多いのは、人々の関心がそれほどに産育と治病に集中していることを示している。

　その次が全体の約13％を占める海神堂である。海神堂は当然、海村にある。浦全体の守護神である"浦堂(ポダン)"や、船着き場で祀っている"トンジダン"なども、すべて同じ系列である。本郷堂を兼ねている場合もあり、本郷堂とは別途に個別神堂として存在する場合もある。また、海女と漁夫が共通して祀る神堂があるかと思えば、海女たちの神堂と船乗りの神堂が分かれている場合もある。しかしながら、どんな場合であれ、ここに祀られている神々は基本的に豊漁と海上安全を管掌する。

　次に全体の約10％に満たない八日堂がある。毎月8日、18日、28日に祭りを行うのでそのように命名されており、これは七日堂の命名の原理と同じである。この堂の最も大きな特徴は蛇神を崇拝している点である。

　蛇神は財富を管掌する神である。しっかり祀れば富を授けてくれるが、きちんと祀らなければ禍を被ったりもする。母から娘へと信仰が引き継がれ、女系の継承性も特徴である。この信仰の根源地は表善の兎山里(トサンリ)ということが広く知られているのだが、おかしなことに現在では、そこで蛇神信仰を探すのは難しい。

　以上を総合して、済州島の神堂は一体、いくつあるのだろうか？驚かないでいただきたい。この小さな島に今でもおよそ346の神堂が残っている。日本の神社のように大規模なものではない。素朴なのである。中でも際立って素朴な堂などは、注意深く見なければ、堂なのかそうでないのかの区別も難しい。まさに素朴な済州人の心

性に似ている。そのために、ご大層な遺物や遺跡を期待する人は失望しかねないのだが、内面の精神世界を見ることができずに外面の華麗さばかりを求めるような人は、端から神堂紀行になど出かけないほうがよいだろう。

　ところで気になるのは、今でも済州の人々は神堂に通っているのかどうかである。もちろんである。超高速情報通信時代の今でも、済州の人々は神堂に通う。但し、一面的な誇張は慎まねばならない。というのも、今や信仰民の大多数は50代以上の女性たちだからである。しかし、若い世代が皆無というわけでもない。特に運輸業の関係者たちは、老若男女を問わず堂に通う。地域的に見れば、済州島の東部地域が昔から優勢だった。西部地域と比べて自然環境が厳しかったからだと言う。

華頂寺五石仏

　五石仏は華頂寺という小さな寺の境内に祀られるようになった5体の弥勒である。先ずは、その寺の清潔で上品な雰囲気がフィールドワーカーの心をつかむ。しかしながら、それよりもっと強く心に響くのは、裏庭に安置された弥勒の姿である。凝ったところなどなく、自然石に石工がさっと手を触れただけ、あるいは、石工ではなく弥勒自身が造化したのかもしれない。だからなのか、心の棘とならない。ぶっきらぼうでいながらも人情に厚い済州の人々の顔つきそのままなのである。5体の石仏のそれぞれが異なった表情をしているが、訪問者を心から歓迎してくれることにおいては一様である。

華頂寺の五石仏
五石仏は仏教の仏像ではなく、村守、つまり村の守護神としての弥勒だった。

そのように絶妙なまでに気楽な雰囲気のフィールドワークなので、ガイド役でありながらも、時には参加者に何の説明もしないで通り過ぎてしまうことさえある。もっぱら感じてもらうほうが、多くの言葉を費やした解説よりも大切に思えたりもする。弥勒仏を相手に、じっと静かに霊的な対話を交わしているだけで、俗世に生きるわたしたちは幸せなのである。

　今では仏教寺の境内に祀られているが、そこに仏教寺が先にあったわけではない。巫俗信仰の村弥勒がここに座定した後で、仏教寺ができたのである。したがって、この弥勒はそもそも仏教とは関係がない。仏教の仏像ではなく村落の守護神としての村弥勒だった。

　そんなわけで、この村では祭りをここで行う。ところが、その形式は儒教式の村祭りとしての酺祭である。本来は巫俗祭儀であったものが儒教イデオロギーに侵奪されて、そのように変化した。ところが、名前が面白いことに、石仏祭となっている。寺の境内にあるから、そうなったのだろう。巫俗と儒教と仏教がすっかりチャンポン状態になっている。こんな例は、おそらく韓国のどこにもないだろう。

祭日は正月の最初の丁の日である。特徴は供え物として豚肉を用いないことである。豚一頭を丸ごと祭物として用いる他の村の儒教式酺祭とは、そこが画然と違っている。おそらくは、仏教寺の境内で行われているからそうなったのだろう。

　ここの村祭は格別に厳格なことで有名である。いまだに、祭官以外の者は誰ひとり、石仏祭に参席できない。記者やカメラマンも追い出されるのが必定である。それほどに真心を捧げるのである。石仏に白い頭巾を被せ、紙の服を纏わせ、清潔に化粧を施すところにも、誠意が感じられる。

　そうした誠心誠意の賜物なのか、ここに祈祷に通えば、男児を授けられるという功験があることで知られている。もちろん、それは済州の他の弥勒でもよくあることである。石弥勒と得男というのは、よく耳にする話である。ところが、今ではどこでもよく聞かれるそんな話も、昔の済州にはなく、せいぜい、朝鮮後期か末期頃からのことにすぎない。

　「海路が険しいので、遠方への漂流や沈没事故が絶えない。そうした苦難もあって、男児よりも女児の誕生の方が好まれる。」1653年に済州牧司・李源祚が残した『耽羅誌』の記録である。そこでも見られるように、済州には17世紀まで男児選好思想などなかった。女性の労働力が男性を凌いでいたという現実も、女児選好の風潮に一役買っていた。済州の神堂のうちの68%が女神の神堂なのも、その反映である。男児選好の風潮が生まれたのは、儒教イデオロギーが民衆の中に深く浸透してからのことなのである。

　そうした点を考慮すると、ここの弥勒仏が造られた時期も、それほど昔のことではなかったと推察される。済州の他の弥勒も同様で

ある。男児選好はおそらく、全国的に弥勒信仰が流行した朝鮮後期の社会的雰囲気と、遅まきに浸透してきた儒教イデオロギーの影響、それらが相まって朝鮮後期もしくは末期にできあがったのだろう。

　但し、それは石弥勒の造成時期に限って言えることである。それ以前にも、ここでは信仰行為がなされていたのだろうが、それは男児選好とは異なる心性に基づく祈りの行為だったはずである。石弥勒の背後に立っている榎の古木、そして周辺の石垣と森などが相まって醸し出す神聖な雰囲気は、ここが昔からの聖所だったことを十二分に示している。

臥屹本郷堂 (ヮフルポニャンダン)

　約600年の樹齢の榎の古木が数本、聳え立っている。その雰囲気だけでも、神霊の威厳を感じるのに十分である。そうした外観に加えて、並ではない規模ということもあって、一般に広く知られている。

　ここ臥屹本郷堂はその名の通り、臥屹村の本郷堂である。臥屹村の全住民の生と死、健康、家業繁盛など、ありとあらゆることを管掌する村の守護神を祀る堂なのである。さらには、治病神の役割も強調されている。

　村人たちは臥屹本郷堂をノヌル堂、或いはノンフル　ハンゴリ　ハンロサンダン（堂）と呼ぶ。"ノヌル"と"ノンフル"は臥屹の本来の名前である。名前を漢字で表記するにあたって、"ノン"を"ヌウォインヌン（臥している）"と解釈して、臥という文字を当てたのである。"ハンロサンダン"は漢拏山神（ハルラサンシン）を祀る堂（ダン）という意味で

ある。実際にこの堂を見ると、ここに座定していた神は済州の土着神、すなわち狩猟を生業としていた男神の漢挐山神だったものと推察できる。

　"ノンフル　サンシンダンポンプリ（本解）"によれば、この堂に座定した神は松堂本郷堂の10番目（或いは11番）の息子の白主若殿(ペクチュトリョン)とその夫人のソウルのソジョンの娘だと言う。東部地域に散在する数々の本郷堂のように、ここもやはり松堂本郷堂から分岐した堂であることが分かる。

　ところが、夫婦神を祀りながらも、祭壇は別々になっている。主神の山神様(サンシント)、すなわち、白主若殿の祭壇には自然石が2段に敷かれ、祭壇上には"第11本郷神位(チェシビリットリョンボニャンシヌィ)"と記された石の位牌が置かれている。

　他方、女神であるソジョンスンの娘の祭壇の方は、東隅に追いやられている。不浄な豚肉を食べたせいで男神に追い出されてしまったのである。丹念に磨き清められた自然石の祭壇と石の位牌が、女神が座定している場所を教えてくれる。左側の榎の木には、紙銭(チジョン)と色布(ムルセク)が丁寧に掛けられている。紙銭はあの世のお金であり、色布は神を美しく飾るもの、つまり神の衣装なのである。美しい服は女性の象徴であり、ムルセクは本来、女神の身体を飾るものである。だからこそ、ムルセクがかかっているのが目に入れば、「ああ、ここには女神が座定しているのだなあ」と考えればよい。

　村祭は年に2回、正月と7月である。先ず陰暦の正月14日の"新過歳祭(シングァセジェ)"は新年の挨拶の儀礼である。7月14日の"百中マブリム祭(ペクチュンジェ)"は馬の繁殖を祈る祭りである。ちょうど雨期が済んだ頃なので、カビを吹き飛ばす儀式と解釈する人もいるが、百中神が牧畜神であること、臥屹が中山間牧畜地帯であることを考えあわせれば、

臥屹本郷堂
臥屹村の守護神を祀る堂であり、儒教イデオロギーに汚染することなく、伝統が引き継がれている。

前者の解釈の方が正しそうである。

しかし実は、どちらの解釈が正しかろうとどうでもいいことである。それより興味深いのは、臥屹堂の村祭が男女の区別なく誰も彼もが参加する儀礼という点である。いつからのことなのか、済州の堂祭は女性だけが参加する祭儀に変わってしまったが、本来はそうでなかった。『東国輿地勝覧』では広壌堂を例として、"男女群聚"、すなわち男女が共に集まり祭儀を行っていると記録している。

それが変わってしまった。もちろん儒教イデオロギーの浸透以後のことである。その結果、今日の大部分の村祭では、男性たちによって儒教式の酺祭が別個に行われるようになった。もちろん、儒教が高尚で論理的なものであるのに対し、巫俗は賤しくて未開のものだという基本前提があるなど、性差別に基づいていることが明らかなのである。気取りすました家父長的権威主義の虚偽意識に他ならない。

一般的にはそうした状況なのに、ここ臥屹では儒教式酺祭が別個にあるわけではない。男女のどちらも、ここ本郷堂の堂祭(ダンクッ)に参与する。それこそが本来の姿であり、儒教イデオロギーに

汚染していなかった頃の伝統が、ここでは引き継がれている。

松堂本郷堂
（ソンダンボニャンダン）

"済州神堂之元祖　松堂本郷堂　無形文化財指定"という文字が刻まれた標石を見るだけで、この堂がありふれた堂でないことが分かる。標石に書かれているように、松堂本郷堂は済州神堂の元祖として広く知られており、そのおかげでここの堂祭は済州道無形文化財5号に指定されている。前述の臥屹本郷堂もまた、この松堂本郷堂の息子の神によって枝分かれしたものだった。なるほど、ここが済州神堂の元祖のようにも見える。

しかしながら実際は、この堂が済州島のすべての堂の元祖というわけではない。済州島北部地域の神堂群の元祖と言った方が正確である。何故かと言えば、済州市道頭の西側地域には宋氏ハルマン堂が、翰林今岳を中心にしては丑日堂・五日堂が、そして西帰浦地域では漢拏山神系の神がといったように、主たる神々が幾つも存在しているからである。したがって、済州全域を対象にして言えば、松堂本郷堂は済州の数ある系譜のうちの一つの元祖に過ぎない。ところが、松堂が済州神堂の元祖というのが元老格の学者の主張なので、公の場での反論はほとんどない。もっぱら酒席などで文句をつける程度なのである。

ここには上松堂金白主（ウッソンダンクムベクチュ）、新松堂三ミョンジュ（セッソンダンセ）、下松堂牛天国（アレソンダンソチョングク）の3神が座定している。松堂の本郷神なので、それらの神々がこの村の生活全般を管掌しているのだが、その中心は上松堂の金白主という農耕女神である。

本解を見ると、金白主(ポンプリ)は農耕文化を携えて外地からやってきた神である。そんな女神が土着神である牛天国と結婚する。ところがその夫が自分勝手に、農耕に必須の牛をつぶして食べてしまったので、金白主はその夫に対して、「土地も水も分けて、別々に」暮らそうと言い渡す。

　女神が男神を追い出したのである。これは女神の活動力が活発な済州島ならではの話素だろう。狩猟の習慣を断ち切れない夫神の牛天国が、農耕の必須資源である牛を殺して食べてしまうなんてことは、農耕女神にとってはひどい禍であった。おそらく土着集団と移住民集団との葛藤が、神話内ではそのように表象されているのだろう。

　いずれにしても、追い出された夫神の牛天国は、松堂村の別の場所に座定するようになった。実際、以前には堂が別々にあった。つまり、下松堂村と上松堂村の葛藤を示しているのだが、実際に、過去には二つの村の関係がよくなかったと言う。

　やがて堂が今のように一つになったが、それは4・3以降のことである。政治的激動の結果、村落間の離合集散が生じたのである。しかし、今でも主要な信仰集団（上タンゴル）は、金白主を祀る上松堂の光山金氏一族で、金白主の系列が主導権を握っている。

　この堂の主人公である金白主のことを"清い祖上"或いは"白主様"と呼ぶ。"白"は清らかさを、"主"や"祖"は祖先を意味するものと思われる。肉を食べずにコメを食べる清潔な神というわけである。

　ダンクッ（堂祭）は陰暦1月13日の新過歳祭、2月13日の霊登祭(ヨンドゥンジェ)、7月13日のマブリム祭、10月13日のシマン（十王）クッ

大祭の際に行われる。その時には豚肉を供物として用いない。肉食禁忌の伝統が引き継がれているのである。

済州堂神の元祖という間違った噂のおかげで、堂祭が文化財に指定されているので、訪問客が少なくない。歪曲の結果にすぎないのに、今やすっかり歴史になりおおしてしまった様子なのである。

それはともかく、せっかくフィールワークするのだから、慣行に合わせて祭日

松堂本郷堂
済州神堂の元祖として知られており、ここの堂祭は済州道無形文化財5号に指定されている。

に訪ねるのがいいだろう。堂祭は明け方から夕暮れまで続くが、なるべく沐浴斎戒して明け方から参加するのが道理というものである。実体以上に膨れ上がった権威であることを承知の上で、そうすればいいのである。

しばらく前までは、堂を石垣が取り囲み、屋根用の鉄パイプが組まれていた。西側の石垣の近くには、磨かれた石でしつらえた堂家もあった。田舎臭いけれども真心を尽くしている様子だった。ところが最近には、とてつもなく大きな神祠が建てられた。こうなれば完全な捏造である。本来、民衆の神堂はそんな大層な建物ではなかった。権力を得ると何もかもが堕落するのだろうか。こんなことま

でするようになったからには、神はすでにどこかに去ってしまっている。

金寧　徐憐判官　功徳碑
<small>キムニョン　ソリョンパンダァン　コンドゥビ</small>

　朝鮮中宗の頃に、済州判官として赴任した徐憐を讃える碑石である。一方は1937年に康共七が建て1955年に修理が施された判官徐公憐紀念碑であり、他方は建立委員会が1972年に建てた済州判官徐憐公事蹟碑である。二つの碑が並んで立っている。
　1937年に建てられた最初の碑石は全文が漢字で、読むのに骨が折れるが、解読してみると概ね次の通りである。

　　公（徐憐）は今から423年前の乙亥、中宗10年（1515年）に済州通判になった。19歳であった。
　　昔から洞窟内で暮らす大蛇が、村民に何かと災いをもたらすばかりか、乙女を生贄とした祭を強要していた。そして、村民がその命に従わなければ、風水害などの災厄をもたらした。済州に赴任した公は、それを耳にされるやひどく慨嘆なさり、その大蛇を焼き殺して長年の災厄の種を一掃された。
　　その剛直な気概と災厄を一掃された功徳とは、決して忘れてはならないものである。ところが、今ではすっかり忘れられ、誰一人として話題にもしなくなっている。これはなんとも残念なことである。私は面吏として働いていた頃にも常々そのように思っていながらも、余裕がなくて何一つできなかったが、ようやくその機会を得たので、公の足跡のあらかたを記述するに至った。

小さな碑石を建て、そこに一首の詩を添えて、記録するものとする。

1972年に建てられた碑石の方はハングルと漢文まじりの文なので、読みやすい。徐憐判官が高麗時代の徐熙将軍の後裔であるという家系紹介が新しい。しかも、19歳で済州判官として済州に赴任し、在任中に22歳で死亡したという文章も新たに付け加えられている。そして、徐憐の死に対する済州島民の哀悼の気持ちは言葉では表すことができないほどである、と締めくくられている。

しかし、済州の人々は本当に哀悼したのだろうか？ 伝説では大蛇を殺した祟りで、官衙に到着するや否や急死したとされている。

口伝は民衆の歴史記録である。時には荒唐無稽な話もあるが、それほどに切実な願いが込められているからこそなのである。徐憐が蛇の祟りで死んだという話は、そのように死んでほしいという済州民衆の願いに他ならない。中央の儒教知識人である徐憐が、済州人固有のアイデンティティを破壊したからである。当

徐憐判官功徳碑
中央の儒教知識人である徐憐に対して、済州の民衆は伝説を通して完全に拒否の意思を明らかにした。

08 永遠の信仰、巫俗の故郷

時、済州人のアイデンティティは巫俗によって代表されるものだった。済州の民衆は伝説を通して、彼に対する完全な拒否の気持ちを表明していたのだろう。

　もちろん、現実においては中央の絶対的な権力に敗北せざるをえなかった。そうした現実を補償するのが説話なのである。説話の中で済州の民衆は現実における敗北を挽回しようとした。徐憐の急死を殺された大蛇の祟りと見なすことによって、仮想空間ではあっても、敗北を克服した。そうすることによって、神堂が破壊された悲しさを克服し、敗北した現実を合理化したのである。

　ところが、碑文はそれとは正反対の内容である。権威主義社会では記念物は支配者の正当性を主張する広報手段に過ぎない。碑石を建てた康共七が何者かと言えば、日帝時代に旧左面長だった人物なのである。

　だからこそ、歴史を逆読みする知恵を活用しなくてはならない。そうしてこそ朝鮮時代の済州人たちの信仰と生の現実に今まで以上に接近することができる。

金寧　西門男神堂
（キムニョン　ソムンハルバンダン）

　天気がいい日には、金寧のエメラルド色の海が、見事に異国的な風景を醸し出す。その美しい海辺の近くに、黒い玄武岩の石垣で取り囲まれた神堂がある。海から引き揚げた弥勒を祀る堂である。それが、金寧の西門外に移されてからは、金寧西門男神堂と呼ばれるようになった。

　弥勒堂は済州の巫俗信仰の系譜上では、後半期に位置する。大部

金寧西門男神堂
村の漁師が海から引き揚げた石弥勒は、仏教とは無関係な巫俗信仰のものである。

分の神々は村の設立とほぼ同時に祀られ始めたのに対し、弥勒は朝鮮後期に本土で弥勒信仰が流行した後になって、済州に伝えられたものと思われる。海から引き揚げた弥勒ということ、本土に面している済州東北部、すなわち朝天と旧左の海岸村に弥勒堂が分布していることなどが、それを証明している。そうした弥勒は仏教とはほとんど関係がなく、巫俗信仰に関連する存在である。寺から飛び出し、すっかり民間信仰に変わってしまっていた村弥勒なのである。

　ここに弥勒が祀られるようになったのは、村の漁夫が海からその石弥勒を引き揚げてからのことである。網を下ろして何度引き揚げても、魚ではなく石弥勒が上がってきたと言う。翌日に場所を変えても、上がってくるのは魚ではなく石弥勒だった。

　しかも、夢にその石が現れて、「きちんと祀ってくれれば、子どもが欲しい者には子供が生まれるようにしてあげる」と告げたので、

漁夫は"これは自分にとりついた祖先なのだ"と思って、その弥勒を祀り始めた。

　堂の祭日は決まっておらず、必要に応じて日を選び、祭りを捧げる。主に子供が生まれない人々が、その望みの成就のために足しげく通う。祈子信仰と結びついた産育神なのである。とりわけ、得男に効験があるとされているので、儒教イデオロギーが拡散した朝鮮後期に造られたものと推測される。

　息子を授けてくれるとされるこの石弥勒は、奇妙な動物のようでもあり、人間のようにも見えるといった、実に素朴な自然石である。人の手が加わっていないので、かえって好感が持てる。自然のままの造形美が、民衆的な親和感を抱かせる。こんな時にはやはり、説明よりも沈黙のほうがよい。もっぱら感じさえすればいいのである。

禾北海神祠(ファブクヘシンサ)

　神堂が瓦屋根の建物なので、一般的な民衆信仰の聖所ではなさそうである。純祖20年（1820年）に済州牧司だった韓象黙(ハンサンムク)が建てた神堂なのである。儒教知識人が造った神堂なのに、その信仰対象が孔子、孟子ではなく龍王神であることが特異である。

　おそらく本来は民衆信仰だった海神堂を、官が吸収して国家公認の海神祠としたのだろう。迷信だと排斥していながら、こんな場合もあるのを見ると、当惑する。しかしながら、それも当然のことかもしれない。儒教知識人も自身の無事安寧を祈る原初的信仰心のレベルでは、一般の人間と何ら変わるところがないからである。

　禾北浦口は朝鮮時代には済州一の関門だった。それだけに、この

一帯には地方官と流配客たちが頻繁に出入りした。険しい海旅を控えて心が騒がない人などいるだろうか。もしいたとしたら、その方がむしろ非常識だろう。ドキドキする胸の内をどのようして宥めるか。孔子様の立派な言葉の一節を思い浮かべれば、気持ちが落ち着くだろうか。さて、どこで気を落ち着かせればいいのか。

　流配が終わって済州を去ろうとしていた秋史・金正喜も、ここで龍王神に祭りを捧げた。それも2回にわたってのことである。さすがに巫俗は朝鮮人の永遠の信仰である。両班の虚偽意識がすっかり脱ぎ捨てられたのである。

　官が海神祠を造ったのは、政治的意図からかもしれない。統制圏外の民衆信仰を制度圏内に取り込んだわけである。民心を買うための地方官の智慧である。民衆の情緒に逆らうことなく寄り添うこと、これこそが統治のイロハである。

　韓象黙牧司以後にも幾人かの牧司が海神祠に関心を傾けたのは、そのためなのである。憲宗7年（1841年）には李源祚牧司が海神祠を増修した。また憲宗15年（1849年）には張寅植牧司がその祠に"海神之位"という位牌を安置した。それはちょうと、民心背反が甚だしくなった19世紀の勢道政治期だったという事実を想起すれば、そうした民心包摂政策の理解に役立つ

張寅植牧司が安置した「海神之位」

に違いない。

　ところが最近では、この海神祠に多くの変化が生じている。本来、船旅客、漁夫、海女のための祭りを行っていた祠堂なのに、数年前からは村祭りを行う祠堂に変わった。それに伴って、祝文も海上安全と豊漁祈願から、村の安寧と寿福を祈るものに変わった。

　そのうえ、ここで村祭を行うようになったのに伴って、東・中・西部落で行われていた村の醮祭がなくなった。産業化の進行につれて村祭の維持が難しくなり、それに伴って幾つかの村が共同で祭りを行うようになったのである。

　ところで、どうして海神祠が統合的な村祭の中心になったのだろうか。瓦葺きの建物だから最適の場所と考えたようである。蔑視されていた海辺の人々の素朴な神堂が、官指定の祠堂に、さらには村の信仰の中心地へと変化してきたのである。

東資福弥勒（トンジャボクミロク）

　済州道民俗資料１号が何か知っていますか？　答えは、東資福弥勒と西資福弥勒（ソジャボクミロク）なのだが、そのふたつの弥勒は済州道民俗資料１号の栄光を誇りながらも、その出身と来歴に関しては何も知られていない。関連資料がほとんどないからである。それら二つの弥勒が今ある場所に、かつては万寿寺（マンスサ）と海輪寺（ヘリュンサ）という寺があったことが知られているだけで、その他は五里霧中である。それにも関わらず、図体が大きいからそうなのか、或いは弥勒が施してくれる神妙な力があってそうなのか、トルハルバンを差し置いて民俗資料第１号なのである。

ところが2001年のある日のこと、済州市は文化財庁に対して、それらの弥勒は高麗時代の仏像なので、国家指定宝物に指定してもらいたい旨の申請書を提出した。童子福弥勒の出生の秘密を明かす資料でも発見されたのかと言えば、そのような事実は全くない。それでは何を根拠にそんな申請をしたのだろうか。なんとも荒唐無稽な話だが、資料をでたらめに解釈した結果だった。『新増東国輿地勝覧』と『耽羅誌』に海輪寺と万寿

東資福弥勒
済州道民俗資料第1号、朝鮮後期に流行した村の弥勒と推定される。

寺が載っているので、それにかこつけて、これらの弥勒についても宝物指定の申請が行われたのである。ところが、李衡祥はその著書『南宦博物』（1704年）で、自分が済州のすべての寺を破壊し、その結果として済州には寺も仏像もなくなったと語る際に、上記の海倫寺と万寿寺にも言及している。だとすれば、今の東資福弥勒は李衡祥以後、すなわち1704年以後に制作されたものと見るべきであろう。言い換えれば、朝鮮後期に流行した弥勒仏の一つである可能性が高いのである。
　それにも関わらず、済州市は"何か一つくらいは業績を"という欲望に急き立てられてのことか、高麗時代の石仏だなどとこじつけ

て、文化財庁に書類を提出した。しかも、設置した案内板にも、高麗時代のものと推定されるなどと記している。しかしながら、そしてなんとも残念なことなのだが、文化財庁からその申請を受理するという消息はない。盲目的愛郷心による歴史の歪曲が進行中なのである。

　この文化財の案内板の事実歪曲はそれだけにとどまらない。かつて西資福弥勒があった海輪寺は1694年に廃寺になったなどと、誤記までしている。海輪寺が破壊されたのは1694年ではなく、1702年、李衡祥牧司の時代のことである。1694年に李益泰牧司が破壊したのは海輪寺ではなく外道（ウェド）にある水精寺（スジョンサ）である。練武場の修理の際に、外道の水精寺の建物を取り壊したという記録があるので、おそらくはその記録を誤解した結果なのだろう。

　いづれにしても、この弥勒の来歴を教えてくれる正確な資料はない。しかしながら、それが何としても必要というわけでもない。その弥勒の前に立つだけで、フィールドワークの甲斐は十分にある。

　東資福は建入洞の丘の上の住宅内にある。そのせいで、済州に暮らしていてもその弥勒を見る機会に恵まれなかった人が多い。家主に「申し訳ありませんが」と了解を求めて、ようやくこの弥勒に対面してみると、どこかで見かけたような気もするし、まったく見慣れないという妙な印象もある。トルハルバンと似ていそうではあるが、済州でよく見かける素朴な規模のものではないので、若干の違和感が拭いがたい。丈が3.56mもあるなど、ともかく特異なのである。温和な感じなのに無愛想にも見えるといった奇妙な表情である。

　伝わってくる話では、一般の巫俗信仰と似ているところがある。

しっかり祀れば福を授けてくれるし、邪険に扱えば禍を被るというのである。徹底した祈福信仰である。その点もまた伝統仏教とは異なる。ともかく、仏教寺の仏像ではなく、朝鮮後期に流行していた村の弥勒の一つのようである。

西資福弥勒(ソジャボクミロク)

　既に述べた東資福弥勒と共に済州道民俗資料第1号である西資福弥勒についても、詳しい来歴は知られていない。但し、西資福弥勒が位置している場所は、高麗や朝鮮初期に海輪寺があった場所であり、その寺については李衡祥牧司の時代に完全に破壊されたという記録が残っている。

　西資福弥勒は現在、龍華寺(ヨンファサ)境内にある。しかし、寺の中にあるからと言っても、寺の弥勒であるという証拠はない。龍華寺は日帝時代に作られた寺であり、西資福弥勒はその龍華寺以前にここにあった。これもやはり、東資福弥勒と同じく村の弥勒であることが明らかである。民衆的な造型美を見てもそれが分かる。李衡祥が牧司の時代（1702年）に済州の仏像を一つ残らず破壊したと言っているからには、西資福弥勒も東資福弥勒と共に、李衡祥牧司以後、すなわち朝鮮後期の弥勒と見るのが正しいだろう。

　いづれにしても、西資福弥勒と東資福弥勒とは一対をなしていることが明らかである。済州邑城を間に挟んで二つの弥勒が向かい合っている。直線距離で2kmほどである。その点からすれば、この二つの弥勒は済州城を守護する弥勒だったようである。

　但し、一対とは言っても、二つの弥勒の外観は異なる。西資福弥

西資福弥勒と唐辛子岩
東資福弥勒と一対をなしているが、こちらの弥勒のほうがより柔らかく親近感がある。

勒のほうがはるかに気安い感じがする。既に述べた東資福弥勒の方は、どこかしら謹厳すぎるように見える。それに対して西資福弥勒は柔和で、戯画的でさえある。丈も少し小さい。でも、それはわたしの主観にすぎず、それと正反対のことを言う人もたくさんいる。

　いづれにしても、わたしとしては西資福弥勒の方が趣味に合う。海上安全や豊漁の願いを聞き届けてくれるし、子どもが生まれないと心配している人々の痛みも癒してくれるというのだから、なおさらそうである。東資福弥勒ももちろん、祈子信仰と無関係ではない。しかしながら、まともに祀らないせいで禍を被ったという人の口述記録を見たことがあるからなのか、どこかしら恐ろしく感じられる。

　他に目につくのは、西資福弥勒の横に祀られた小さな男根石である。材質から見て済州産ではなさそうである。一般に男根石とくれば、いきなりピーンと元気づくあれと似た形をしているものだが、ここの男根石はおとなしい。いつのことだったか、全羅道地域をフィールドワークしていた時、ピーンと力のこもった男根石に対面したことがある。驚いたことに、村人たちはそれをごく自然に、"まら岩"(チョッパウィ)と呼んでいた。露骨な表現だが、聞いてもなんらおかし

くは感じなかった。それと比べると、ここの小ぶりですっきりした男根石は"唐辛子岩〈コチュバウィ〉"とでも呼ぶのがふさわしそうである。

ところで、その"唐辛子岩"の祈子信仰は、祈り方がじつに露骨である。類感呪術と言って、よく似た行為を通して祈りをささげるやり方がある。それがここではなんともストレートに表現されている。石仏の尖端をさすりながら子供が生まれるように祈願するといった、世間によくあるやり方ではない。子どもを産みたい女性は、その"唐辛子岩"の上にまたがり、そこに尻をこすりつけながら祈らねばならない。そうしてこそ確実な効験があると言う。このあたりでやめておいたほうがよさそうである。

道頭山腹堂〈トドゥオルムホリッダン〉

道頭山腹堂は道頭1洞の本郷堂である。したがってその村の住民全員の生を管掌する。座定している神は"西側様金氏男神〈ソビョントキムシハルバン〉"と"東側様山腹七日チュンジョ宋史女神〈トンピョントオルムホリッイルレチュンジョソンシハルマン〉"、そして行き交う船と海女たちを見守ってくれている"龍王様〈ヨンワント〉"である。

そのうちの西側様金氏男神は松堂本郷堂の主神である金白主〈クムペクチュ〉の息子である。漢拏山に上って定住する村を探しているうちに、この海岸村の道頭まで降りてきて、住まいを定めたと言う。このように言えば、松堂本郷堂が済州にあるすべての本郷堂の元祖のように見える。しかしながら、それは事実ではない。というのも、実はその夫人である宋氏女神〈ソンシハルマン〉の方が、先にここを住まいと定めていたからである。

宋氏女神が座定している神堂の影響力は、ここから翰林まで済州

道頭山腹堂
ここに座定している宋氏女神の物語は松堂本郷堂が済州神堂の元祖という学説に反駁している。

の西北部地域に広がっている。松堂本郷堂の金白主より宋氏女神堂の影響力の方がこのように広く分布している事実こそは、松堂本郷堂を済州神堂の元祖とする通説に全面的に反駁している。

　松堂金白主の息子である金氏男神（キュシハルバン）が宋氏女神（ソンシハルマン）と結婚して主導権を掌握したのだから、その堂もまた松堂金白主の子孫の堂であるという理屈になるかもしれない。ところが、涯月邑水山里ソカルムの"セモク堂"のように、いまだに宋氏女神が主導権を握っている場合も多い。そうした場合、金氏男神は妻である女神に寄食して辛うじて生き延びてきたことになる。そうしたことを見れば、松堂が済州道堂神の元祖という俗説は、明らかに間違っていることが分かる。
　間違った俗説を正してくれる済州道西部地域の宋氏女神、それに関連する話が他ならぬ道頭山腹堂にあるからこそ、このフィールドワークには意外と大きな意味がある。

道頭酺祭堂（トドゥポジェダン）

　先に見た道頭山腹堂（トドゥオルムホリッダン）の近くにあって、比較に好適な酺祭堂である。

堂は巫俗を、酺祭堂は儒教文化を象徴する。道頭酺祭堂は頭豆１洞の儒教式村祭を行う祭壇である。かつては祭りの一週間前から、精魂こめて斎戒沐浴に努めていたと言う。儒教の厳粛主義が垣間見られる話である。しかしながら、最近ではそれが３日に短縮された。産業化につれて儒教が弱体化した結果である。本来ならば、その期間には村の入り口に注連縄を張って、外部の者の出入りを禁じたものだった。しかしながら、今ではそれも昔話になってしまった。

　祭のために精魂込めて準備する祭庁も変わった。かつては村内の格式のある家を使っていたが、今では村の会館があるので、そこを利用する。豚一頭を丸ごと捧げるのも、他の村の酺祭と似ている。

　この村の酺祭の特徴は祭りを行う日である。正月ではなくて、陰暦の６月の最初の丁の日や該の日を選ぶ。

　村の元老たちは、ここの酺祭堂は約370年前に造られたと言う。しかしながら、それが事実か否かを確認する術はないし、そうした主張とは異なって、この酺祭堂の歴史はそれほど長くなさそうである。儒教文化が済州の人々の生活に入ってきたのは、それほど古くはないからである。儒教式村祭が昔からあったという一般的常識には根拠がない。済州道で酺祭が広まったのは、わずか100余年前のことに過ぎないとする研究結果もある。

　いづれにしても、この酺祭堂が上述の道頭山腹堂(トドゥオルムホリッダン)より後代に造られたことだけは確実である。本来、済州島では儒教式村祭はなく、巫俗の堂祭しかなかったからである。後代になって儒教式酺祭が始まった。酺祭は家父長的権威主義で凝り固まった村の男性有力者が主管した。酺祭を通して彼らは、村の内部における自分自身の権力を正当化した。儀礼はそれを確固としてくれる装置だった。

儒教式村祭である酺祭
家父長的権威主義を掲げた男性有力者たちが主管する。カン・ジョンホ撮影

そうしてみると、やはり虚偽意識に過ぎないのである。済州地域には正真正銘の儒教儀礼を行うほどの両班など殆どいなかったからである。むしろ遅まきに出現した偽物の両班たちが、そうしたことにしがみついた。偽物の両班にとって、自分たちには欠けている正当性を埋めるためのイベントが必要だった。酺祭は成り上がり者にそうした機会を提供する重要な道具だった。儒教イデオロギーに汚染する以前の村祭、すなわち"男女群聚"の楽しい村祭が復元されること、それこそが真正な祝祭の復活だろう。

　フィールドワークもこのあたりに着く頃になると、陽は沈み、夕暮れ時である。もう少しだけ元気を出して道頭峰の頂上まで登ってもらいたい。雄大な漢拏山と国際空港の広々とした滑走路が、大きく視界が開けた目に入ってくる。そして振り返って見ると、今にも海に沈んでいく太陽が見えるだろう。それこそ恍惚境の気分である。

　もしも夏のフィールドワークなら、道頭峰から降りて"オレッムル"に行くことをお勧めする。オルムのすぐ下の村の入り口にある。"オレッムル"は済州島を除けば、大韓民国のどこだってお目にかかれない湧泉冷水浴を経験させてくれるところである。氷水との比較など考えないでもらいたい。冷たすぎて、とても長くは入っておれない。だから、少しで十分である。1分も経たないうちにフィー

ルドワークの疲労がすっかり癒されるはずである。是非とも一度は試してもらいたい。

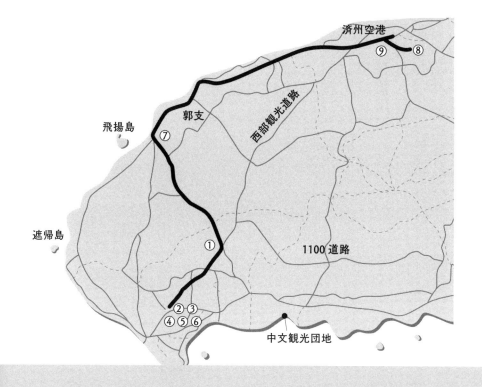

09　李在守の乱の現場を訪ねて

① 東広六叉路交差点
② 大静県城
③ 大静紅サル門通り
④ トゥレッムル
⑤ 李在守の生家址
⑥ 三義士碑
⑦ 明月鎮城
⑧ 黄蛇坪
⑨ 観徳亭

東広六叉路交差点から観徳亭広場まで
トングァンユクコリ　　　　クァンドクチョンクァンジャン

朝鮮後期の済州民乱

　19世紀を民乱の時代という。1811年の洪景来の乱、1862年の壬戌民乱、1894年東学農民戦争など、わずか半世紀の間に大きな事件が続発した。済州島も例外ではなかった。いいや、むしろ本土より深刻と言えば深刻、少なくもそれに劣らなかった。今とは別の国、すなわち独立国の建設を夢見た1813年の梁済海の謀反、壬戌民乱の済州版とでも言うべき1862年の姜悌儉の乱、南学教徒が主導した1898年の房星七の乱、そして映画にもなった1901年の李在守の乱などが代表的な済州民乱である。

　済州の民乱は本土のそれと似ている点も多々あるが、済州島独特の特徴も画然としている。先ずは、新たな国家建設を掲げた民乱が目につく。梁済海の謀反と房星七の乱がそれである。また火田税の過剰徴収が原因となったことも、済州民乱の特徴である。姜悌儉の乱と房星七の乱がそれにあたる。

　李在守の乱がとりわけ際立っている。規模が前例になく大きかったが、それ以上に、天主教という外来宗教との葛藤から始まったことが目新しい。

　だからこそ映画にもなったのだろう。映画のおかげで有名になったが、その映画がなんともひどいものだったので、多くの人々を失

望させもした。いくら贔屓目に見ても、朴光洙監督は済州の歴史、
済州の情緒を体感できなかったとしか思えない。そうでなければ、
当時では最高の製作費をつぎ込みながら、あんな駄作になったはず
がない。ストーリーも定かでない映画に苛ついた人びとのためにも、
李在守の乱の経緯を簡略に辿ってみなくてはなるまい。

　1901年の李在守の乱は天主教の教勢拡張とそれに伴う弊害、例
えば政府の徴税収奪などが原因で起こった事件である。

　大院君の時期まで天主教は数多くの迫害を受けた。しかし、1886
年の朝仏守護条約と1896年の僑民条約以後は、宣教の自由の権利
を得て、攻勢に出た。当時、フランス人神父たちは王が直接に下し
た「如我待─国王であるわたしと同じように待遇しろ」という信標
を携えていたので、それこそ誰はばかることもなかった。完全な治
外法権と領事裁判権を備えていたのである。

　問題はそれだけではなかった。朝鮮人でも天主教に改宗しさえす
れば、フランス人神父と同じ特権を恣にすることができた。そうし
た利点があったので、信仰などとは関係なく、天主教に改宗する者
が急増した。済州島の場合、1899年に天主教が入ってきたが、そ
のわずか2年後の1901年には、およそ1,300～1,400名の信徒数
を記録するほどだった。しかしながら、誠に不幸なことなのだが、
そうした事態がかえって、天主教にまつわる葛藤が遠くない将来に
待ち構えていることを予告していた。

　政府の徴税改革に伴う弊害もこの事件の大きな背景になった。
1897年には光武改革を通じて、朝鮮は大韓帝国に生まれ変わった。
しかしながら、改革を推進する財政基盤がなかった。そこで政府は
それまでは地方官庁が徴収・支出していた各種の税金に眼を向けた。

簡単に言えば、地方税を国税に転換したのである。そのために地方官よりも大きな権限を持った税徴収官（奉税官）を各地に派遣した。
　しかしながら、それは地方の既得権者たちの利権を侵害する措置だった。地方の既得権者たちが激しく反発したのも当然のことだった。両者間の衝突が徐々に表面化し、その結果として、もっぱら民衆だけが犠牲となった。中央政府と地方勢力との葛藤によって、収奪が二重かつ苛酷になって、民衆を苦しめるようになったのである。
　中央から派遣された税徴収官は、誰よりも莫大な権限を持っていた。しかしながら、そんな彼らも、実際には手足になる者がいなかった。税金の徴収に走り回る部下のことである。その役を買って出たのが、他でもなく天主教徒たちだった。こうして税徴収官と天主教徒とが結託するようになり、かつての土豪勢力との鮮明な対立の構図が形成されるようになった。民衆の不満が増幅したことは改めて言うまでのこともないだろう。
　文化的葛藤もこの事件の重要な原因である。当時、済州に入ってきた天主教には西欧優越的思考が強かった。そうした天主教徒にとっては、済州固有のシャーマニズムはもっぱら撃破すべき悪魔の教えにほかならなかった。逆に、済州固有の信仰勢力の方は、天主教を宗教的侵略勢力と認識していた。
　弊害が積もり重ったあげく、5月はじめになると大静地域の人々が常撫社（サンムサ）という組織をつくって民会を開催し、その場で済州邑城に赴いて済州牧司に建議文を提出することを決議し、旅立った。少なくともこの時点までは、もっぱら平和的な運動だった。
　ところが、それに対して天主教側が過剰に対応した結果、事態は深刻化してしまった。天主教徒たちは翰林面明月里まで進出した民

李在守の乱の際に、観徳亭広場で殺害された天主教徒たちの遺骸

会勢力を襲撃して、民会の首領である呉大鉉を拉致・連行していった。さらには、民会の本拠地である大静にまで押しかけて、銃で民を殺傷するに至ったのである。

　それに対して島民は憤怒した。今や民会は建議文を奉じるだけに留まるわけにはいかなくなった。武力挑発に対しては武装抗争だけが回答だと考えた。こうして本格的な民乱が始まった。先ずは指導部の整備が必要だった。首領の呉大鉉が拉致されたままだったからである。そんな時に躍り出たのが李在守に他ならなかった。

　李在守の登場には重要な意味がある。それまでのリーダーだった呉大鉉は郷長、すなわち既得権者だった。それに対して李在守は官奴出身だったので、民乱指導部の階級的性格が画然と変わったのである。

　5月17日、李在守の民軍は済州城外の黄蛇坪(ファンサピョン)に陣を構えた。そして、済州城壁を挟んで熾烈な攻防戦が続いた。ぎりぎりの均衡もやがて破れた。5月28日には、李在守の民軍に呼応して、城内の

非天主教徒たちが城門を開いた。済州城に入城した李在守は、観徳亭広場で自ら先頭に立って、天主教徒たちを処刑した。

　しかしながら、6月になるとフランス軍艦が襲来した。大韓帝国の軍隊も派遣されてきた。結局、民軍の指導部は逮捕され、民衆は雲散霧消してしまった。李在守が処刑されたのは1901年10月9日のことである。

東広六叉路交差点

　先ずは中山間地帯の6叉路ということ自体が、並の場所ではないことを予感させる。済州民乱の震源地と呼ばれる大静地域に位置しているのだからなおさらである。6叉路とは文字通り、四方八方に発達した道路網の交差点である。民乱当時、この地域の民軍の中間集結地になったのも当然である。

　ところが、発達した交通網というだけで、ここが注目を浴びたわけではない。姜悌儉の乱と房星七の乱の核心勢力がこの地域の出身だったので、なおさら眼を惹くのである。二つの民乱はどちらも中山間地域における火田税の過剰徴収が契機となって起こった事件である。ここ東広一帯は当時の重要な火田村だった。したがって、火田税の弊害が集中していた所でもある。その火田村の人々が民乱の中核として登場したのも自然なことだった。

　先ず、済州の壬戌民乱の主役である姜悌儉は東広里ムドゥンイワの出身である。この地域の古老たちは姜悌儉のことを、姜刑房として記憶している。おそらく、彼が火田村出身でありながらも一時は郷吏職についていたからなのだろう。そして、この地域の老人たち

は、しばらく前まではムドゥンイワの上方に姜悌儉の家址と墓があったとも証言する。金ドゥイルもこの地域の広清里(クァンチョンリ)出身である。金ドゥイルは済州壬戌民乱のもう一人の主役である金石求(キュソク)兄弟が最初に同志として引き込んだ人物である。

　1898年の房星七の乱の主役だった南学堂の人々も、その多くがこの地域の出身である。彼らは東広ムドゥンイワ近辺で集住していたが、元来は全羅道一帯で暮らしていた人々である。そんな人々が東学農民戦争の失敗後、弾圧を逃れてここまでやってきたのである。ここに潜入してきた時、彼らは何一つ持たない裸同然の身だったために、火田農に従事するほかなかった。丁度、東広一帯で火田開発が行われているところだった。追われてきた彼らにとって、東広の火田が格好の定着地になったのである。

　抵抗の伝統はその後にも引き継がれた。1936年に、日帝の植民支配を全面的に拒否する無極大道教(ムグクテドギョ)が唱道されたのも、ここ広清である。解放政局で米軍政の誤った米穀政策を強力に糾弾して抵抗したのも、やはりここ広清一帯なのである。

　しかしながら、その代価として4・3時には、この村の人々は軍警討伐隊によってひどい弾圧を受けねばならなかった。"クンノルケ"に逃れたものの、結局は捕まって正房瀑布一帯で殺されたのも、まさしくここの人々である。彼らが暮らしていたムドゥンイワ、ジョスクェ、サジャンバッ、サムバックソクなどの集落もまた、4・3時に燃やされて何もかもなくなってしまった。そして今でも復元されないままである。村が消えるまでは、ムドゥンイワだけでも約130戸の村だったらしいから、その被害がどれほどのものだったか、推察に難くない。

大静県城
<small>テジョンヒョンソン</small>

　朝鮮時代の殆と全期間にわたって、済州島の行政区域は済州牧、旌義県、大静県に分かれていた。各々には地方行政の責任者である地方官、すなわちソウルから派遣された守令がいた。邑城はそれら守令が勤務していた地方行政の中心地だった。現在の済州市観徳亭一帯、観光地として有名な表善の城邑の民俗村、そして秋史嫡居地並びに保城初等学校がある所が、それぞれ済州牧、旌義県、大静県の邑城があった所なのである。

　その大静県も李在守の乱当時は、大静郡という行政名であった。1895年以来の数回にわたる行政改変の結果としての名称である。映画「李在守の乱」で俳優のミョン・ギェナムが大静郡守という役職名で登場するのも、そのためである。

　ここに邑城が最初に築城されたのは、1418年（太宗18年）のことである。大静県が設置されて2年後に城が築造されたのである。その後、大静県城は数回にわたって修理・補完された。時期ごとに少しづつ差異はあるが、城の周囲はおよそ1,260mである。形は平地の邑城が一般にそうであるように、正方形に近い。最近、北門の址で甕城の痕跡が発見され、復元に際しての重要な根拠を提供した。

　19世紀の済州民乱との関連で見ると、大静県城は非常に重要である。何よりも李在守の乱の震源地だからである。実際、常撫使の核心メンバーだった大静郡守・蔡亀錫、大静郷長・呉大鉉（チェグソク）、そして大静県の官奴出身の李在守などのすべてが、大静県城を主舞台として活躍していた人物だった。

　それだけに、天主教徒たちもこの大静に注目した。民乱の初期段

階である1901年5月14日、フランス宣教師の直接の指揮の下、翰林の民会を襲撃した天主教徒たちは、その後すぐに、大静県城を攻撃した。民乱参加者の意気を挫くつもりだった。大静県に攻め入ってきた彼らは、兵器庫に押し入って武器を奪取し、住民の殺傷に及んだ。大静地域を民会勢力の根拠地と見ていたからである。

　李在守の乱だけでなく、それに先立つ済州壬戌民乱も、さらには1898年の房星七の乱も、広い観点から見れば震源地は大静地域だった。大静はまさに済州民乱の震源地と言ってよい。では何故、しかも、ことさらに大静地域なのだろうか。

　厳しい自然環境をその原因と考える人々がいる。冬にこの大静の厳しい刀風を一度でも経験した人ならば、頷くだろう。だからこそ、大静の慕瑟浦を「モッサルポ（住めるわけがない浦）」と呼ぶのだろう。

　また、ここにやって来た流配人たちの影響のせいだと言う人もいる。はるか遠くへ追放する必要があった重罪人級の流配客たちの多くが暮らしたのは、大静なのである。朝鮮の『経国大典』は重罪人の場合、三千里外に追放するように規定していた。しかしながら、現実にはソウルから三千里外の土地など、朝鮮のどこにもなかった。明の『大明律』にしたがって規定をつくったので、否応なく"三千里外"という文言になったのである。それでも法は

『耽羅巡歴図』大静操点
大静県城と県監の執務所、紅サル門がうまく描かれている。

法というわけで、三千里外という文言に沿うべく努めた結果として、ソウルから最も遠い済州島、その中でも最南端の大静が、重罪人たちの流配地となった。

　但し、"重罪人"などと書くと、どんな大罪をおかしたのかと、誤解を招きかねない。実は、ここに送られてきた重罪人たちは残忍非道な犯罪者ではなく、その大部分が社会に対する批判意識が強い政治犯たちだった。あまりにも真っ当なことを言った結果として、ここに追いやられた場合が多かった。"反骨気質"、端的に言えば、彼らの特性はそうなる。

　流配人たちのそうした反骨気質が大静の人々に影響を及ぼして、民乱の背景になったという分析なのである。しかも、影響を及ぼすどころか、流配人の子孫が民乱の先頭に立つ場合もあった。

　李在守の場合がそうである。彼は中宗時代にここに流配されて来て、「古阜李氏済州入島祖」となった李世蕃(イセボン)の12代の後裔という説がある。4・3の武装隊司令官だった李承晋（別名、金達三）もまた、その李世蕃の子孫だったと言う。確実な根拠はないのだが、可能性は十分にありそうな主張である。

　風水地理で説明する人もいる。平地突出形の山がある地域は、王が出るか、或いは逆賊が出る土地だと言う。韓国の代表的な平地突出形の地勢としては、林巨正で有名な黄海道九月山(クウォルサン)、弥勒信仰のメッカの金山寺がある全北金堤の母岳山(モアクサン)、そして他でもないここ済州島大静の山房山が挙げられる。すべて民乱がおこった地域である。

　山房山の前方には観光地として有名な龍頭海岸がある。本来、龍頭(ヨンドゥ)というのは、王が出現する脈が山房山から海に伸びて創出された地形だと言う。ところが、高麗睿宗の時代に、術士の胡終旦(ホジョンダン)がこ

大静県城周辺、李在守の乱の遺跡地

こまでやって来て、山房山から龍頭海岸につながる脈を断ち切ってしまったと言う。その時から大静地域では王が出ず、民乱だけが頻繁におこる逆理想郷になったと説明するのである。

　もちろん、荒唐無稽な話である。しかしながら、風水地理的説明にもさもありなんという側面がないわけでもない。平地にいきなり突出した山を毎日眺めながら暮らしているうちに、悔しいことでも起こるとカッと激情にかられる気質ばかりか、何かことを起こしてみようという心の動きが形成されそうな気もする。

大静紅サル門通り（テジョンホンサルムンコリ）

　紅サル門（ホンサルムン）とは本来、神聖な祭祀空間がある所には必ず設置されていた辟邪の門である。ここに紅サル門があったのは、神聖空間としての客舎があった為である。客舎とは王の殿闕牌（チョングォルペ）を祀り、親政を象徴する建物である。したがって地方のすべての官衙では、先ずは客舎を整備せねばならず、地方官はその客舎を通して、自らが王の代行者であることを誇示した。

そのために紅サル門は神聖な客舎が近くにあることを知らせる境界表示の門とも解釈される。大静県城も地方官が派遣され、統治が行われていた邑城なのだから、当然のごとく、客舎と紅サル門があった。但し、今では痕跡がまったく残っていない。

　では、一体何のために紅サル門通りのことを云々しているのかと言えば、一時、ここに李在守の乱の状頭（リーダー）の李在守、呉大鉉、姜遇伯（カンウベク）を讃える"済州大静郡三義士碑（サムウィサビ）"が建っていたからである。李在守の乱からちょうど60年経った1961年に、大静地域の有力者たちと李在守の子孫たちとが60年前の正義の抵抗を記念して、人々が最も多く往来する紅サル門通りに碑石を建てた。

　今ではその碑石は新しく建てられた碑石の横に埋められており、写真で確認できるだけである。しかし、歴史を学ぶ人々は、その昔の碑石を再建しようとしている。歴史的遺物として価値があるためである。

　何よりもその碑文の内容が、現在のものよりも強い語調で李在守の乱の実相を描いていることが注目される。特に「無頼漢たちが天主教に入信し、その威勢を借りて貪欲で惨いことを恣にし、婦女を強姦」などの表現は、当時の天主教徒たちがもた

済州大静郡三義士碑
李在守の乱の三人の状頭を讃えるこの碑石は、新たに建てられた碑石の横に埋められている。

らした弊害をあからさまに描いている。現在の碑石からは、そうした内容が脱落している。過去の碑石が天主教の弊害をそのように露骨に表現できたのは、碑を建てた1961年当時の天主教の教勢が、今ほど強くなかったからに他ならない。

トゥレッムル前の三義士碑の基壇

　紅サル門通りにあった"済州大静郡三義士碑"が、一時はここトゥレッムル前に建っていた。既に記したことだが、それも今は地中に埋められているので、見ることはできない。その碑が紅サル門通りからここに移されたのは1980年代のことである。周辺の道路拡張工事のために、追い出されたのである。したがって、その碑石がここに建っていたのは、新しい碑石を建てるために埋め立てられた1997年までの、10余年間だけのことである。

　ところで、何故、人の姿などほとんど見かけないほどひっそりとしたこんな場所に移されたのであろうか。かつては、人々が最も多く往来する紅サル門通りにあった碑を？

　すんなりと納得できるように、その理由を語ってくれそうな人はいない。但し、天主教側の圧力のせいだと、耳打ちくらいならしてくれる人はいる。李在守の乱を天主教に対する迫害と解釈する教会側の立場を考えてみれば、なるほどそうかもしれない。万一、そうだとすれば、1961年に最初に碑石を建てた時とは異なって、1980年代ともなると済州地域での天主教の教勢が随分と大きくなったのだろう。

　いづれにしても、現時点で確認できるのは、その碑のコンクリー

ト製の基壇だけである。
今や見捨てられた井戸の
址、そしてそこに見捨て
られた碑石の基壇、裏通
りへと消えさっていく歴
史の現場がまさにここな
のである。

三義士碑の基壇
歴史の裏面に消えてしまった基壇である。

李在守の生家址

　李在守ばかりか呉大鉉と姜遇伯もリーダーだったからこそ、三義士碑が建てられた。それにも関わらず"李在守の乱"というように、李在守だけを済州の人々が懐かしがるのは、どういう理由からだろうか。おそらく当時の済州の人々の気持ちを納得させたのが、彼だったからだろう。それでは、呉大鉉、姜宇伯はその役割を果たせなかったのだろうか。そう、李在守ほどにはできなかったようである。

　抗争の展開過程で呉大鉉と姜宇伯は終始、消極的な姿勢を取った。済州城入城と天主教徒の処刑時には、とりわけそうだった。多分にその場しのぎの態度で終始したのである。その反対に、李在守は何事であれ、断固と処理した。その結果、済州城入城以後には、李在守の西陣と呉大鉉の東陣はことあるごとに衝突した。非妥協的闘争路線と穏健な妥協路線との対立だった。政府軍との協商過程においてもそうだった。そうした過程を見守りながら、民衆は社会矛盾の徹底した剔抉を掲げた李在守のほうを、真正なリーダーと考えるようになったのだろう。

呉大鉉と李在守の路線の差異は彼らの階級的立場に由来するのかもしれない。呉は大静地域の座首として郷村の支配層であるのに対し、李は民衆的な人物である。身分は官奴、使令、下人、使い走り、賤民、馬夫、通引などと記録されている。郷村の既得権勢力ならば徹底した闘争路線を堅持するのは難しい。民衆の要求を本気で解決できるのは、座首出身のリーダー呉ではなく、官奴出身のリーダー李在守だったようである。
　そのうえ、人々は貴族的英雄よりも民衆的英雄を好むものである。韓国の近代史では"ノブレス・オブリージュ"を体現するようなケースがあまりないので、なおさら民衆的英雄が好まれるのであろう。
　現在では、李在守と関連するものなどここには何一つなく、案内文さえもない。「西洋人を打倒して済州城を取り戻した」と叫んだ李在守、裁判では「我々が殺したのは良民ではなく逆賊にすぎない」と一喝した李在守。しかしながら、そんな彼の生家址には、彼の義の生涯を讃える最小限の標識さえもない。義の歴史の忘却が進行中である。

三義士碑（サムウィサビ）

　1997年にここに新しい"済州大静三義士碑"が建てられた。昔の碑石が古くて見苦しくなったので新しく造りかえたと言う。最初は1961年に紅サル門通りに建てられ、後にトゥレッムルに移されていた昔の碑石は、現在は新しい碑石の前に埋められている。人里離れて人影が稀なトゥレッムルとは異なり、大きな道路辺に建てら

れ、誰であれ三義士を讃えることができるようになったのだから、実に喜ばしいことである。

　ところが、その碑石を建てるまでの道筋は平坦でなかったようである。碑文の内容が問題となり、天主教側が懸命に阻止しようとしたのである。当初の碑文は、「宗教が本来の役割を忘れて権勢を備えるようになると、その弊害がどのようなことになるかを示してくれる教訓的な碑石になるだろう」となっていた。天主教側では、それは甚だ拙いと考えた。三義士を讃えることよりも、天主教の誹謗に焦点を合わせている、という論理なのである。首肯しうる指摘である。

　そして、その碑文の末尾には「大静は…1801年の黃嗣永ファンサヨン帛書事件で、その妻の鄭蘭珠チョンナンジュが流配されてきてわずか百年で」という文言がある。その部分に関しても天主教側は問題提起を行った。李在守の乱とは無関係な黃嗣永事件を持ちだして天主教を誹謗していると主張したのである。それもまた妥当な指摘である。

　しかし、問題の核心は碑文中の数節に限られたことではなさそうなのである。むしろ、碑石を建てること自体が根本的に許せなかったようなのである。天主教側では最近まで、李在守の乱を天主教に

大静三義士碑の裏面
碑文の内容が良く見えないように覆われていたこともある。

対する迫害と規定してきた。当然のごとく、迫害を加えた張本人たちを記念すること自体が気に入らない。以前にも地方行政で三義士碑の建立予算を組んでおきながら、天主教の抗議でその予算自体が消え去ってしまったという話もある。そうした公然の秘密のような話も、李在守の乱に対する天主教側の視角を示している。

　そうこうしているうちに、1997年4月20日に予定されていた除幕式は延期されることになった。そして碑石の裏面を巡って、奇怪な事件が数ヵ月間にわたって続くようになった。昼は天主教側が碑文を隠すために紙を貼り、夜になると村人たちがその紙をはがすといった目隠しごっこが続いた。しかしながら、約4ヵ月後になって天主教側が引き下がった。神経戦をいくら続けても得るものがないと判断したのであろう。結局、1997年8月13日には、遅まきながら除幕式が挙行されるに至った。

　問題になった碑文を現場で実際に読んでみるのもよいのだが、そのほかに興味深いのは、碑文の文字の間違いが少なくない点である。象武会（商務会）、二鎮（二陳）、察理衛使（察理御使）などであり、括弧内が正しい表記である。指摘を受けて最近になって書き直したらしいが、いまだに正されていない箇所もある。一度、しっかり調べて見てもらいたいものである。

明月鎮城（ミョンウォルジンソン）

　朝鮮時代の済州島の戦略的要衝地として鎮城があった。全部で9ヵ所に鎮城を積みあげたのだが、そのうちでも翰林邑明月里（ハルリムウプ ミョンウォルリ）にある明月鎮城が最も有名である。肥沃な土地と豊饒な漁場が近くにあ

り、必要なものは何もかも備えた鎮城と評価された。

　ここに最初に築城したのは朝鮮中宗5年（1510年）のことである。済州牧司・張琳(チャンリム)は真ん前にある飛揚島が倭寇の拠点になりうると判断した。ここに城を積んだのはそのためだった。但し、厳密に言えば、その時には城を積んだのではない。最初は木城に過ぎなかった。

　石城に改築されたのは壬辰倭乱が勃発した宣祖25年（1592年）、李慶禄(イギョンノク)牧司の時代だった。それ以来、何度も改修を重ねた。そして現在、復元工事が進行中である。2002年2月には南門の甕城の基壇石の原型が発掘されて関心を惹いた。済州道内で復元された数々の城では、甕城がまともに復元されたところはなく、明月鎮城はその例外的なもののひとつなのだが、それは原型が残っていたからこそ可能なことだった。

　済州民乱に関連してここを訪れるのは、李在守の乱の性格変化をもたらした場所だからである。本来、李在守の乱は平和的な請願運動として始まったのに、それが武力抗争に変わったのは、この明月における事件のせいだった。

　大静常撫社は各種の税弊の是正を要求する民会を開催して、その要求を貫徹するために済州邑城を訪問することに決め、呉大鉉と姜遇伯をリーダーに押し立てて、大静を出発して済州邑城へ向かった。この翰林明月城は、済州邑に向かっていた民軍が途中で宿泊した場所なのである。それまで民会勢力は、税制変更がもたらした弊害の是正を非武装で平和的に訴えようとしていた。

　しかし、その動きにすっかり怯えてしまっていた天主教側が、事件を拡大させた。ここを急襲したのである。過剰な恐怖が生んだ過剰対応だった。フランス宣教師の直接の指揮下にここを襲った800

明月鎮城
天主教側による明月鎮城襲撃事件が李在守の乱の性格を変える契機になった。

余名の天主教徒たちは、民会所にいた人々に向かって発砲し、リーダーの呉大鉉ら6名を拉致していった。頭を切られた蛇が力を失くしてしまうように、リーダーを除去しさえすれば民衆はただちに烏合の衆となって解体するものと判断していたのである。機先を制したつもりだったのだろう。

しかし、その判断は誤っていた。翰林の明月鎮城への襲撃はむしろ、既に憤っていた民衆をますます刺激して、さらに多くの民衆の結集をもたらした。その上、その時点から李在守の乱の性格が根本的に変わっていく。"平和的請願運動"から"武力抗争"への変化である。

李在守がリーダーになったのも、ここ明月の奇襲事件が契機になった。呉大鉉が抜けた位置を埋めたのである。こうして抗争の主導権も自ずと、土豪の手から民衆の手に移った。その時から抗争はますます積極性を帯びるようになった。新しくリーダーになった李在

守の非妥協的闘争路線によって、抗争はそれまでとはすっかり異なる様相を示し始める。こうして見ると、李在守の乱はここ翰林の明月鎮城で本格的に始まったとも言えるだろう。

黄蛇坪　天主教　共同墓地
<small>ファンサピョン　チョンジュギョ　コンドンミョジ</small>

　黄蛇坪はまさしく歴史のアイロニーを示す空間である。現在は天主教共同墓地だが、李在守の乱当時には、天主教徒たちを討つために民軍が駐屯していた場所であった。その民軍が駐屯していた土地に、彼らによって殺害された天主教徒たちが埋められている。

　『増補耽羅誌』（1954年）によれば、黄蛇坪は広大な平地で、本来は軍兵を教練していた所だと言う。だからなのか、李在守の民軍は済州城攻撃を控えて、ひとまずここに陣を構えた。猟師の武器を持った民軍が黄蛇坪に陣を張り、済州城を掌握していた天主教民たちと、城壁を挟んで対峙したのである。

　黄蛇坪に駐屯した民軍は済州城攻撃を繰りかえした。しかし、民軍側の死傷者が増えるばかりで、なかなか陥落しなかった。しかし5月28日にはついに城門が開かれた。10余日間の攻防戦の果てに民軍が勝利したのである。ところが、実際にその城門を開け放ったのは民軍ではなかった。城内で暮らしていた非天主教徒たちが、先頭に立ったのである。城門を開くにあたっては、婦女子たちが先頭を切った。特に、天主教側から不道徳と蔑視されていた妓生と巫女たちの活躍が目立った。

　城門が開くと民軍は済州城に入った。そしてまずは天主教徒たちを探し出し、処刑を始めた。観徳亭広場がその殺戮の現場だった。

殺戮は主に李在守の西陣によって行われた。死んだのはどれくらいの数の人々だっただろうか。記録によってその数は異なる。記録主体の立場が投影した結果である。ともかく、数百名に至ったことだけは確かである。

観徳亭の前に放置された死体は、その後、現在の済州大学教育学部近くの沙羅峰の麓に仮埋葬された。それを黄蛇坪に移すことになったのは、フランスが外交的圧力を加えた結果だった。フランスの要求を受け入れてその作業を担当したのは、当時の済州牧司・洪鐘宇だった。甲申政変の主役だった金玉均を暗殺したことでよく知られている人物である。そんな人物がその頃には済州島にいたのである。

事件で亡くなった天主教徒たちは黄蛇坪に埋められたが、そこは当時、今のように天主教の共同墓地ではなかった。当初は、民乱で亡くなった教民だけが、ここ黄蛇坪で墓をつくってもいいという約

黄蛇坪殉教者墓域
民軍の駐屯地が、逆に彼らによって殺害された天主教徒の墓地になった。

束だった。ところが現在では、一般の天主教信者たちも埋葬される共同墓地に変わった。

しかも、天主教側がここを聖域化したので、天主教の人々だけの空間になってしまった。もちろん、理解できないことではない。しかし、民軍の駐屯地だったという事実も同時に強調されてこそ、まともな歴史の復元と言えるのではなかろうか。

黄蛇坪殉教者墓地碑文
天主教徒たちが受難したのではなく、むしろ乱動を引き起こしたという意味になっている。

黄蛇坪のフィールワークで決して見逃してはならない興味深いことがある。黄蛇坪殉教者墓域の碑文を丁寧に読んでもらいたい。「ホン・ジョンウ（洪鐘宇）をホン・ジョンスと誤記しているくらいは些細なことだが、圧巻は漢字で記された「1901年辛丑教乱当時」という部分である。教難ではなく、教乱となっていることに注目してもらいたい。天主教徒たちが"受難"したのではなく、"乱"を起こしたことになっている。盲目的な信仰人ではなく、歴史意識を備えた良心的な天主教徒が、そのようにさりげなく書き記したのだろうか。わたしとしてはそのように信じたい。

観徳亭広場

観徳亭前の広場は有史以来、済州島政治の中枢の役割を果たしてきた空間である。耽羅国の時代から現代に至るまで、核心的な行政

官庁はいつもここにあった。今では観徳亭北側の空間に、朝鮮時代の東軒が再現されているだけなのだが、朝鮮時代には観徳亭を中心にした南北に、官衙の建物が配置されていた。北側には済州牧司が勤務していた上衙、南側には判官が勤務していた二衙があり、西側には東向きの観徳亭があった。東側だけが唯一、開けていた。そしてその東側の空間こそが観徳亭前広場だった。
　もちろん、これは意図的な配置だった。官の威厳を誇示するために、官衙の建物群で囲まれた政治的広場を造ったのである。この広場で官と民がじかに対面した。それだけに、政治行事には東軒の庭よりも、この観徳亭広場が主に活用された。観徳亭が官庁配置の普遍的な方位とは異なって東向になっているのは、まさしくその為である。朝鮮時代の官庁建築でこの種のことは珍しい。
　しかしながら、名目上の建立目的はそうはなっていない。世宗30年、つまり1448年に申粛清(シンスクチョン)牧司が兵士たちの弓術の訓練所として造ったものだと言う。しかし、それはごく一部の側面だけを強調した話である。東軒の真ん前で弓術の訓練をするなどとは常識では考えにくい。軍事訓練にはむしろ黄蛇坪のような外郭地が相応しい。閲兵、査閲、弓術の披露など、軍の儀式・行事のためというのであれば、それなりに納得もできる。そのような行事もまた、官が直接に民と対面して、官の威厳を誇示する機会になるからである。
　『礼記』に出てくる「弓矢を射ることは高く優れた徳を得ることである」という一節から"観徳"と命名されたというのは、なるほどその通りである。しかしだからと言って、ここを単純に弓術だけに関係する場所と考えれば、朝鮮時代にこの空間が備えていた本当の役割は見えなくなってしまう。

現代的な空間感覚では、観徳亭広場は少し狭苦しく感じられるだろう。しかしながら、さして広くもないこの広場は、激動の済州史が一杯に詰まった空間なのである。李在守が済州城に入城し天主教徒たちを処断したのも、まさしくここ観徳亭広場である。李在守は自ら先頭に立って天主教徒を処刑した。馬に乗り、ある者の喉を切っては、血まみれの剣を自分の草鞋でさっと拭い、再び剣を振り下ろしたと、幼かったわたしにもリアルに感じられるように、祖母が話してくれたものである。祖母は観徳亭広場でその場面を実際に目撃したらしい。

　李在守が城内に入ることができたのは、民軍自身の力によってではない。ここ観徳亭広場に集まった民衆の助力があったからこそ、それが可能になった。李在守の入城以前、すなわち済州城を境界にして民軍と天主教徒が対峙していた時に、城門閉鎖によって困っていた城内の人々は、徐々に天主教に対する不満の声を上げ、抵抗を始めていた。なによりも、底をついた食糧が問題だった。そのうえ、民軍からの脅迫の手紙によって不安を募らせてもいた。

　5月25日には元妓女であるマン・ソンチュンや現役の妓女であるマン・ソンウォルなどの女性リーダーたちが、城内の人々を観徳亭広場に呼び集め、声を合わせてフランス人神父に対して城門を開けるように要求した。そして5月28日にはついに、自分たちの力で城門を開け放った。民軍の入城はここ観徳亭広場に集まった彼女たちがいたからこそ可能だった。

　解放直後の政局にあっても、ここ観徳亭広場は激動の歴史が凝縮された空間だった。4・3抗争の導火線になった1947年の3・1事件も、ここ観徳亭広場で始まった。3・1事件は3・1節の記念行事

を終えて会場から出てきた群衆に向かって、米軍政の警察が発砲した事件のことを言う。その発砲で乳飲み子を背負った母親と初等学校の生徒を含めて6人が亡くなった。こうして葛藤が本格化した。そして4・3遊撃隊司令官だった李徳九の射殺死体が、十字に組まれた木に縛られて曝されていたのも、ここ観徳亭広場に他ならない。1949年6月のことである。

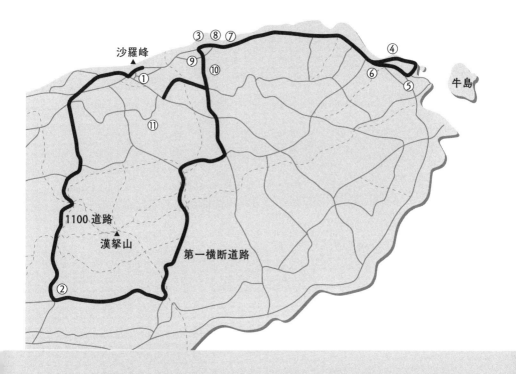

10 済州抗日運動の赤々と燃える魂

① 沙羅峰慕忠祠
② 法井寺
③ 朝天万歳丘
④ 細花・下道　海岸道路
⑤ 済州海女抗日運動記念塔
⑥ 細花駐在所址
⑦ 咸徳　哀悼同志碑
⑧ 獄死　夫生鍾　墓碑
⑨ 済州抗日記念館
⑩ 朝天共同墓地
⑪ 姜昌輔　追慕碑

沙羅峰の慕忠祠から姜昌輔追慕碑まで

　済州人の抗日運動はすごいものだった。浮ついた愛郷心で言っているわけではない。創刊時に東亜日報の主筆だった金明植や、呂運亨の右腕だった高景欽などの傑出した人物たちだけでなく、済州女性の強靭さを示す1932年済州海女抗日闘争は、抗日運動史のどのページのトピックと比べても遜色がない。

　それにも関わらず一般に広く知られていないのは、いったいどういう理由からなのだろうか。中央集権的な歴史教育のせいである。何もかもがソウルに集中している韓国では、ソウル中心の歴史だけが注目を浴びる。当然、その他は冷や飯を食らう。全国の1％に過ぎない人口の済州道の抗日運動史など、相手にしてもらえない。

　せいぜいが済州内で話題にされるにとどまる。しかしながら、そのまま放置しておくのは惜しすぎる。すさまじいまでに厳しかった武断統治期、当然のように朝鮮半島のどの地域でも日帝に反旗を翻すことなどとうていできなかったのに、済州では武装闘争があった。1918年の法井寺抗日闘争がそれである。その他では、1919年の万歳運動は全国的現象なので、済州のそれを持ちだして自慢するなんてことは慎んでおこう。しかしながら、そうした闘争の話が済州島内に閉じ込められてきたのは、なんとも残念である。それを見ると、地方化の時代などという言葉も、いまだ空念仏に留まっているわけである。

　問題はそれだけではない。実は済州島の人々でさえも済州の抗日

運動史をあまり知らない。特に1919年の万歳運動以後については全く何も知らない。何故そうなのだろうか。単に済州道の地位や力量が全国的に低いことだけが理由なのではない。韓国社会におけるタブーのせいである。レッドコンプレックスのことである。それも最近では少しづつ克服されつつある。克服と言うにはまだ道は遠いが、それでも前進していることは明らかなので、幸いである。

実は朝鮮の1920年以後の抗日運動の主役は、左派だった。今ではそれがほぼ通説になっているのだが、済州の場合は主役どころではなく、絶対的だった。左派一色の抗日運動だった。だからこそ、一般大衆にはその事実を隠し通したのである。

何故、そうなのだろうか。何故、済州島では左派がそれほど強かったのだろうか。理由として先ずは、厳しい自然環境が挙げられる。済州社会の強い絆で結ばれた共同体の伝統も重要な原因である。そのうえ、一時は人口の4分の1もが日本へ出稼ぎに行っていたという経験も要因になる。多くの人々が広い世界を見たし、労働運動を経験した。

済州で最初の社会主義運動の組織は1925年に結成された新人会である。その後の運動もその大部分がその組織を基盤に展開された。1万7千名以上が参加した最大の抗日運動、すなわち1932年の海女抗日闘争も、実は彼らの影響下で準備されたものだった。

当時はそのように、左派が自然に受け入れられていた。この社会から左派が追放されたのは、解放後に起こった朝鮮戦争後のことである。それ以前には、左右が手を握りあうことも多かった。代表的なのは1927年に結成された新幹会である。今日の視角から過去の事実を裁断してはならない。右か左か、赤か白か、といった議論に

留まっている限り、済州の抗日運動は再び水面下へ潜りこんでし
まわざるをえない。今や済州抗日運動の本当の色を復元する時なので
ある。

沙羅峰慕忠祠
<small>サラボンモチュンサ</small>

　慕忠祠は文字通り、忠節を追慕する祠堂である。したがってその
中に造成された３基の記念塔は、何らかの忠義を讃えるための造形
物と推察される。
　ところが"忠義"という共通点にも関わらず、そのうちの一つは
他の二つとは少し異質である。他の二つは抗日運動に関連している
のに対し、残りの一つは私財を投げ打って、飢えに苦しむ島民を救
済した慈善家・金万徳を讃える塔である。金万徳は朝鮮正祖の時代
の女性である。
　義に生きた先祖たちを讃えるという趣旨に関して、その是非を
云々するつもりはない。しかしながら、いくらなんでもおかしい。
抗日運動家と慈善事業家の記念塔をなんとしても一つの空間に集め
ねばならない事情があったのだろうか。急造されたという感触が拭
い難い。
　ここ慕忠祠が造成されたのは1977年、朴正熙政権の末期のこと
である。その頃には際立って、"忠"が強調された。日々高まる国
民の抵抗を撫摩するために、"忠孝イデオロギー"を動員せずには
おれなかったからである。歴史上の優れた軍人たちが特別に強調さ
れたのはその時期である。おかげで李舜臣も英雄から"聖雄"へと
一段、跳ね上がった。"聖雄"とは聖的な英雄である。本来、聖的

であることと英雄という言葉とは釣り合わない。その不調和を調和しているかのように感じさせる洗脳に努めたのも、朴正熙軍事政権である。

　三別抄が浮上したのもそんな時である。そのせいでハンパドゥリの三別抄抗蒙遺跡地は基礎的な発掘手続きさえも省略したまま、性急に復元された。慕忠祠が造成されたのと同じ 1977 年から 1978 年のことである。韓国精神文化院が出帆したのもその時期である。今ではその性格がすっかり変わりはしたが、出帆当時の韓国精神文化院は政権の正当化の研究・広報機構にすぎなかった。"精神文化院"ではなく"精神病院"と嘲弄されるほどだった。

　朴正熙は晩年には甚だしく不安だった。だからこそ、ますます忠孝イデオロギーにしがみついた。慕忠祠の造成もそうした脈絡で考えられるのではなかろうか。直接的な連関はなくても、時代の雰囲気を共有していたことは疑いを容れない。

　3 基の記念塔の中央にあるのは、"1909 年済州義兵"を讃える造形物である。正面に大きな文字で"義兵抗争記念塔"と書かれている。ところ

沙羅峰慕忠祠の義兵抗争記念塔
維新末期に朴正熙が強化した忠孝イデオロギーの産物である。

が奇異なことに、そのすぐ下に"揮毫　大統領　朴正煕"という牌が打ち込まれている。朴正煕が自ら"義兵抗争記念塔"という文字を書いたと言

揮毫大統領朴正煕

うのである。いかにも忠義イデオロギーの強化に懸命だった政権末期の痕跡である。

そこに聳え立つ塔の左右には、銃と剣、棍棒と太極旗を持った人々の銅像がある。英雄的な抗争を展開する義兵を形象化しているつもりなのだろうが、いかにもわざとらしい。それに誠に残念なことだが、1909年の済州義兵は銃剣で武装するほどの水準ではなく、まともな戦いなど一度もできないまま、準備段階で摘発されてしまったのである。

準備が緻密になされていたわけでもなかった。通文を回して仲間を募るやり方は、朝鮮時代の民乱の準備過程と同じである。武器はせいぜい棒切れくらいで、銃を提げる者もいなかった。朝鮮時代の民乱レベルの武器で、現代的装備で武装した日帝と闘うなんて、そもそもが無理な話だった。急変する世界情勢には眼を閉じたまま、もっぱら気概だけを頼りにしていた儒林勢力が主導していたので、しごく当然の結果に終わった。

記念塔を見た後で、義兵のそうした不甲斐ない状況を詳しく知ってみると、なんともむなしく、気持ちが萎えてくる。しかし、決して1909年の義兵を貶めようとしているのではない。義兵長だった高仕訓と金万石が銃弾を受けて亡くなっているのだから、その塔の前に立つと、粛然としないわけにはいかない。しかしながら、それ

でも疑念は残る。もっと熾烈な抗日運動が他にも数多くあったのに、どうして国家はこの1909年義兵の記念塔を最初に造ったのか。挙兵さえできなかった義兵闘争を。

　国家の公式的な歴史は現在の権力者の利害関係にしたがって書かれる。また、歴史記念物は現在の権力の正当化のために造成される場合が多い。儒林権力は今日でも隠然と続いている。広い意味で言えば、当時の儒林の子孫たちが今日でも相変わらず、済州社会の既得権層をなしている。準備段階で挫折した義兵なのに最初に照明を当てられたのは、儒林勢力の活動を肯定的に評価しようとする既得権層の意図のせいではなかろうか。

　次は"殉国志士　趙鳳鎬(チョボンホ)記念碑"を見よう。正門から入ると左側にある造形物である。塔の形をしているのに"碑"と書いてある。他のどこであれ、これほどの規模の"碑"を見るのは難しいだろう。

　趙鳳鎬は、上海臨時政府の資金募金団体である"独立犠牲会"の活動中に、逮捕されて獄死した抗日闘士である。しかし、本来は独立運動より済州最初のキリスト教教会の設立者として有名である。済州のキリスト教の伝播は1908年に李起鵬(イキブン)牧師が入島して始まったとされているが、それは間違った常識である。実はその李起鵬以前に、趙鳳鎬が外部の支援なしに独力で教会を建てていた。

　教会活動に熱心だった彼なのだが、1919年に上海臨時政府が組織されると、その支援活動を始めた。済州に潜入した独立犠牲会の連絡員金昌圭(キムチャンギュ)の要請に応じて、済州でも独立犠牲会を組織して4,500名から独立資金1万ウオンを集め、上海臨時政府に渡した。しかしながら、すぐに他の同志達と共に日帝警察に検挙されてしまった。さらに不幸なことに、1年の刑で大邱刑務所で服役中に息を

引き取ってしまったのである。1920年4月のことだった。

　こんなことばかり書いていると、先人の優れた気概を貶めようとしているみたいで、気持ちがよくないのだが、実は、趙鳳鎬よりも意義深い抗日運動を繰り広げた人がたくさんいる。重ねて言うが、趙鳳鎬の抗日闘争を貶めるつもりなどなくて、それ以外の抗日闘士たちが何故、このように冷や飯を食らってきたのかと、問題提起をしているに過ぎない。何故、趙鳳鎬だけが他に先んじて照明を当てられたのか。

　キリスト教会が保持する威勢のためではないのだろうか。韓国社会における大きな権力の一つはキリスト教である。歴史的造形物は現実の勢力関係の忠実な反映であるという現実が想起されて、ついついそうした疑いを抱いてしまう。

法井寺(ポプチョンサ)

　"それほど遠くない将来に、仏務皇帝(ブルムファンジェ)が出現して国権を回復することになるから、それに先立って済州島の日本人官吏を殺し、商人たちを島外に追い出さねばならない"

　1918年の"法井寺抗日闘争"を主導した金蓮日(キムヨニル)に関する警察捜査資料の一部である。"仏務皇帝"という荒唐無稽な側面もあるが、日帝官吏と商人を闘争対象として明確に設定している点は注目に値する。日帝官吏の横暴と商人たちの経済収奪が極に達していたことを示している。

　法井寺抗日闘争は済州の三大抗日運動の中でも最初に起こった。3・1運動以前、すなわち厳しく過酷な武断統治期に展開された闘

房東華
法井寺抗日運動の主役である。

争なのである。それだけに高く評価される必要がある。

　しかしながら、時点だけが重要なのではない。規模や強度も並みのものではなかった。400余名の人々が中文駐在所を襲撃・破壊し、66名が検挙され2名が獄中で命を失うほどだった。刑量も最高は10年に及んだ。それを見るだけでも、法井寺抗争が大変な事件だったことが容易に推察できる。済州抗日運動史、さらには朝鮮の抗日運動史において再評価される必要がある。

　それなのにこれまで注目を受けてこなかったのは、何故なのだろうか。先ずは、実態が明らかになっていなかったからである。闘争主体の性格も未だに不分明である。一見では、仏教系主導の抗日運動のようにも見える。抗争の根拠地が仏教寺であり、検束者66名のうち金蓮日、房東華（パンドンファ）、鄭九龍（チョングリョン）など13名が僧侶だったことを見ると、たしかにそうである。

　しかし、実態はそれほど単純なものではなさそうである。一時は"普天教（ポチョンギョ）の乱"或いは"普天教抗日運動"と呼ばれていたことも、この抗争の複雑な性格を暗示する。単なる仏教系主導の抗争ではなかった。

　済州島では仏教は朝鮮後期には完全に一掃された状態だった。その後、1908年になってようやく寺が再建されたが、教勢は微々たるものであった。その反面、土俗宗教を基盤に儒、仏、仙を結合した甑山（チュンサン）教派の普天教が、既に相当な教勢を誇示していた。1922年

の東亜日報は当時の済州の普天教信者が2万名と報道しているほどである。金蓮日に続く首謀者だった朴明洙（仙道教〈普天教の旧名〉の首領だったことも、普天教との連関性を強く示している。いづれにしてもこの抗争が単純な仏教系の抗争でなかったことは明らかである。

　因みに、ここで3・1運動の主導勢力に注目してみると、ヒントが得られる。民族代表33名がすべて宗教系であり、3・1運動を実行した勢力は学生たちである。すなわち、宗教系と学生の集団だけが武断統治期にあっても組織的に動くことができた。かつての軍事独裁政権の時代もそうだった。抑圧下でもそれなりに声を上げ、組織を動員することができたのは宗教系と学生たちだけだった。特に宗教系は暴圧的状況下でも一定の活動空間を保証されるのが普遍的な現象なのである。

　しかしながら、すべての宗教がそうだったわけではない。市民権を得られない、いわゆる偽宗教は、排斥するのにおあつらえ向きである。日帝はそうした点を利用した。すなわち、日帝は日本の神道と仏教、そしてキリスト教だけを宗教と認め、その他はすべて不法とした。特に民族性が強い土俗宗教はすべて迷信と規定して、弾圧を加えた。

　それが法井寺抗争に関して隠されてきたコードではなかろうか。すなわち、強い反日思想を内在した普天教（当時は仙道教）を前面に押し立てたりでもすれば抗争拡大は難しいので、合法的な仏教の外皮をまとったのではなかろうか。もしそうであったならば、主導者だった金蓮日などはなるほど仏教の僧侶だったにしても、それに先立って普天教思想を体の奥深くまで刻みつけた抗日運動家だったの

かもしれない。

　ともかく、彼らは1918年10月6日に闘争を断行した。法井寺住持の金蓮日は自らを仏務皇帝と称し、朴明洙を都大将に任命した後、蜂起軍400余名を2個の隊列に編成して、先ずは西帰浦と中文方面に進撃した。蜂起軍の武器は鎌、大鎌などが大部分だったが、中には李春三(イチュンサム)のように猟銃を持った者もいた。

　彼らはただちに西帰浦西好里で、警察と対峙した。そして、そのまま警察と対峙を続ける部隊は残して、蜂起軍の主力は中文駐在所の襲撃に向かい、日本警察3名を捕縛し、拘禁者13名を釈放した後、駐在所の建物を破壊した。

　しかしながら、西好里で警察と対峙していた部隊はやがて、逆に押されて退却し、朴明洙など主導者の12名が逮捕されると、その他は霧散してしまった。中文駐在所を襲撃した金蓮日も、天地淵瀑布の近くで逮捕された。主導者が逮捕されると、蜂起軍はたちまちのうちに瓦解した。その結果、この抗争はたった2日であえなく幕を下ろしてしまった。

　現在の法井寺は、80余年前のそうした激烈な抗争を思い起こさせるものなど何一つなく、素朴で静かなところである。規模も小ぶりなうえに漢拏山の奥深くにあって、なんとも爽快な印象である。仏教寺院ではなく、土俗宗教の聖所のような感じさえする。実際に、本堂の背後の建物には、五土諸神や北斗七星など土俗信仰の神位も祀られている。そうした様子を見ると、法井寺抗争の主導勢力について改めて思いを巡らしたくなる。多くの人が主張するように、仏教は外皮だけで、反日的土俗信仰である普天教が実際の主導勢力だったように思えてくる。

ところが、この抗争に関して仏教や普天教などの宗教をあまり強調するのは間違いだと言う人もいる。何よりも400余名の住民が参加したことを重視すべきだと主張するのである。宗教は外皮にすぎず、実際の抗争の動因は日帝の侵奪に対する住民達の憤怒だったという論理なのである。そうした人々は、この戦いの名称も"法井寺抗争"ではなく"戊午中文地域抗日運動（ムオチュンムンチヨクハンイルウンドン）"とする。"戊午"とは1918年のことである。

　実際、抗争も法井寺ではなく、中文駐在所など中文地域一帯で行われた。10月6日夜には法井寺を出発して中文地域で電線を切断し、10月7日には中文駐在所を襲撃するなど、本格的な闘争に至った。それゆえに、"法井寺"を省いて"中文地域"を付け足すべきだという主張にも、説得力と妥当性がある。

　しかし、たとえそうだとしても、法井寺の意味が小さくなるわけではない。闘争準備はすべてその法井寺で行われたからである。金蓮日、姜昌奎（カンチャンギュ）、房東華が義兄弟の契りを結び、抗日闘争の成就のための100日祈祷に入ったのも、法井寺でのことである。蜂起の前日に島内各所に人を送り、信徒33人を招集して自らを仏務皇帝と称したのも、ここ法井寺でのことだった。

　したがって、この抗争がどのような名前で呼ばれようと、抗争陣地としての法井寺の意味が消えることはない。かなり遠いところなのにわざわざ訪問した理由は、まさしくその点にある。

　但し、残念なことが一つある。最近、法井寺抗争を讃えるためという口実で様々な施設が造られているのだが、漢拏山の森をこのようにやたらと破壊しても許されるのだろうか。工事予定地は数万坪と言う。たとえ歴史的記念館だとしても、山林を破壊してまで、青

少年修練館を建てる必要があるのだろうか。信仰心など眼中になく、尖塔だけがやたらと高い大型教会を目の前にした時と同じように、心中が穏やかでない。ここでもまた、歴史の剥製化が進行中なのである。

朝天万歳丘
<small>チョチョンマンセドンサン</small>

　1919年の3・1運動は一般に全民族的な抗争と言われる。当時、全国220の郡のうち211の郡で展開されたのだから、民族的抗争という言葉も誇張ではない。

　当然のこととして、済州島でも万歳運動があった。済州の万歳運動は3月21日から4日間にわたり、連日数百名が集まって万歳示威行進をするほどに大規模なものだった。規模も規模だが、この運動を契機に民族意識に目覚める若者が増えたという点も重要である。そんなわけで、この万歳運動も済州の3大抗日運動の一つに数えられる。

　万歳運動が始まったのは3月21日なので、ソウルのそれから20日後のことである。険しい海と遠距離という条件を考えれば、決して遅かったとは言えない。柳寛順(ユグァンスン)のアウネ市場での示威のように、ソウル遊学中だった学生が独立宣言書を懐に忍ばせて帰郷して示威が始まるというのは、当時の各地方における普遍的現象で、済州も例外ではなかった。

　済州に万歳運動の火種を持ち込んだのは、当時徽文(フィムン)高等普通学校4年生だった金章煥(キムチャンファン)だった。済州朝天出身の抗日運動家だった金時学(キムシハク)の息子である。父の金時学も日本留学中に申翼熙(シンイキ)と共に活動

し、その後は呂運亨と"朝鮮農人社"を創立したことでよく知られていた人物である。そんな父を持った金章煥が独立宣言書を携えて帰郷した。そして先ず訪ねたのが淑父にあたる金時範(キムシボム)と金時殷(キムシウン)たちだった。その人たちと会ってソウルの消息を伝え、万歳運動に勧誘した。

金時範と金時殷は甥の趣旨を受け入れ、直ちに同志の糾合にとりかかった。そして14名の同志が集まり意志を統一し、決起の日を3月21日に決めた。一般に決起日は市が立つ日が多かったが、3月21日は市の日ではなかった。名望高い儒林だった故・金時雨(キムシウ)の命日だった。これは14名の主導者の性格と関係がある。主導者の中核だった朝天の人々は金海金氏の一族とゆかりのある人たちだったので、その一族の長老の命日に合わせたのである。

3月21日の示威は、現在では記念塔が立っている"ミミッドンサン(現在の万歳丘)"で始まった。最初はたった150名ほどだったが、金弼遠(キムピルウォン)が"独立万歳"と血書するや否や、群衆は500名ほどに膨れ上がった。午後3時ごろに丘の上に太極旗を掲げ、金時範が独立宣言書を朗読し、金章煥が万歳を斉唱した。そして直ちに、碑石通りを経て済州城内に向かって示威行進を始めた。

ところが、示威隊が新村に至ると、警察が立ちはだかった。13名が連行され、その日の示威行進は終わった。以後3日間にわたって続いた示威行進も、同じような形で展開した。主導者が逮捕されると一段落するといった形だった。結局、3月24日には14名の主導者全員が逮捕されて、済州の万歳運動も幕を下ろした。

万歳運動で苦汁をなめた人は何名だったのだろうか。直接に処罰を受けた人だけでも24名に達した。最高刑を受けたのは金時範と

金時殷で1年の刑だった。既に見た法井寺抗争よりも刑が軽い。3・1運動に驚いた日帝が融和的な統治政策に変えたからである。

　刑もそれほど重くなく、示威行進の地域も狭かったからと、この事件の意味を軽視する人が少なくない。済州の一部地域、すなわち朝天を中心に起こったために、その名称も"朝天万歳運動"とされている。しかしながら、それは間違っている。朝天万歳示威の余波は、直ちに西帰浦三梅峰(サムメボン)万歳示威、そして西帰浦の海上万歳示威として現れた。朝天という狭い地域に極限されていたわけではなかった。したがって、"済州己未年万歳運動(チェジュキミニョンマンセウンドン)"とでも呼ぶのが正しい。

　ところで、済州の中心地である済州城内ではなく、"朝天"が始発点になったのは何故なのか？朝天は朝鮮時代の重要な浦口であり、本土との海上貿易を通じて富を蓄積してきた地域である。そして朝鮮後期になると、その富を基盤に両班になった人々が生まれた。その代表的な家門が朝天の金氏一族に他ならない。彼らはその財力で子女を日本やソウルに留学させることができた。そして留学した子女たちによって、新しい思想や消息が済州に伝えられた。東亜日報創刊時の主筆で、済州島初の社会主義者だった金明植(キムミョンシク)の活動もそうした背景から生まれた。万歳運動も同じ脈絡で可能だった。

朝天万歳丘記念塔
朝天万歳示威はただちに西帰浦示威へとひろがった。

彼ら朝天の金氏一族の中で抗日運動に関わった人々はそのほかにも数多くいる。大阪の日本社会運動顕彰塔に名牌が祀られるほど名声が高い労働運動の大立者である金文準（キムンジュン）、女性として日本で労働運動を展開した金時淑（キムシスク）、独立資金募金運動に立ち上がった金泣培（キムウンベ）、光州抗日学生運動に参加した金時成（キムシソン）と金時璜（キムシファン）、共産主義抗日運動を行った金時容（キムシヨン）、金明植の息子の金甲煥（キムガブァン）などが代表的な人物である。

ところで、朝鮮末期の民乱期には、彼ら朝天の金氏一族が民乱を鎮圧した封建勢力として名前を轟かした点が興味深い。1898年"房星七の乱"の時に鎮圧軍を組織した金膺斌（キュウンビン）が最も有名である。そんな彼らも日帝支配によって既得権を喪失すると、抗日勢力に変貌したのである。

現在、ここ朝天万歳丘には、"3・1独立記念塔"が建っている。以前のみすぼらしい碑石と八角亭を壊し、1991年に新たに造成された塔である。横にある"金奉角先生功徳碑"（キムボンガクソンセンコンドクビ）の主人公である金奉角が、鷹揚にも5億ウォンを寄付して成し遂げられた事業である。

金奉角とはどのような人なのだろうか。実に険しい人生を歩んできた人物である。朝天出身の彼は日帝時代に日本で勉強して抗日運動を行ったが、秘密結社としての鶏林同志会の活動で2年6ヵ月の懲役生活を強いられ、解放後には祖国に戻り、しばらくは人民委員会と民主青年同盟に関わった。しかし、政治情勢が険悪になってきたので、1946年には再び日本に渡った。以後は大阪で朝総連の幹部として活動する一方で事業家としても大成功した。そんな彼も1988年には朝総連から脱退した。3・1万歳運動記念塔建立のために基金を寄付したのは、それから2年後の故郷訪問時のことである。

彼は基金を寄付すると同時に、大韓民国政府に対して、自身の独

立運動の経歴を認定して独立有功者として補償してもらいたいと、申請書を出した。しかし、いまだにその願いは叶えられていない。社会主義運動の前歴のせいだと言う。なんとも苦々しいことである。さらに苦々しいことには、彼は大韓民国政府に無視されたまま1999年に東京で生を終えてしまった。

細花(セファ)・下道(ハドウ)　海岸道路(ヘアンドロ)

　済州の自然は美しい。とりわけ、この海岸道路からの景観は圧巻である。ところが歴史に一歩でも足を踏み入れると、その美しさは凄絶な悲しさに変わる。実にひどい逆説だが、それが現実なのである。

　自然景観が秀でたところは元来、農業生産力が最も低い土地である。滝や砂浜、奇岩絶壁などでいったいどんな農作が可能だったろう。観光産業が登場するまでは、そうした地域の住民達はたいてい、絶対的貧困に苦しめられた。

　済州島では東部地域、特に金寧(キムニョン)から城山(ソンサン)までの地域がその代表である。金寧から先は、砂地だらけである。砂地にはニンジンやエンドウ豆を除いて、栽培できそうなものはほとんどない。そのニンジンも1960年代になってようやく栽培が始まった。そのうえ、風が強い。平和的な風景を演出しながら回転する杏源(ヘンウォン)の風力発電機のプロペラは、実はこの地域の厳しい自然環境を表している。ことさらにこの地域に風力発電機が設置されたのも、そうした理由からである。

　大地から得るものがなければ、人々は何に頼って暮らしてきたの

細花・下道海岸道路から見える海
美しい海を見て、1932年の海女たちの暮らしと革命家たちの熱情を胸に抱いてみよう。

だろうか。海である。そうした地域の人々の生活を支えてきたのは、海女たちの海での労働、すなわち"海女仕事(ムルジル)"だった。"済州島の東部地域の女たちが座った後には草も生えない"という言葉が伝えているのも、まさしくそのことなのである。厳しい自然環境とその為に形成されてきた東部地域の女性たちの強靭な生活力が、そのように表現されている。とりわけ、そのシンボル的存在である海女がそれを証明する。

　ここではしばし、1932年の済州海女抗日闘争が起こった地域を想起して見よう。何か勘が働かないだろうか。その抗争の主役はわたしたちが今、立っているこの海辺の海女たちだった。細花(セファ)、終達(チョンダル)、吾照(オジョ)、始興(シフン)、城山(ソンサン)そして海の向こうの牛島(ウド)、すなわち険しい自然環境のせいで、気丈にも海に出て行かねばならなかった済州島東部地域の女性たちこそがその主役だった。このように、抗争の背後にはそれだけの理由があった。

　この海岸道路から見える海がまさしく、1932年の海女抗争の主

役たちが生計を立ててきた現場である。今のわたしたちには、のんびりと平和で美しい絵のように映るが、彼女達にとっては生存のための闘争の空間だった。あまりにもすごい美しさは悲しみでもあるということなのだろう。

　歴史においては、この空間は海女たちだけのものではない。夜学を通じて海女たちの将来を照らし出していた青年たち、祖国解放を夢見ながら懸命に活動していた革命家たちの会合の場所でもあった。

　　1930年8月に旧左面細花里の海岸で金順鍾（キムスンジョン）、金時坤（キムシゴン）、呉文圭（オムンギュ）など革友同盟員たちが集合し、青少年啓蒙活動に関する秘密会議を行った。
　　申才弘（シンジェホン）、呉文圭、金順鍾、金時坤、韓香沢（ハンヒャンテク）が集まり、海女の獲得運動とその方法について協議し、1930年10月には申才弘、韓香沢、蔡載五（チェジェオ）などが韓香沢の部屋で集まり、当時問題となっていた城山浦海女事件を批判して、海女自身の努力によって問題を解決するように導くことで合意し、同年11月初旬に旧左面細花里と下道里間の砂浜で申才弘、文道培（ムンドベ）、康寛順（カングァンスン）、金順鍾、金時坤などが集まり、その後の情宣活動の方法に関して協議した。

以上は1932年12月14日付「東亜日報」掲載の海女抗争関連検束者たちに対する"予審終決書"の一部である。"細花里海岸"或いは"細花里と下道里間の砂浜"が新聞記事に登場している。わたしたちが今立っている海岸道路のどこかがその現場だったのだろう。

　この海岸道路を走っているうちに、どこなりと感じが良い砂浜を見つけたら、ひとまず車を止めて1932年の海女たちの暮らしと革

命家たちの熱情、そして悲劇的であると同時に美しい海を、胸一杯に抱きかかえてもらいたい。

済州海女抗日運動記念塔
（チェジュヘニョハンイルウンドンキニョンタプ）

　1932年の済州海女抗日闘争の絶頂は、1月12日に展開された第2次示威行進である。済州島司である田口の車を止め、屈服させ、指定販売の廃止などの約束を取り付けたからである。

　1月12日は新任の田口島司が巡察で細花に立ち寄る予定であり、五日市が立つ日でもあった。そしてまた、海女たちの反発などを無視して、海女組合が指定販売の強行を公告した日でもあった。そうした諸々の事情が相まって、その日の示威行進に全力を結集しないわけにはいかなかった。

　その日、海女たちが集まったのは午前11時半ごろだった。終達と吾照の海女300名、下道の海女300名、細花の海女40名などがたちまちのうちに集まった。海女代表の金玉蓮（キムオンニョン）が決議を高らかに朗読したのもその時である。それが終わるや否や、海女たちは鎌と槍を掲げ、万歳を叫びながら、五日市に向かって行進を始めた。

　海女たちの第1次集結地、それ

済州海女抗日運動記念塔
ここが海女たちの第一次集結地だった。

がここである。今は済州海女抗日運動記念塔が立っている。1998年に北済州郡が郡費8億ウォンを注ぎ込んで造成した。義兵運動を記念する慕忠祠が造成されたのが1977年だから、それから20年も遅れている。それでもともかく良いことであることに変わりはない。しかしながら、正直に言って心が穏やかでない。済州最大の抗日闘争なのに、どうしてこれほど遅れたのだろうか。蜂起すらできなかった1909年の義兵とは格が違うのに。

　口には出さなくても、そんなことはだれもが知っている。済州海女抗争の背後には"朝鮮共産党済州ヤチェイカ"という"赤の組織"があったためである。そうであったとしても、歴史はあるがままに見なくてはならない。現在の権力関係に配慮して、手を入れてはならない。だからともかく、たとえ遅ればせではあっても、あるべき形になったのだから喜ばしいことである。

　造形物を見ると、それなりに神経を使った形跡がある。記念塔の基台は済州の伝統の船であるトゥパンベ（舟）の形、そして高さ12mの塔身がその舟の帆柱の形になっている。横に突き出た3個の造形物は、済州の三無精神を象徴している。3人の海女は槍と太極旗を掲げて前進している。但し、当時の海女たちが実際に太極旗を掲げていたのかどうか疑わしい。記録や証言ではそのようなことはまったく語られていない。それでも、民族意識を高々と掲げるために、無理やり動

済州ヤチェイカ検挙記事、1932年東亜日報

員した小道具とでも考えれば、ケチをつけることもない。象徴造形物というものは"事実"よりも"意図"が先立つのが一般的だからである。

細花駐在所址(セファチュジェソト)

　細花駐在所もまた、済州海女抗日運動が絶頂に達した1932年1月12日の示威行進に関連した場所である。その日、海女たちの気勢に押された田口は、しぶしぶ要求を受け入れずにはおれなかった。細花駐在所は海女代表が要求貫徹のために島司の田口と直談判した場所なのである。

　第一次集結地のヨンドゥマン丘(ドンサン)に集まった海女たちは、本格的な示威行進のために細花五日市場へ向かった。当時の五日市は現在の細花警察支署の東側の路地にあった。したがって、済州海女抗日運動記念塔からこの細花支署までの道路は、当時の海女の示威隊が行進した道ということになる。

　細花五日市場に到着した海女たちは、そこに集まっていた群衆も巻き込んで集会を開いた。各村の海女代表が演説し、闘争の意志を高めた。ところがその集会の最中に、田口島司の車が巡ってきた。海女たちは集会を中断し、島司の車が到着した駐在所前に詰めかけた。

　驚いた島司一行は巡視を諦めて、車に乗って帰ろうとした。しかしながら、既に海女に取り囲まれてしまっていた。慌てた警察官たちは銃剣を振り回した。脱出する道を確保するために武力を用いたのである。しかしながら、海女たちは「わたしたちの要求に剣で対

海女たちが田口島司と談判した細花駐在所址には、今では警察の細花支署がある。

応すれば、わたしたちは死でもって対抗する」と叫び、ますます強硬な姿勢を示した。

その気勢に驚いた島司は、海女たちとの談判に応じるほかなかった。談判は細花駐在所内で行われた。それまで示威隊を主導していた夫春花(プチュンファ)、金玉蓮などがその談判に参加した。海女たちの要求事項は次の通りである。

1　日帝の指定販売絶対反対
2　日帝の契約保証金は生産者が保管
3　未成年と40歳以上の海女には海女組合費免除
4　疾病などで仕事ができない海女に対しても組合費免除
5　出稼ぎ証の無料発給
6　組合の中間幹部である総代は村ごとに公開で選出
7　組合財政の公開
8　悪徳商人を擁護する組合書記の即時罷免

島司はこの要求に対して、5日以内の解決を約束した。海女たちが勝利したのである。もちろん、すべての約束が守られたわけではない。またその事件で、実に多くの社会運動家たちが検挙されもした。しかしながら、最終的には海女たちの要求の相当部分が受けいれられた。勝利した闘いと言える理由は、まさにそこにある。

　海女たちに囲まれて胸をドキドキさせて焦りながらも、懸命に猿知恵を働かせながら談判に打ってでた島司の田口、細花支署前に立ってそんな姿を想像してみるのも面白そうである。

咸徳（ハムドク）　哀悼同志碑（エドトンジビ）

　哀悼同志碑がある咸徳碑石通りには、朝鮮後期に建てられた李元八牧司（イウォンパル）の善政碑から、ある篤志家を讃えるために1985年に建てられた功徳記念碑まで、実に多様な碑石がある。そして見方によっては、抗日運動を讃える哀悼同志碑がその中にまじっていることが、むしろ不釣り合いに感じられるほどである。

　哀悼同志碑の前面には「哀悼同志　金才童（キュジェドン）、韓永燮（ハンヨンソプ）、宋建浩（ソンゴンホ）、夫生鍾君（ブセンジョン）」、そして横面には1945年冬に里民一同が建てたことを告げる文章が刻まれている。

　注目すべきは横面の建立時期についての記述である。1945年冬は解放後で、歴史上の"韓永燮記念碑事件"は1931年のことだったからである。すなわち、現在の碑石は解放後に変形して再建されたものであり、本来の碑石ではないということになる。本来の碑石は韓永燮一人を対象にしたもので、金才童と宋建浩、夫生鍾の名は後に付け加えられた。彼らも抗日運動で犠牲になったし、同じ咸徳

出身なので、解放後に碑石を造り直すに際して、その人たちの名前も入れたのである。

　本来の碑石の前面には"同志　赤光　韓永爕　記念碑"、背面には「凍えるほど冷たい白光の下で抑圧された仲間たちよ、と声を上げながら血を流して戦う同志だった」と刻まれていた。"凍えるほど冷たい白光"とは白色テロ、すなわち権力者が民衆に加える公然のテロのことに他ならない。

　現在の碑石の赤色で記された内容は、本来のものとは微妙に文言に変化があるが、そこに込められた強い抵抗の意志に変わりがあるはずもない。

　1931年1月に発生した"韓永爕追慕碑事件"は当時の咸徳地域の社会主義青年運動の一面を示している。韓永爕は日本で共産主義活動をしていたが、何かの理由で亡くなってしまった。客地で亡くなると、せめて死体なりとも故郷に送り返すというのが、現在まで続く済州の習わしである。彼の死体も咸徳に戻ってきた。1931年1月19日ごろのことである。

　死体が到着すると、故郷の友人たちはひどく悲しんだ。青年革命家の死が悔しかったのである。そこで、済州青年同盟咸徳支部のメンバーたちが先頭に立った。彼の葬儀を同志葬として行うためである。

　1月21日、韓永爕の家に集ったメンバーたちは、葬儀に用いる旗を準備した。その旗には「追悼　赤革　韓永爕　霊」、「君は不平等な社会を打倒して無産階級に自由をもたらそうとして亡くなったが、その主義精神は同志である我々が継承して奮闘する覚悟なので、どうか安らかに鎮座していただきたい」などと記されていた。メン

バーの性向が如実に表現されている。

葬儀は翌日の1月22日だった。葬儀の会場である大屹里(テフルリ)共同墓地で、メンバーたちは葬儀に参加した人々と共に"赤旗の歌"などの革命歌を斉唱した。しかしながら、その時点まで日帝の警察は状況を把握できていなかったのか、大きな問題は生じなかった。

ことが起こったのは、碑石が建てられた後のことである。韓永爕追慕碑は咸徳の青年同盟の中でも先輩格である宋健浩が中心になって建てられた。それも、人の往来が非常に激しい共同井戸の横にである。3月17日のことだった。碑文には階級意識と抗日思想をはっきりと示す文言が含まれていた。

日帝警察が動き出したのは3月末になってからのことだった。たちまち20余名が逮捕された。以後5月6日には証拠確保という名目で、韓永爕の墓が掘り返された。そして、碑石も引き抜いて押収した。その時に押収された本来の碑石は、いまだに行方が分からない。

現在の碑石に名前が追加された宋健浩とは、韓永爕碑建立の主役であり、金才童はこの事件で拘束されて獄死した人物である。夫生鍾もまたその際に検挙され、その際には執行猶予で釈放されたが、後にはやはり獄死した。革命的農民組合の建設のために奮闘中に検挙され、1936年に監獄で最後を迎えたのである。

咸徳哀悼同志碑
本来、碑石は韓永爕だけを慕うためのものだった。

哀悼同志碑は少し寂れてはいても、その碑文の一節一節に、青年革命家たちの情熱と悲嘆が込められている。

獄死　夫生鍾　墓碑
オクサ　プセンジョン　ミョビ

　1932年の済州海女抗日運動以後、大規模な闘争は展開できなかった。海女抗争の黒幕と見なされた済州ヤチェイカの崩壊に加えて、戦時体制への突入に伴って厳しさを増した日帝の強圧政策のせいである。
　だからといって、闘争の命脈が完全に途切れたわけでもなかった。ヤチェイカ運動の非大衆性を批判して、再び大衆の中に入ろうとする運動があった。1933年1月28日の済州島赤色農民組合創立準備委員会の結成がその代表的な例である。
　その運動では、大衆と密接な関係を持った運動にするべく、地域別の活動が強調された。中でも現在の朝天、咸徳、北村地域の活動が旺盛で、その主役は金日準、夫丙準、夫生鍾などだった。金日準と夫生鍾は"韓永燮記念碑事件"で逮捕の前歴があった。彼らは1933年2月に新左赤色農民組合準備委員会を構成し、地域ごとに担当を決めた。新村・朝天・咸徳・新興は金日準が、善屹・臥屹・大屹・橋来は夫生鍾が、北浦・東福・金寧・月汀は夫丙準が担当することになった。
　そして3月には下部組織として咸徳里赤色農民組合協議会を組織し、夫生鍾が宣伝部の担当になった。1934年4月には読書会を組織して、活動範囲をさらに広げた。
　しかし、その年の10月には、旧右面（現在の翰林邑）一帯の組織

が摘発されて、再び検挙旋風が吹き荒れた。そのせいで、済州島赤色農民組合は出帆すらできないままに、準備委員会段階で瓦解してしまった。夫生鍾も再逮捕され、不幸なことに1936年6月に獄中で最後を迎えた。それに憤った同志たちが彼の墓の前に"獄死　夫生鍾之墓"という碑石を建てようとしたが、「獄死」という文言を問題視した日帝警察によって再び連行され、碑石は朝天駐在所の倉庫にとじ込められてしまった。そこで"獄死"という文言を省いた小さな碑石を建てざるをえなかった。しかし、解放直後に本来の碑石を探し出し、改めて元の場所に建てることになった。

夫生鍾の本来の墓碑
「獄死」を問題視して、警察が碑石を倉庫に隠してしまった。

　ところが、今ではその碑石を見ることができない。1984年に北済州郡郡守によってご丁寧にも"殉国先烈、夫生鍾之墓"と書き改められた大きな碑石と差し替えられたためである。"獄死"が"殉国先烈"に差し替えられたのである。

　かつては日帝が"獄死"という文言を省くように強制したのに対し、今回はわたしたちの政府自らが、その文言を削除してしまった。"獄死"は不当な死であるという抗議の気持ちが込められた表現である。そのために抗日意識が生き生きと感じられる。それと比べて、"殉国先烈"はすっかり剥製化した官製品の気配が拭い難い。

　"獄死"と刻まれた昔の碑石は済州の慣習にしたがって、新しい

殉国先烈　夫生鐘の墓碑
獄死が殉国先烈に変えられた

碑石の前に埋められていると言う。重要なのはあくまで歴史遺物なのだから、堀り出して公開・保存すればいいのにと思う。むなしい願いだろうか。ともかく、"獄死"という言葉が不穏な言葉とされてしまっていることが、つくづく残念である。

　"獄死"という文言だけではない。新しい碑石の碑文を見ると、"思想的に"相当に神経を遣ったことが分かる。"赤色農民組合"を"済州島農民会"に、"赤旗の歌"を"独立革命歌"に書き換えている。もちろん、彼が社会主義運動を行っていたことには全く触れていない。1982年に建国功労大統領表彰を受けることができたのは、子孫たちがそのように細心の注意に努めた結果のようである。お金の洗濯ではなく、歴史の洗濯である。

済州抗日記念館
（チェジュハンイルキニョムグァン）

　遠路はるばる引き返してきた。先ほど立ち寄った朝天万歳丘と同じ所にあるのに、改めてそこを訪ねるのは、それだけの理由があってのことである。1909年の義兵から1933年の革命的農民組合運動まで、時代順に辿れるように動線を設定したからである。事実上、ここが今回のフィールドワークの最後の目的地であり、後に残された朝天共同墓地と姜昌輔追慕碑は、深化学習用とする。動線と時

間を考慮して、後ろに回さざるをえなかったのである。しかしながら、時間が許せば是非とも立ち寄っていただきたい。非常に意味深い聖地である。それはともかく、済州抗日記念館を最後に配置したのは、今回のフィールドワークの総復習の為である。博物館や記念館はフィールドワークの最初もしくは最後に配置するのがよい。事前学習もしくは総整理のために活用するのである。

　済州抗日記念館はそうした目的には格好である。意味もなく大規模でもないので、観覧者の負担が少ない。だからと言って、内容が粗雑ということもなく、非常に充実している。そのうえ、ジオラマ等の洗練された電子技法も称賛に値する。

　しかしながら、"思想的細心さ"の面では少し残念なところがある。"済州島赤色農民組合"を"済州農民組合"と言い換えて、脱色してしまっている点である。"再建済州ヤチェイカ"についても関連の新聞記事を展示しておきながら、それに関する説明をすっかり怠っている。もちろん、理解できないわけではない。南北が分断されており、しかも親日派が勢力を維持しているこの社会では、左手を掲げるのが容易でないことくらいは十分に承知している。それでも、歴史はあるがままに後世に伝えねばならない。

　誤謬もある。1930年代の革命的農民組合運動を説明するコーナーで、金日準の出身地を"翰林"と記しているが、間違いである。翰林ではなく"新左面咸徳"である。訂正してもらいたいものである。

　じっくりと、今日のフィールドワークを整理するつもりで観覧していただきたい。大きな流れとして済州の三大抗日運動を確認するのもよいだろうが、注意すべきは時代背景である。

　今回のフィールドワークでは省略せざるを得なかった学生運動、

そして海外での抗日運動にも関心をもって頂きたい。中でも金文準(キムムンジュン)と高承興(コスンフン)は是非とも記憶しておくべきである。二人とも日本の大阪で済州人たちのために青春を捧げた革命家である。金文準は大阪の工場の悲惨な環境で働いていた済州人たちのために、労働運動を展開した社会主義者であり、高承興はアナキストである。

　記念館を出てフィールドワークが終わった時点で、金明植、姜昌輔、金文準、高承興の人生について少しでも知るようになっていれば、大成功である。これまでにそうした人びとの名前を一度でも聞いたことがあるだろうか。

　ところで、このように名前を列挙してみると、上の4名の中で姜昌輔だけが済州城内の龍潭(ヨンダム)の出身で、その他はすべて朝天出身である。その朝天とはいったいどのようなところだから、このように素晴らしい抗日運動家が数多く輩出されたのだろうか。せっかくだから、その朝天出身の抗日運動家の幾人かが埋葬されている朝天共同墓地も訪れてみよう。

朝天共同墓地(チョチョンコンドンミョジ)

　朝天は朝鮮後期には済州の代表的な浦口だったので、貿易を通して富を成した両班が少なくなかった。その代表例が金海金氏福派の一族だった。彼らは20世紀初盤の急変する情勢に遅れまいと、子弟をソウルや日本など先進地域に留学させた。もちろん、それを支えたのは朝天の財力だった。

　ソウルや日本に赴いた朝天の両班の子弟たちは、新しい世界に接すると青年特有の正義感もあって、直ちに抗日闘士に変身して、

1919年の万歳運動の先頭に立った。そうしたことについては既に記した通りである。

ここ朝天共同墓地は平凡な共同墓地に過ぎず、抗日運動家たちだけを特別に祀っているところではない。それでも抗日運動家の墓がいくつかある。決して広くないのに、確認できる抗日運動家の墓だけで4基もある。それほどに抗日運動家が多かったということになる。

そのうちで最も名前が広く知られているのは、やはり金文準である。京畿道水原にあった農林学校を卒業後、先ずは故郷で夜学運動を行った。彼が始めた夜学が5〜6カ所もある。ところが、その名声は故郷の朝天よりも日本の大阪でいっそう轟いた。日本に渡ったのは1927年のことだが、それ以後の活動が大いに注目を浴びた。大阪では在日本朝鮮労働総同盟の中央執行委員になった。日本では夜学よりも労働運動の方が切迫した問題だったからである。

1930年の東亜通航組合創立運動にも関わった。1935年には日本共産党再建運動の傍ら、ハングル新聞である民衆新報も発刊して、在日朝鮮人の権益向上のために戦った。しかし、1936年には日帝の弾圧と過労のせいで肺結核に倒れ、弱冠43歳で生を終えた。

抗日労働運動の巨木だった金文準が倒れると、日本人の労働運動家たちも悲しんだ。その葬儀が大阪市の労働葬として執り行われるほどだった。大阪電機労組は大理石製の石塔碑石を寄贈し、その碑文を書いたの

抗日運動家、金文準
在日朝鮮人のために戦った抗日労働運動家

10 済州抗日運動の赤々と燃える魂

抗日運動家金文準の墓
大阪電気労組が寄贈した大理石の柱に朝天出身アナキスト高順歓が碑文を書いた。

が同じ朝天出身のアナキスト高承興だった。

　火葬された金文準の遺骨が済州に到着すると島民葬が計画されたが、日帝の妨害で、朝天里民葬に縮小せざるをえなかった。死後にも日帝が監視の目を緩めないほどに、彼の影響力は大きかった。今でも大阪の日本社会運動顕彰塔には、彼の名牌がかかっている。

　金文準の碑石の西側に聳える松の木の前には、金時淑(キムシスク)の墓がある。済州島の女性運動初期の代表的人物である。1880年生まれだから他の抗日運動家よりも年長で、彼女が運動に入ったのは40歳を過ぎてからと、遅かった。その歳で初めて文字を学び、不平等な結婚生活も果敢に清算した。

　彼女も夜学運動から活動を始めた。彼女が組織した済州女子青年会の主たる活動も夜学だった。ところがそんな彼女が、後には日本に渡って労働運動に専念した。金文準と同じく1927年に大阪へ渡ったのである。大阪では"在日女工保護会"を組織して、朝鮮人女性労働者の苦痛を軽減するための活動に奔走した。そしてアナキスト高承興(コスンフン)が組織した新進会に加入して、女性部の責任者となった。

　ところが1933年夏には大阪で54年の生を終えた。その遺体は済州島に運ばれ、朝天共同墓地に埋葬された。その時、高承興が彼女の墓に捧げた墓標が今でも有名である。

従来の不平等な道徳と倫理は、とくに女性の個性と人権を無視してきた。その結果、弱者はそれに服従したが、強者は反逆するようになった。…そうした矛盾した社会における正真正銘の烈婦とは、反逆者の忠実な仲間であると同時に悲惨な時代の犠牲階級でもある。…夫権的全体主義下における盲目的な賢母良妻主義に盲従することなどできるはずもない…徹底した時代的犠牲者であり忠実な運動家たる貴方。その肉体はたとえ溝の土塊になったとしても、その血と汗は、光明の天地において万人の生命として再生することになるだろう！

「正真正銘の烈婦とは反逆者の忠実な仲間である」とはなんとも強烈な表現である。今日のフェミニストたちでも感嘆するだろう。
　金時淑の墓の後ろの石垣内には、金時成(キュシソン)と金汦培(キュウンベ)の墓がある。金時成は光州学生抗日運動の主導組織である成進会のメンバーとして活躍した結果として獄苦をなめ、金汦培は上海臨時政府の軍資金募金活動と満州正義府の中央執行委員として活躍した。金時成の碑文も高承興によるもので、最後に壇紀年号を記すことによって、日帝に対する抵抗の意志を明らかにしている。金汦培の墓の碑文は朝天の独立運動家である安世勲による。その安世勲とは、解放後に南労党済州島委員会委員長になった安世勲に他ならない。

姜昌輔(カンチャンボ)　追慕碑(チュモビ)

　1932年の済州海女抗日運動が終わった3月からは、全島的に検挙旋風が吹き荒れた。海女抗争の背後に青年共産主義者が潜んでい

ると日帝が判断したからである。100余名が逮捕された。そのうち40名が裁判に回され、22名が実刑を受けた。刑期は5年が最高だった。これで、いわゆる再建済州ヤチェイカは崩壊した。

その時、姜昌輔はその組織の実質的な最高責任者だった。単純化して言えば、姜昌輔が済州海女抗争の背後の大立者だったことになる。但し、彼の指示一つで海女抗争が起こったわけではない。海女抗争はそれが起こるほどに矛盾が深刻だったために爆発したものである。姜昌輔はその爆発をより効果的に組織するために奔走していた青年運動家たちの中心にいた。

姜昌輔が運動の核心として浮かび上がったのは、第一次ヤチェイカ事件で投獄され、釈放後に済州に戻ってきてからのこと、つまり1931年1月のことである。後輩たちが彼の闘争経歴を認め、彼に従ったわけである。こうして1931年5月16日には再建（第二次）ヤチェイカが組織されるに至った。

もちろん、彼の活躍ぶりは1925年の済州島最初の社会主義団体である「新人会」結成時から、既に轟きわたっていた。新人会のメンバーは1927年に朝鮮共産党済州ヤチェイカを結成した。それが第一次ヤチェイカである。彼らは済州青年連合会を済州青年同盟に改変するなど、済州の青年運動を背後から実質的に指導した。但し、その時点までは、姜昌輔よりも宋鍾炫がヤチェイカを主導していた。宋鍾炫は当時、民立大学設立期成会の書記であり、教師だっ

姜昌輔
海女事件の黒幕として逮捕された彼は、警察署の留置所から劇的に脱出した。

従来の不平等な道徳と倫理は、とくに女性の個性と人権を無視してきた。その結果、弱者はそれに服従したが、強者は反逆するようになった。…そうした矛盾した社会における正真正銘の烈婦とは、反逆者の忠実な仲間であると同時に悲惨な時代の犠牲階級でもある。…夫権的全体主義下における盲目的な賢母良妻主義に盲従することなどできるはずもない…徹底した時代的犠牲者であり忠実な運動家たる貴方。その肉体はたとえ溝の土塊になったとしても、その血と汗は、光明の天地において万人の生命として再生することになるだろう！

「正真正銘の烈婦とは反逆者の忠実な仲間である」とはなんとも強烈な表現である。今日のフェミニストたちでも感嘆するだろう。
　金時淑の墓の後ろの石垣内には、金時成と金汯培の墓がある。金時成は光州学生抗日運動の主導組織である成進会のメンバーとして活躍した結果として獄苦をなめ、金汯培は上海臨時政府の軍資金募金活動と満州正義府の中央執行委員として活躍した。金時成の碑文も高承興によるもので、最後に壇紀年号を記すことによって、日帝に対する抵抗の意志を明らかにしている。金汯培の墓の碑文は朝天の独立運動家である安世勲による。その安世勲とは、解放後に南労党済州島委員会委員長になった安世勲に他ならない。

姜昌輔　追慕碑

　1932年の済州海女抗日運動が終わった3月からは、全島的に検挙旋風が吹き荒れた。海女抗争の背後に青年共産主義者が潜んでい

ると日帝が判断したからである。100余名が逮捕された。そのうち40名が裁判に回され、22名が実刑を受けた。刑期は5年が最高だった。これで、いわゆる再建済州ヤチェイカは崩壊した。

その時、姜昌輔はその組織の実質的な最高責任者だった。単純化して言えば、姜昌輔が済州海女抗争の背後の大立者だったことになる。但し、彼の指示一つで海女抗争が起こったわけではない。海女抗争はそれが起こるほどに矛盾が深刻だったために爆発したものである。姜昌輔はその爆発をより効果的に組織するために奔走していた青年運動家たちの中心にいた。

姜昌輔が運動の核心として浮かび上がったのは、第一次ヤチェイカ事件で投獄され、釈放後に済州に戻ってきてからのこと、つまり1931年1月のことである。後輩たちが彼の闘争経歴を認め、彼に従ったわけである。こうして1931年5月16日には再建（第二次）ヤチェイカが組織されるに至った。

姜昌輔
海女事件の黒幕として逮捕された彼は、警察署の留置所から劇的に脱出した。

もちろん、彼の活躍ぶりは1925年の済州島最初の社会主義団体である「新人会」結成時から、既に轟きわたっていた。新人会のメンバーは1927年に朝鮮共産党済州ヤチェイカを結成した。それが第一次ヤチェイカである。彼らは済州青年連合会を済州青年同盟に改変するなど、済州の青年運動を背後から実質的に指導した。但し、その時点までは、姜昌輔よりも宋鍾炫（ソンジョンヒョン）がヤチェイカを主導していた。宋鍾炫は当時、民立大学設立期成会の書記であり、教師だっ

た。

　姜昌輔が責任者になったのは、いわば偶然だった。彼が釈放されて済州に戻ってきた1931年1月は、世界大恐慌を受けて社会矛盾が増幅していた時期だった。1年前の1930年には城山浦海女事件が発生したし、その他にも民衆の不満は際限なく膨らんでいた。そのように積もり積もった民衆の不満と闘争の熱気を、正しく指導できる人物が必要とされていた。ところが、第一次ヤチェイカの責任者である宋鍾炫はまだ監獄にいた。姜昌輔より厳しい刑を受けていたからである。姜昌輔が前面に躍り出ることになったのには、そうした事情があった。

　ともかく、姜昌輔は済州の抗日闘争が最も高揚していた時期、すなわち1920年代末から1930年代初までの、済州抗日運動の最も核心的な位置にいた。彼を記憶しておきたいのはそのためである。

　姜昌輔は神業のような脱獄劇によって、改めて世間を驚かせる。海女事件の背後人物として逮捕された際に、警察の留置場から劇的に脱出したのである。しかしその後は、日本に渡って活動せざるをえなかった。正体がすっかり明らかになっていたので、済州では活動できなかったのである。

　日本では日本共産党と連携して在日本労働組合全国評議会に参加し、「朝鮮新聞」の発刊を試みた。そして、1943年には朝鮮国内への侵入を試みた。興南の朝鮮窒素肥料工場を活動拠点にしようとしてのことだった。しかしながら日本の警察に逮捕されてしまった。そして7年刑を受けて大田刑務所で服役中の1945年1月に、43歳でこの世を去った。

　しかしながら、最近まで韓国政府は彼の生と死を徹底して無視し

てきた。彼を独立有功者として認めさえもしていない。またしても、例の論理なのである。"赤"だからと言うのである。いつまで耳と目を閉ざして歴史を隠蔽するのだろうか、胸が詰まるばかりである。

彼の墓は家族墓地内でも隅にあって目立たない。祖国解放のために嵐のように生きた彼の行跡を考えると、胸がつまってくる。しかし、そんな彼の墓に、最近、変化が生じた。姜昌輔先生追慕記念碑建立委員会の名義で追慕碑が建てられたのである。2002年9月9日のことである。まだまだ満足なものとは言えないが、それでも、いいことである。

家族墓地の中央の前側には、家族墓地であることを示す碑石がある。その碑の背面には姜昌挙(カンチャンゴ)という名前が記されて

姜昌輔追慕碑
祖国解放のために一時代を嵐のように生きた末に亡くなった彼を、政府は独立有功者と認定することすらしなかった。

いるが、それは姜昌輔の弟のことである。姜昌挙も1926年に済州農業学校で抗日運動をして退学になった人物である。その後はソウルの中央高等普通学校に編入し、卒業後には高麗共産青年会の活動で2年6ヵ月の懲役をくらった。出獄してからは、日本との往来の果てに、日本に定住するようになった。

2002年9月9日、姜昌輔追慕碑除幕式には姜昌挙の娘婿である高ビョンテクが参加した。姜昌挙が高齢で身動きがままならないために、代理として娘婿が日本からはるばるやってきたのである。今

や、何もかもを家族に任せるのではなく、国が積極的に関わるべきではなかろうか。

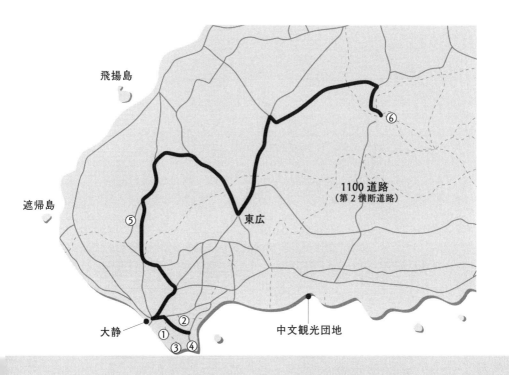

11　日帝が残した軍事遺跡を訪ねて

① 大静アルトゥル飛行場
② 弾薬庫址
③ ソダルオルム対空砲陣地
④ 松岳山海岸洞窟
⑤ カマオルム洞窟陣地
⑥ 御乗生岳

大静アルトゥル飛行場からカマオルム洞窟陣地まで

"決7号作戦"とは何か

「この春に桜が咲く頃ともなれば、この身も沖縄の盾となって、玉のように砕け散らんことを」
　1945年に沖縄で暮らしていた日本女性が、米軍の上陸を目前にして残した詩の一部である。
「玉のように砕け散らんことを」。これこそ玉砕の覚悟の表現である。最後の一人まで戦って死ぬか、そうでなければ、同伴自決の形で抵抗するか、それがいわゆる玉砕なのである。ファシストたちの崇高な（？）精神の姿が赤裸々に表明される死なのである。
　ところで、沖縄のファシストたちの玉砕が済州島とどんな関係があったのだろうか。

1944年8月10日　グァム陥落
1944年10月26日　フィリピン陥落

　太平洋戦争末期にフィリピンが陥落すると、日本は敗戦が眼前まで押し寄せてきていることを実感した。そこで、なんとしても有利な条件で戦争を終えようとした。有利な条件とは、何が何でも天皇制を維持することである。その為には何よりも、連合軍の日本本土

上陸を阻止しなければならなかった。

　1945年2月9日、日本防衛総司令官は米軍の日本本土上陸に備えて、要所における防衛作戦を樹立・示達した。それがいわゆる"決号作戦"である。日本軍が想定した米軍の進撃ルートは、全部で7ルートだった。そのルートごとに決1号、決2号、決3号…決7号という作戦暗号名を付け、それぞれに対応する作戦を準備した。

　済州島が注目され始めたのは、それから1月後の3月12日に開かれた大本営会議でのことだった。その会議で日本軍は、北海道と済州島を米国の最も有力な上陸地点と判断した。"決1号作戦（北海道）"と"決7号作戦（済州島）"が他よりも重要視されはじめたのである。

　なかでも済州島が重視された。日本軍は当初、米軍が九州南部に上陸し、九州を通過して東京に進撃すると予想した。しかし、今回の会議では米軍が九州北部に上陸してすぐさま東京へ上っていく可能性のほうに注目が集まった。九州北部に上陸するためには済州島を足場としなくてはならない。大本営もそのことを理解するようになった。こうして、済州島が日本軍の最後の阻止線になった。

　それが決7号作戦である。すなわち、米軍が済州島及び九州北部を経て東京に進軍してくるというシナリオの下で編成された、本土防衛作戦なのである。この作戦はもちろん、玉砕を前提として樹立された。済州の無辜の人々が犬死しかねない状況となった。

　決7号作戦が具体化したのは、沖縄南方の硫黄島の戦闘たけなわの3月12日に開かれた大本営会議でのことだった。1945年2月19日の米軍上陸で始まった硫黄島の戦闘は、一月あまり後の3月

25日に終わった。米軍によって硫黄島が陥落したのである。その時、日本軍2万3千名のうち、捕虜として生存していたのはわずか212名に過ぎなかった。変態的な唯美主義を基盤にしたファシストたちの死の美学の結果としての統計数字である。

　硫黄島の戦闘が終わると直ちに沖縄戦が続いた。それは1945年4月1日に始まり約3ヵ月後の6月25日に終わった。その戦闘で米軍1万5千名、日本軍6万5千名、沖縄の民間人約12万名など約20万名が戦死した。両側の軍人の戦死者よりも民間人犠牲者が多かった。

　連合軍は9月頃に済州上陸を予定していたので、その予定通りに戦争がさらに1月間ほど続いていたら、済州島はどうなっていただろうか。済州島の多くの人々も硫黄島や沖縄でのように、天皇制維持のために犬死に追いやられたのではなかろうか。なんともむごたらしい仮定である。

　連合軍の済州上陸が近づくにつれて、日本軍は尖鋭部隊を続々と済州島に集結させた。1945年1月頃までは千名を越えることがなかった済州島駐屯軍が、8月には7万名に増えた。およそ70倍になったのである。朝鮮半島に配置されていた全日本軍36万1,481名の5分の1に及ぶ数字である。

　1945年4月15日には済州島防備強化のために、永津佐比重中将を司令官とする第58軍司令部が新設・編成された。58軍司令部は朝鮮の総司令部格の17方面軍から分離された独立部隊だった。"独力で済州島を死守する"ことを目的に掲げた最後の激戦部隊だった。日本軍はそれほどまでに済州島防御に懸命だった。ハルピンで名声をとどろかせた関東軍121師団までもが58軍に加担するようにな

ったのも、そのためである。

　日本軍は兵力増強に伴って、済州島全域での要塞の造成を始めた。海岸と山岳地帯はもちろん済州島全体を陣地に変えた。その数が多すぎるので、現在でもまだ彼らが造った軍事施設の数を正確に把握できないほどである。代表的なものとしては城山日出峰、大静松岳山、西帰浦三梅峰、咸境面清水里カマオルム、済州市沙羅峰
　　ソンアクサン　　　サムメボン　　　　　ハムギョンミョンチョンスリ　　　　　　　　　サラボン
と別刀峰、御乗生岳などがある。
　ピョルトボン　オスンセンアク

　これまでの調査結果によれば、大体80余カ所に700余個の陣地洞窟が残っているものと推定されるが、そのうちで最も長い洞窟が約1.2kmのカマオルム陣地であり、23個所と最多の陣地洞窟を備えているのが北村の犀牛峰陣地である。
　　　　　　　　　　　　　　　　　ソウボン

大静アルトゥル飛行場

　アルトゥルとは"下側にある平野"、すなわち慕瑟浦の集落より
　　　　　　　　　　　　　　　　　　　　　　モスルポ
も低い地帯に位置する平原という意味である。そこで飛行場の造成が始まったのは1926年のことである。1930年代中盤まで約10年間の工事の果てに、20万坪規模の飛行場が完成した。この飛行場が初めて戦争に活用されたのは、1937年に中日戦争が起こった時である。ここを発進した爆撃機が海を越えて上海まで飛び、作戦を遂行した。

　戦争が継続すると飛行場の役割はますます大きくなり、拡張が必要となった。第二次拡張工事は、中日戦争が進行中の1937年に始まった。工事が終わったのは日帝が敗亡した1945年である。日帝の膨張の野心に伴って飛行場の規模も大きくなった。最終的な規模

は80万坪に及んだ。その際に拡張された空港施設のうち、滑走路は今でも軍事保護区域として立ち入りが制限されている。将来の非常時に使用するつもりなのである。ソダルオルム対

大靜邑の日本軍遺跡などの地図

空砲陣地に上って北西方向を眺めると、一般耕作地とは区別される直線状に長く伸びた区域を確認できる。

　そこに飛行場が造成されるまでは、アルオルム洞、ジョクンゲ、コルモッ、クヮンデなどの自然集落があった。それらは飛行場拡張工事のせいで今では完全に消えてしまった。もちろん、住民達もすべて追い出されてしまった。住民達の立場からすれば、生存場所をいきなり奪われたことになる。日帝時代、中でも戦争時だったので、悔しいことがたくさんあっただろう。

　それよりも大きな問題は、解放後の措置である。日本軍が追い出されたのに、元来の所有者たちはその土地を返してもらえなかった。現在、この土地の大部分は国防部所有になっている。日本軍から韓国軍に所有が移ったわけである。現在、住民達はこの土地を国防部から賃借して耕作している。本来は自分の土地なのに。

　分断されて南北が対峙しているといった理由では、決して正当化されない状況なのである。

　ここに到着したら先ずは、身をすくめて嘴を開いているような形

アルトゥル飛行場の格納庫
現在、約20個の戦闘機格納庫が低い姿勢で蹲みながら、口を開いている。

の戦闘機格納庫が眼に入る。現在、約20個が残っている。もちろん、日本軍が造ったものである。予想よりも小さい。神風戦闘機用だったと言う。

造られてから50年以上も経っているのに、相変わらず堅固である。一部の格納庫を詳細に見ると、撤去するために重機を引き入れた痕跡が確認できる。フォークレインの歯の跡である。ところが、破壊された格納庫はひとつもない。ダイナマイトならまだしも、フォークレインくらいでは、とても歯が立たない。空襲にも耐えて戦闘機を保護しなくてはならない施設だけに、どれほど強固に造られたことか。それを見れば、三豊百貨店、聖水大橋（両者ともに韓国でも有名な、大規模建築物の信じがたい崩壊事件）の事故が思い浮かぶのは、いったいどういうわけなのだろうか。

付近には整備庫や管制施設、弾薬庫、防空壕、通信施設の痕跡もある。

この飛行場を利用していた日本軍は、日本の九州佐世保航空隊員2,500名である。彼らは大村兵舎で宿泊していた。その大村兵舎とは、現在、慕瑟浦海兵部隊がおかれている所だった。朝鮮戦争期には陸軍第1訓練所として利用された。日本軍の施設をそのまま韓国軍が引き継いだ。人ばかりか施設もそのように引き継がれたのである。

大韓民国軍隊の将軍昇進者のうち、解放前に軍経歴を持っていたのは総302名にもなる。ところが、そのうちの90％が日本軍出身である。そうしてみると、新生大韓民国国軍は日本軍をそのま

アルトゥル飛行場滑走路。カン・ジョンホ撮影

ま踏襲したことになる。もっぱら殴打によって綱紀を立てた点が、とりわけそうである。

軍事施設の場合には、親日人士清算の失敗という人的な問題とは異なり、何よりも経済性と能率とが考慮されたのであろう。しかし、民族的自尊心を考慮すると、敢えて場所の変更も試みるべきではなかろうか。

弾薬庫址

ソダルオルム良民虐殺址は、日帝植民地期には弾薬庫だった。いいや、そうではなくて、かつて日帝の弾薬庫だった場所で韓国軍が良民を虐殺した。これが物事の順序である。

現場に接近するに先立って遠くから眺めてみると、そこは凹んでいる。戦争に敗れ、去っていくにあたって日本軍が弾薬庫を爆破したので、オルムの形状が変わってしまったのだと言う。ソダルオルムは西側に位置するオルム、すなわち西側にかすかに丸く盛り上がったオルムという意味なのに、現状は凹んでいる。

ソダルオルム弾薬庫址
朝鮮戦争当時、ここで民間人虐殺があったので、「百祖一孫良民虐殺址」という名前でよく知られている。

　現場に到着して足元を見ると、コンクリートの痕跡と鉄筋のようなものが見つかる。日帝時代の弾薬庫の床である。床がコンクリートなので、良民が虐殺されてから5年9カ月間、死体群は雨を受けて腐り、まるで"イワシの塩辛のよう"に一体となって凝まってしまっていたと言う。

　血の痕跡は新たな血を呼ぶものなのだろうか。わたしたちはここで、日帝の狂気と4・3の狂気、さらには朝鮮戦争の狂気という、韓国現代史の最も先鋭的な事件群を同時に体感できる。

　空軍官舎の近くにあるもう一つの弾薬庫は、わりと原形のままで残っている。ところが一部の記録や証言によれば、ここは元来、弾薬庫ではなく通信施設だったと言う。どちらの主張が正しいのか判断できないが、解放後にはたしかに弾薬庫として使われていたと言う。今では住民達がサツマイモの貯蔵庫として使っている。しばらく前までは、村の共同葬儀車を保管する場所としても使われていた。

ソダルオルム対空砲陣地(テゴンポジンチ)

　飛行場周辺には必ず対空砲陣地がある。飛行機と滑走路を狙って襲ってくる爆撃機を撃墜しなくてはならないからである。ここアルトゥル飛行場周辺にも、そんな対空砲陣地がいくつかある。ソダルオルム頂上だけではなく、向かい側のオルムの頂上にもそれが確認できる。

　円形である。360度回転しながら空中の爆撃機を迎え撃つために、そうなっている。もちろん、今では丸いコンクリート施設があるだけで、大砲はない。そして、そこに上ったら、是非とも滑走路の痕跡を探してもらいたい。北西側を眺めると、耕作地とは違って、茅が繁茂している広くて長い一帯がある。もちろん、現代的な滑走路

ソダルオルム対空砲陣地

のようにアスファルトコンクリート舗装ではない。冬なら、茅が黄色く染まり直線状に伸びている区域を探せばよい。加波島の方角を12時の方角に設定すれば、2時の方角にあたる。そこから右側に伸びている。それこそが、今でも軍事施設として立ち入りが制限されている旧滑走路である。

　そこに上ったついでに、南側に浮かぶ加波島と馬羅島も鑑賞してもらいたい。大波でも立てば沈んでしまいそうな加波島と、遠くにぼんやりと浮かぶ馬羅島の風光も、このフィールドワーク独特の魅力である。

　また、南東方面の近場にある松岳山も、注意深く眺めてもらいたい。他ではあまり見かけない二重噴火口の山であることが分る。大きく広がった外輪噴火口と、内輪の高い噴火口とが同時に目に飛び込んでくる。

松岳山海岸洞窟
_{ソンアクサンヘアントングル}

　済州島の海岸の随所で、いとも容易に人工洞窟が見つかる。城山日出峰の下にもあるが、ここ大静の松岳山の海辺ではそれ以上に見つけやすい。

　それらの洞窟は、1945年初になって本格的に造成が開始された。決7号作戦が具体化すると、洞窟の造成を急がねばならなかった。もちろん、米軍の上陸阻止のための日帝の軍事施設である。それでは、その洞窟は具体的に何のために、またどのように造られたのだろうか。

　"太平洋戦争当時の日本軍"と言えば、先ずは神風特攻隊が思い

浮かぶだろう。その通りである。ところが、済州島には空を飛ぶ狂気(トライ)ばかりか、海を疾走するもうひとつの狂気(トライ)とでも呼ぶべき回天特攻隊があった。いわゆる"人間魚雷"である。慕瑟浦アルトゥル飛行場の戦闘機格納庫が空の狂気(トライ)の痕跡だとすれば、海岸の随所に開いた人工洞窟は、海の狂気(トライ)の痕跡ということになる。

　回天特攻隊はどのような方法でその狂気の沙汰を実践しようとしていたのか。随所に穿たれた海岸洞窟の中には、魚雷と爆弾を載せる小型ボートが隠されていた。洞窟内の爆弾ボートと共に隠れ潜み、米軍艦隊が現れると海に向かって疾走し、体当たりして自爆するという作戦である。壮絶である。それほどの精神力を持っていたのなら、むしろ軍国主義体制に対して一矢なりとも報いればよかったも

松岳山海岸洞窟陣地
済州道全域にかけて、およそ80余カ所700余個の人工洞窟が残っている。人間魚雷「回天」の洞窟。

海岸洞窟陣地内に隠されていた魚雷

のを。

　ともかく1945年初期には、日本軍はそのように海岸線を主たる防御線に設定し、米軍の上陸を阻止しようとした。実際には戦闘には至らず大きな惨禍はなかったが、海岸洞窟を掘るために強制動員された地元民の苦しみは言葉ではとうてい表せないものだった。

　"国民職業能力申告令"によって、動員される労務者は16歳から50歳までと規定されていた。しかしながら、そんな原則がまともに守られた試しはなかった。村ごとに人員が割り当てられると、70歳の老人までもが動員された。そのうえ、飢えと鞭が耐えがたいものだった。作業の道具も劣悪だった。ショベルとツルハシだけだったと言う。海岸洞窟をフィールドワークする際には、天皇主義者の狂気はもちろんのこと、強制的に労役に狩り出された済州の老人その他の人々のことも、是非とも思いだしてもらいたい。

　ここ松岳山には現在、15個の人工洞窟が残っている。"15洞窟"(イルオトングル)と呼ばれるのはそのためである。海辺に降りて行けば洞窟に入ることもできる。但し、洞窟陣地は松岳山だけに造成されたのではない。松岳山から沙溪里(サギェリ)、和順港(ファスンハン)、月羅峰(ウォルラボン)に至るまで、海岸線に沿って構築された。この海岸線を辿ると、あちこちで砲台、トーチカ、バンカーの痕跡に遭遇する。

　そのうえ、松岳山では洞窟は海辺だけではない。調査によれば、松岳山からソダルオルムへと続く周辺の小さなオルムにも、5個の

人工洞窟がある。現在ではそれらの洞窟は埋もれていたり、住民たちの倉庫や畜舎として活用されていて、入るのは難しい。しかし、興味深いのは、それらの洞窟の規模である。洞窟内に軍用車両が入って、Uターンできるくらい大きかったと言う。迷路のようになっていても、もちろんすべてがつながっていた。軍事物資の保管と空襲時の退避用のものだった。

　もちろん、そうした施設はここ済州島西南地域だけではなく、済州島全域に散在している。調査結果では、おおよそ80余カ所に700余個の人工洞窟が残っている。決して小さな数字ではない。太平洋戦争末期には済州島全体が玉砕のための軍事陣地になっていたことを雄弁に語ってくれる痕跡である。

カマオルム洞窟陣地

　釜が仰向けになった形状だから「カマ（釜）オルム」と呼ばれるという説がある。他方では、"カマ"を"神聖な"という意味の"コマ"、"コム"など昔の言葉だと解釈する人もいる。すなわち"神聖なオルム"だと言うのである。

　ここに日本軍洞窟陣地があるという事実は、永らく語り伝えられてきた。しかしながら、本格的な調査が行われたのはわりと最近のことである。済州島洞窟研究所では2000年に調査を終えて、2001年に調査研究報告書を発刊した。

　それによれば、総距離は1179.9mに達し、済州島内の洞窟陣地で最長である。四方八方へと伸びる迷路形の洞窟であり、一部は二重構造になっている。オルム自体は高くないのに、洞窟陣地は済州

島内で最大である。そのために済州島洞窟研究所は、この軍事洞窟を日本軍58軍司令部が駐屯していた最高統治区域と判断している。

　しかしながら、もう少し検証してみる必要がある。というのも、1945年8月に作成された「済州島兵力基礎配置要図」を誤読した疑いがあるからである。済州島洞窟研究所は軍司令部らしい表示がある場所をカマオルムと判断しているが、他の研究者たちは御乗生岳だと主張する。複郭陣地として表示されていること、また海岸線を放棄して中山間地域に抵抗線を移した8月に作成された地図であることなどを考えあわせると、軍司令部の表示は御乗生岳を指していると考えたほうがよさそうである。

　カマオルムの洞窟は、入口が10個所ある。どこから入っても、大部分がつながっている。しかしながら、一部の入口は閉鎖されており、また垂直に下っていく危険な入口もあって、専門家の案内なしで入って行くのは難しい。懐中電灯と安全帽そして洞窟の略図が必須である。一部区間では、洞窟を掘る際に天井からの落下物を受け止める支柱として使っていた枕木の痕跡も確認でき、またあるところでは、招かれざる客の闖入に驚いた蝙蝠たちに遭遇したりもする。

御乗生岳（オスンセンアク）

　標高1169mの頂上に上れば、済州島の北部地域が一望できる。雨上がり直後の快晴時には、済州島西端の遮帰島から東端の日出峰まで見える。そして正面には本土の南海岸に臨む多島海の島々が恐ろしいくらいに近く見える。それは格別な好天気に恵まれた場合の

話なのだが、ともかく、漢拏山の懐深くに聳え立っているからこその、絶好の展望なのである。

　御乗生岳はオルム王国の盟主と呼ばれるほどに、済州島のオルムの中でも最大で、威風堂々とした風貌を誇る。北裾からの比高が350mと言えば、その威容が推察できるだろう。しかし、登山路は南側の山腹あたりから伸びているので、登山の苦労を心配することもない。

　このオルム一帯は昔から名馬の産地として知られてきた。特に王様が乗る御乗馬がこのオルムの裾で生まれたから"御乗生岳"と名付けられたと言う。その他にも、オスセンイ、オシシン、オススン、或いはオスソム、オルシュオルムといった名前もかつては使われていた。石宙明は"オスソム"を蒙古式の地名と見なしたし、李殷相（イウンサン）は"オルシュ"を神聖・光明を意味する"オル"に由来すると言う。

　どの主張が正しいのか知る術はない。しかしともかく、御乗馬の出産地に由来するという話は、随分後になって生まれたようである。御乗馬の出産地という話以前から使われていた"オスソム"、"オルシュ"といった固有語の名称に、それと似た音の漢字語である御乗馬をあて、ついでにそれに関する因縁話も絡ませたのだろう。

　済州島北部地域が一望できるこのオルムを、日本軍が放っておくはずもない。このオルムが特に重要になるのは、済州島周辺の日本の海軍と空軍とが完全に壊滅してから、つまり1945年5月以後のことである。日本の海軍と空軍の壊滅によって、米軍の済州上陸は動かせない事実となった。海岸防御はほとんど不可能と判断せざるをえなくなった。

御勝生岳トーチカ
このトーチカから、済州島北部全体が一望できる。

　そこで1945年8月に日本軍は、主たる抵抗線を海岸線から中山間地帯に移した。山中に隠れ潜みながら長期間にわたって戦闘を継続する遊撃戦を計画したのである。その時点から、御乗世岳はその遊撃戦を総指揮する本部の役割を果たすことになった。その時に作成された「済州島基礎兵力配置要図」を見ると、軍司令部を表示していると思われる四角の旗が、御乗生岳の所に描かれている。また、その一帯は複郭で標記されている。
　その頂上部にトーチカが2基あり、オルムの中腹には人口洞窟が残っているが、それについては、いまだに正確な規模が把握できていない。陣地建設工事に動員された人の証言によれば、その洞窟は迷路型で大変な規模だと言う。しかしながら実態を完全に確認する術がない。数ヵ所で確認したところでは、入口が崩壊して塞がっている。ここは現在、国立公園内の立ち入り禁止区域なので、フィールドワーカーが実際に入っていくわけにもいかない。但し、頂上部

のトーチカ2基は確認できる。本来はこのトーチカとオルム中腹の迷路洞窟とがつながっていたと言う。しかし、今となってはその痕跡を探しだす術がない。

　トーチカ内に入ってみると、その堅固さと眺望のよさに驚く。アルトゥル飛行場の格納庫よりもさらに堅固そうである。30m離れた2つのトーチカの各々が、済州島東北地域と西北地域を監視している。内部はそれほど広くなく、5名から6名が立って入れる程度である。

　この御乗生岳陣地の建設作業に動員され、物資を背負って運んでいる最中に解放を迎えたという老人の話によると、当時ここで働いていた人の数は千名を越えていた。済州の人たちが多かったが、全南など済州以外の地域から連れてこられた人々も少なくなかったと言う。

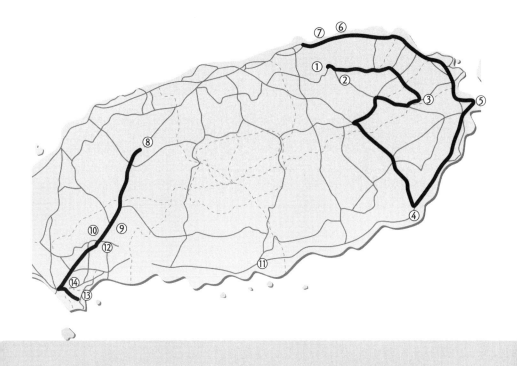

12 現代史の悲劇、済州4・3の現場を訪ねて

① 洛善洞城址
② モㇰシ水窟
③ タランスィオルㇺ
④ 表善白砂浜
⑤ 城山日出峰トジンモㇰ
⑥ 北村初等学校
⑦ 咸徳白砂浜
⑧ 失われた村、院洞
⑨ 失われた村、ムドゥンイワッ
⑩ 東広クンノㇽクェ
⑪ 正房瀑布 ソナㇺモリ
⑫ 東広虚墓
⑬ ソダㇽオルㇺ 虐殺址
⑭ 百祖一孫之墓

4・3解怨防邪塔_{ササムヘウォンバンサタプ}から百祖一孫之墓_{ペクチョイルソンジミョ}まで

4・3の狂風に襲われる済州島

　従来の4・3紀行は悲劇の現場に限られがちだった。島民の受難がそれほど大きかったからである。しかしながら、それだけでは事件の全貌を理解するには不十分である。
　そうした事情を考慮して紀行コースを3方向に分けてみた。移動距離を念頭に置く必要があったので、結果的には地域別コースになったが、何よりもテーマを中心にするべく努めた。
　最初の済州市域を巡る"第1コース"は、事件の始まりから終わりまでが理解できるように構成した。したがって、1回のフィールドワークで事件の展開を把握できる長所がある。しかしながら、済州市の中心街をひたすら歩くのは疲れる。また、見るべきところが多すぎて、1日で消化するには骨が折れる。時間と動線とを考慮して、何ヵ所かを端折るのも一法だろう。
　"第2コース"と"第3コース"は、済州島全域に散在する虐殺の現場の紀行であり、1948年秋から始まった掃討化作戦の個別の実相に触れることができる。したがって、済州人の悲しみを少しでも体感したければ、このコースを選択するほうがよいだろう。
　漢拏山域はやむをえず省いた。遊撃隊と討伐隊が攻防戦を繰り広げた広大な地域、或いは彼らが駐屯していた所なので、他のどの地

域に劣らず重要なのだが、国立公園内なので立ち入りが許されていなかったり、専門的な案内者が同伴しなくては探し出すのが難しいといった現実的な限界もあったので、残念ながら次の機会に譲ることにした。

| 第一コース | 解放の感激から大虐殺まで（済州市域を中心に）|

神山公園４・３解怨防邪塔
（シンサンコンウォン　ヘウォンバンサタプ）

　防邪塔とは文字通り、邪悪な気運をせき止めるための塔である。済州人たちは昔からそんな防邪塔を造ってきた。サル（邪気）や不浄が外部から侵入するのを食い止めるためだった。主に村の入り口や村内の地気（大地の精気）が虚ろな所に建てた。

　もちろん、本土にも同じような機能をはたす造形物がある。ソッデ（年の暮れに翌年の豊作を祈って穀物の種を袋に入れて釣りさげておく竿）やチャンスン（村の守り神として村の入り口に立てておく男女一対の木像）或いは城隍堂（ソンファンダン）（村の守護神を祀る祭壇）がそれである。但し、機能は似ているが、済州では石を利用するという点が異なる。石が多い火山島である済州の特徴なのである。材料が本土とは異なるので、形も異なる。石を山のように積みあげるしかなかった。それでも、たいていは人の背丈よりも高い。

　ところで、その石山の中には

神山公園解怨防邪塔
塔の頂に、鳥の形の石ではなく、和合を象徴する丸い石を置いている。

何が入っているのだろうか。鉄釜やシャモジを入れるのが一般的である。鉄釜には、どんな火にも耐えることができるという象徴的な意味が込められている。最も恐ろしい災厄である火災に対抗するという意味である。そして、シャモジには富を寄せ集めるという意味を託している。

石山の天辺には、神と人間をつなぐメッセンジャーとして、鳥の形をした石を載せる。その点は本土のソッデと同じである。もちろん、済州島内でも村ごとに少しづつ異なり、鳥ではなくトルハルバンが置かれる場合もある。

村ごとに名前も異なる。"コウクデ"と呼ぶところがあるかと思えば、"ヨンドゥン"、"セ"等とも呼ばれる。実は"防邪塔"などという名称は、昔はなかった。日本の学者がその機能を見て考え出した学名にすぎない。ところが、それが今では通用している。そうしてみると、済州島には本来、防邪塔などなかったということにもなる。

それはともかく、ここ神山公園にあるのは、紛れもない防邪塔である。防邪塔という名前がすっかり一般化した最近になって造られたからである。4・3事件50周年の1998年に造られた。50年を迎えて悔しさを晴らし、二度とあんなことが起こらないように願う気持ちを込めて、名前を"4・3解怨防邪塔"とした。

50周年を記念する造形物としての防邪塔の意味は大きい。二度とこの地に4・3のような邪悪な気運が及ばないように、という道民の念願が込められているからこそ重要なのである。済州の伝統文化を活用したという点も意味深い。外来の大理石や青銅ではなく、済州固有の玄武岩を活用した伝統造形物なので、おのずと好感がも

てる。そのうえ、どこかの業者が一方的につくった安上がりの商品ではないので、なおさら好感が持てる。済州道民の一人一人が一つずつ持ち寄った石を積んだ塔なので、ますます価値がありそうに見える。

4・3の意味を生かそうとして、従来の形は踏襲しなかった。天辺に載せる石は鳥の形ではなく、丸石を載せてある。丸石は和合のシンボルである。4・3の痛みをのり越えようという意味である。また石山の中には鉄釜ではなく、4・3の犠牲者の名簿など関連資料などを埋めた。

ここから4・3紀行を始める理由は他でもなく、あのような悲劇が二度と起こらないようにという祈りの気持ちを込めてのことである。しばし、敬虔な気持ちになって…

済州島人民委員会址(チェジュドインミンウィウォネト)

日帝が敗亡すると、新国家建設のための動きが全国的に活発になった。中央では呂運亨(ノウニョン)が主導する建国準備委員会が、総督府から治安維持の権限を委譲されるなど、迅速に活動を展開した。

済州島も状況は似ていた。1945年9月10日に済州農業学校講堂で"済州島建国準備委員会"が結成された。したがって、最初のフィールドワークはここ人民委員会址ではなく、建国準備委員会が結成された済州農業学校址の方がふさわしい。しかし心配は無用である。当時の農業学校は建国準備委員会の結成ばかりか、様々な事件が起こった現場なので、後で立ち寄ることにする。

建国準備委員会は結成しておよそ10日後の9月22日には人民

済州市内4・3遺跡地
① 神山公園防邪塔
② 済州島人民委員会址
③ 朝日倶楽部址
④ 済州北国民学校
⑤ 観徳亭
⑥ 3・10総罷業闘争委員会址
⑦ 済州農業高校址
⑧ 9連隊情報課址
⑨ 憲兵隊址
⑩ 西青事務室址
⑪ 甲子屋址
⑫ 済州薬房址
⑬ 中央理髪館址
⑭ 済州中学校　玄景昊校長碑石
⑮ 酒精工場址

委員会に転換された。要するに、建国準備委員会イコール人民委員会なのである。だから、その事務室があった現場を訪ねてみる。解放直後、新国家建設を準備していた済州島人民委員会は、1947年の3・1節における発砲事件まで、済州社会を主導するなど事実上の政府だった。

「済州島人民委員会はすべての面において、済州島における唯一の党であり唯一の政府だった」E. グラント・ミード
「済州島は1945年と1946年には、人民委員会によって完全に支配される様相を呈していた。…1946年になっても済州島人民委員会が島を支配していたことを示唆する諸種の報告があった」

ブルース カミングス

「米軍政は自治行政機構である人民委員会の活動を凌駕できず、だからと言ってそれを排除するにも力不足だった。…済州島人民委員会は事実上、済州島全域を支配する自治機構として島民の支持を受け、数的にも相当な優位にあった」金琼培、『道佰列伝』

米軍政下で済州島人民委員会がそうした評価を受けることができたのは、いったいどのような理由からだろうか。核心的な幹部たちの面貌をみれば、その理由が推察できる。括弧内は抗日の経歴である。

委員長：呉大進（ヤチェイカ事件で4年の懲役）
副委員長：崔南植（日帝時代には教師）
総務部長：金正魯（朝鮮共産党事件で2年の懲役）
治安部長：金漢貞（ヤチェイカ事件で5年の懲役）
産業部長：金容海（新幹会大阪支部で活動）
執行委員：玄好景（日本共産党の活動で3年の懲役）、金弼遠（3・1運動で懲役8ヵ月）、文道培（ヤチェイカ事件で3年の懲役）、趙夢九（日本の全協の活動で4年の懲役）など。

執行部はこうした人びとで構成されていた。島民の尊敬を受けていた抗日運動家たちが組織を率いていたからこそ、力があったのである。もちろん、済州島特有の共同体的性格がこの組織の堅固な支えになっていた。

人民委員会が外延をさらに広げて組織を改編したのが1947年2

月23日だった。全国の状況に合わせて、名前も社会運動圏の総結集体である"民主主義民族戦線"に変えた。しかし、その直後の3・1節で発砲事件が起こり、米軍政の弾圧が本格化し、民主主義民族戦線は次第に力を失っていった。

朝日倶楽部址(チョイルクラブト)

　現代史の関連資料を読んでいると、しばしば"倶楽部"という言葉が出てくる。それは何だろうか。英語のクラブのことなのである。政治サークルなど同好の士が集まるためにつくられた場所である。済州島にもそれがあった。

　朝日倶楽部は当時"済州島民主主義民族戦線"の結成式が挙行された場所である。1947年2月23日のことだから、中央より1年遅れである。ソウルでは1946年2月15日に組織されていた。いったい何故、そのようなずれが生じたのだろうか。

　中央では、右翼勢力の団結に対抗するために結成された。1946年2月14日に米軍政の諮問機関である"民主議院"が李承晩を議長として結成されると、左派陣営でもそれに対抗するために左派総体の連帯組織をつくったのである。

　ところが済州島の場合、その時点までは右翼組織には見るべきものがなく、また左派は単一の隊伍だったので、あえて連帯組織をつくる理由などなかった。だから、中央より1年も遅れた。もちろん、以前の人民委員会の頃よりも外延は広がっていた。議長団の構成を見るだけで、それが分かる。

　1947年2月23日の結成大会には島内の邑・面の代議員と各社会

団体代表315名、そして招待客約200名が参席した。議長団には済州島南労党委員長の安世勲と観音寺住職の李日成、そして済州中学校校長の玄景昊が推戴された。

朝日倶楽部址

　特異な点は、朴景勲島知事が祝辞を述べた点である。また姜仁守監察庁長とペトリーチ大尉も参席して演説している。済州左派の大衆性と影響力が推察できる。

　しかし、民主主義民族戦線は結成されるや否や、試練を迎える。すぐさま3・1節発砲事件が起こったせいである。3・1節での発砲に対する抗議の過程で、3・1節記念集会を主導していた民主主義民族戦線の幹部が大挙して検挙されたのである。

　その結果、議長団も一部交替した。その年の7月に新しく議長に選出されたのは、意外なことに朴景勲(パクギョンフン)だった。3・1節発砲事件に抗議して辞職した前知事である。米軍政下の道知事が、左派の連合体の総帥に変身したのである。

　彼は4・3以後の4・28平和協商の際にも、その成就のために水面下で懸命の努力を傾けた。それほどに済州島民を愛し、事態を正確に読んでいた。日帝時代に済州随一の富豪だった朴宗実(パクジョンシル)の長男である彼が、そうした現状に安住することなく、自らの責任を果たそうと努めたのを見ると、なんとも立派である。"ノブレスオブリージュ"という言葉などゴミ箱に封じ込められた感がある今日の現実を見れば、ますます偉大に見えてくる。

12　現代史の悲劇、済州4・3の現場を訪ねて　│ 321

姜堯培作「解放」

　ここ朝日倶楽部で創立大会を行ったのは、民主主義民族戦線だけではない。その組織の事実上の傘下団体である"朝鮮民主青年同盟"もまた、ここで創立大会を開催した。さらには、なんとも皮肉なことに、4・3当時に最高の悪名を轟かせていた西北青年会済州島支部が発足式を開いたのも、ここ朝日倶楽部でのことだった。

済州北国民学校
<small>チェジュブクンミンハッキョ</small>

　耽羅が開国して以来で最大の人波が集まって、28周年3・1節記念式を挙行した場所である。その行事は事実上、民主主義民族戦線が準備した。準備委員長が安世勲、副委員長が玄景昊(ヒョンギョンホ)だったことを見るだけで分かる。

　北国民学校での記念式には済州邑と涯月面、朝天面の住民達が参

席し、その数は3万名だった。3万というのは、今から考えてみても大変な集会である。それほどに状況が切迫していたということなのだろう。

　解放されて2年が過ぎたが、生活は何一つよくならなかった。むしろ、悪化していた。日帝時代の親日警察が復活してのさばり、日本との交易禁止によって経済状況は最悪に落ち込み、伝染病が蔓延し、米軍政の腰の定まらない米穀収集政策も相まって極度のインフレが進行するばかりで、不正腐敗が蔓延した。何らかの突破口が必要だった。

　しかも、中央の情勢はもっとひどかった。下手をすると南北それぞれで政府が樹立されそうな形勢だった。つまり、同族相殺の戦争を呼びこんだあげくに永久に分断されそうな状況だったのである。

　解決策はただ一つ、モスクワ3相会談の決定通りに、早急に米ソ共同委員会を再開し、朝鮮人による臨時政府を樹立し、数年内に外国勢力の干渉を受けない自主国家を建設しなくてならなかった。そ

1947年3・1節記念集会が開かれた済州北国民学校、参加者が3万名に及ぶ大規模集会だった。

うしてこそ、空腹の解決もできるし、腐敗した日帝警察がのさばる姿を目のあたりにしなくてもすむはずだった。記念式では、そうした要求が提唱された。委員長の安世勲の演説も"3・1革命精神を継承し、外勢を追いだし、祖国の自主統一民主国家を樹立しよう"という内容だった。記念式が終わると、群衆は街頭に出て、観徳亭の前を通って解散した。ところが、その直後に事件が起こった。

観徳亭広場
<small>クァンドクチョンクァンジャン</small>

　4・3の導火線となる1947年の3・1節発砲事件が起こった現場である。当時、警察は過度に怯えていたようである。それに、酷い偏見や差別意識も持っていたらしい。言葉も風習も異なる済州島へやって来た本土の警察は、"済州道民の90％が赤"という教育を事前に受けていた。そのうえ、1年前に大邱を中心にして起こった10月暴動で、民衆の威勢を眼前で目撃したこともあった。そんな人々がいきなり、しかもはるか遠くの済州島にまでやってきたのだから、必要以上の緊張を強いられるのも無理はない。

　しかし、いくらそうだったとしても、その日の発砲は明らかに過剰対応だった。示威隊は解散して残っていたのは見物人だけだったのに、無差別銃撃を加えた。死亡者の中には乳飲み子を

観徳亭前広場、遊撃隊司令官の李徳九の遺骸が展示されていたところとして有名である。

姜堯培作「発砲」

学生時代の李徳九、4・28平和会談の主役金益烈中領、観徳亭広場に展示されていた遊撃隊司令官李徳九の遺骸

背負った母親や国民学校の生徒がいたことを見ても、それがよく分る。6名の死亡者と8名の負傷者の大部分が背中に銃を受けていたことも、当時の状況をよく説明している。

　騎馬警官が馬の下で倒れていた幼児の世話を十分にしておれば、問題など起こらなかっただろう。七星通りの入口から観徳亭前の済州警察署へ向かっていた騎馬警官は、自分の馬の足にひっかけられて倒れた幼児をそのままに放置して、去っていった。それを見た群衆たちは憤り、罵倒し、石を投げた。すると直ちに、銃声が起こった。

　銃撃は観徳亭前と警察署の望楼から同時に行われたものと推察される。現在のロベロホテルと国民金庫前、そしてその間の路地にいた人々が銃撃を受けた。現在のロベロホテルの所に当時は済州自動車部と警察署官舎があったし、国民金庫も当時は殖産銀行だった。

　現在では観徳亭広場の周辺は装いを新たにしている。朝鮮時代に済州牧官衙があった場所だからと、朝鮮時代の建物が復元された。しかし、どうして朝鮮時代の建物を復元したのだろうか。全国のと

の遺跡地でも最もよく見られる建築形態なのに。済州の特性に合わせて4・3時の現場を復元してはいけないのだろうか。そうしてこそ、済州の特性がもっと活かされるだろうに。

　ともかく、発砲した警察が位置していた望楼は、復元された布政門(ポジョンムン)の西側の石垣の内側にあたる。米軍政庁と道庁は布政門に沿って少し入ったところ、済州警察署はその東側の石垣、そして法院と検察は観徳亭のすぐ北側にあった。

　観徳亭広場は、1949年6月7日に戦死した遊撃隊司令官の李徳九(イドック)の死体が展示されていた場所としても有名である。望楼前、つまり復元された旗竿支柱(キガンジジュ)のあたりで、十字架状に組まれた木に縛られてぶら下がっていた。古い軍服の胸のポケットにはスプーンが差し込まれ、口の周りに血の跡を残したままだった。

　翻れば、観徳亭広場は1901年の李在守の乱の際に、李在守の民軍が済州城に入城し、怨恨の的であった天主教徒たちを処刑した場所でもある。観徳亭広場は何かにつけ済州の歴史の中心地だった。

3・10総罷業（ゼネスト）闘争委員会本部址

　3・1節発砲事件は抵抗を呼び起こした。警察が自らの過誤を認めて、まともな措置を取ってさえおれば、抵抗もそれほど大きくならなかっただろう。しかし、警察は正当防衛だったと最後まで強硬姿勢を崩さなかった。

　学生たちの同盟休校に始まる抵抗運動は、3月10日になると総罷業に発展した。済州行政の最高機関である道庁までもが罷業に突入した。翌日には北郡庁と済州邑事務所なども参加した。時間が経

つにつれて罷業の隊列は拡大していった。民間の店舗はさておいても、116の機関・団体の４万1211名が参加するほどだった。警察の一部も加勢した。世界の歴史のどこであろうと、あまり見られないような総罷業だった。

やがてその総罷業を効率的に導くために、共同闘争委員会が必要になった。まずは済州邑共同闘争委員会が３月11日に組織された。委員長は高禮亀(コイェグ)、副委員長は李昌洙(イチャンス)と張基寛(チャンギグァン)が担当した。

それが、やがては済州道総罷業闘争委員会に発展することになるのだが、その本部は農産物検査所２階に置かれた。昔のアリラン百貨店のすぐ前にあたる。そこを闘争委員会本部として使うようになったのは、農産物検査所長だった李昌洙が闘争委員会副委員長でもあったからである。彼の事務室が闘争委員会本部として臨時に使用されたのである。

しかしながら、３月14日に警察の総帥である趙炳玉が済州を訪問して強硬方針を鮮明にすると、この事務室はたちまちのうちに、めちゃくちゃにされてしまった。３・１節記念式で司会をしていた金融組合理事の高菖武(コチャンム)も連行され、道庁総務局長の金斗鉉(キュドゥヒョン)の弟で、民主主義民族戦線の財政部長だった金斗壎(キュドゥフン)も捕まった。

その他にも多くの人々が連行され、４・３が起こるまでにおよそ2,500名が検挙されるに至った。済州で何かの役に立ちそうな青年はすべて捕まってしまったことになる。

「座して死ぬくらいなら、立ち上がって闘おう」。1948年４月３日に蜂起が始まった。しかしながら、当時は、その蜂起があれほどに凄惨な殺戮を招来するなどとは誰ひとりとして予想していなかった。もちろん、南労党内でも趙夢九(チョモング)などの老壮派たちは、蜂起の無

謀さを指摘して反対の立場を取った。しかし、強力な闘争を主張する金達三など少壮派が主導権を握り、武装抗争が強行された。

その後も、和平のチャンスがなかったわけではない。蜂起が起こって1ヵ月も経たない4月28日には、9連隊長の金益烈中領と遊撃隊司令官の金達三が平和協商に合意して、その段階で悲劇も終わるかに思われた。

しかしながら、それを望まない人々がいた。自分たちの罪科が露呈することを懸念した親日警察と、38度線以南を完全に手中に収めようとしていた米軍政とが、妨害したのである。どんな目的なのか定かではないのだが、平和会談の翌日の1948年4月29日には、米軍政の最高責任者であるディーン軍政長官が極秘裡に済州を訪問した。そしてその2日後の5月1日には、なんとも理解し難い事件が起こった。いわゆる"吾羅里放火事件"である。

淵味村(ヨンミマウル)

「吾羅里放火事件はただの事件ではない。済州虐殺に点火する歴史的契機となった大事件なのである」（当時の9連隊情報参謀だった李允洛(イユンラク)の証言）

淵味村がその歴史的な吾羅里放火事件の現場である。吾羅里放火事件は1948年5月1日昼12時ごろ、西北青年会など極右青年団員30余名が吾羅里淵味村の12棟の家に火をつけて始まった。最初に燃えたのは淵味村の西集落の許ドゥギョンの家だった。遊撃隊に加担したという理由でその家が選ばれたのである。極右青年たちはその後、その集落を一周しながら、同じような事情がある家々を

燃える吾羅里
映画「MAY DAY on CHEJU-do」の一場面

選んで次々に火をつけた。

村のすぐ前方のミンオルムにいた遊撃隊員20余名が、その光景を見て急いで駆け付けて、火をつけた青年たちを追撃したが、既に姿を消してしまっていた。午後2時頃になると、極右青年たちの通報を受けた警察が銃を乱射しながら村に入ってきた。ところが、今度は遊撃隊員たちが姿を消した後だった。そのとばっちりで、無辜の村民たちが警察の横暴に苦しめられる。遊撃隊によって警察官の家族が殺害されたことが分かると、警察の憂さ晴らしはますます凶暴になった。一人の村民が銃殺され、数名がひどい怪我をした。

警察のうさ晴らしがたけなわの4時30分頃、今度は9連隊のジープと小型トラックが到着した。それを見た警察は大慌てで村から逃げ出した。以上が、吾羅里放火事件の大筋である。

ところで、どうして家に火をつけたのだろうか。最近の研究によれば、最初に火をつけたのが誰だったかが明らかになっているが、当時は双方がその嫌疑をなすり付け合った。警察は遊撃隊の仕業と主張し、遊撃隊は警察と極右青年団の仕業だと非難した。米軍は村が燃える場面を最初からフィルムにおさめており、しかも、いわゆる"暴徒の所業"と見えるように操作まで加えていた。飛行機上からと地上からといったように二つの位置から同時に撮影していた。

飛行機上からと地上からとで同時に、同じ場面が撮影されていた

こと、そしてそれが遊撃隊による蛮行と見えるように操作されていること、それが何とも異様である。2日前の軍政長官ディーンの済州訪問と無関係ではなさそうに見える。米軍の脚本に基づいて事前に緻密な準備がなされた事件だったようなのである。

　どうしてそんな脚本が必要だったのか。どうして放火を相手側の仕業と偽装したのか。その点が重要である。誰が平和協商の邪魔をしているかが明らかになるからである。4時30分頃になってようやく現場に到着した9連隊長金益烈（キュインニョル）は、極右青年団と警察の所業であることを知ってひどく腹を立てた。

　しかしながら、事態の解決はますます困難になっていく。5月3日には平和協定の約束にしたがって山から下りてきた民間人たちに、警察が銃を浴びせる事件まで発生した。もちろん、その時も警察は自分たちの仕業ではないと言い張った。

　平和を願う人ならば、そうした一連の事件にはとうてい納得がいかないだろう。ところが、その反対側の立場からは、いかに姑息なやり方であれ、4・28平和協定を破綻させねばならなかったのだろう。

　和平は瓦解した。吾羅里放火事件後に招集された最高首脳会議で、金益烈は趙炳玉と肉弾戦を繰り広げることも厭わず、平和的解決のために努力したが、何もかもが水泡に帰した。それどころか、彼は首脳会議の翌日の5月6日に電撃的に解任されてしまった。

　後任は日本軍将校出身の朴珍景だった。ディーン将軍の寵愛を受けていた朴珍景は、米軍政の期待通りに強行討伐作戦で一貫した。部下たちでさえも彼の討伐政策に反発するほどだった。5月20日、9連隊の将兵41名が銃器を奪取して部隊を脱走し、遊撃隊に合流

したのも朴珍景の無慈悲な討伐政策のせいだった。

忠魂墓地　朴珍景　追悼碑
　　チュンホンミョジ　　パクチンギョン　チュドビ

　「我が国の独立に反対する済州島暴動事件を鎮圧するためなら、道民30万を犠牲にしてもかまわない」（朴珍景中領の9連隊長就任辞から）

　朴珍景が済州で軍司令官の職にあった期間は、たかが1月10日間にすぎなかった。彼が平和論者だった金益烈の後任として赴任したのが1948年5月6日で、部下たちの銃弾を受けて息を引き取ったのが同じ年の6月18日である。それにもかかわらず、4・3を語る際に彼の名前は欠かせない。彼の行為は4・3にそれほど大きな痕跡を残した。

　但し、それはあまり肯定的なものではない。討伐を始めて1月間で捕虜をなんと6千名も捕まえたというのがその核心である。優れた業績だろうか。そんなことはない。無差別検挙だったからこそ可能な数字だった。捕虜の大部分は、実は遊撃隊員ではなく良民だった。9連隊の将兵たちの脱営と入山も、彼の無慈悲な討伐のせいで生じたことである。

　それでも、米軍政は彼を高く買った。6月1日付けで大領に昇格させるほどだった。当時の軍の人事状況からすると、超高速の昇進だった。ところが、その昇進がむしろ彼の死を早めた。昇格祝賀パーティを終えて宿舎である11連隊本部に戻り、深い眠りをむさぼっていた最中に、部下たちによって暗殺されたのである。

　自業自得なのかもしれない。平和的解決方法を捨てて強硬討伐を

択んだ代価かもしれない。上司の殺害を主導した文相吉(ムンサンギル)中尉は法廷での最終陳述で、彼を"民族反逆者"と規定している。その陳述に耳を傾けてみよう。

この法廷は米軍政の法廷であり、米軍政長官ディーン将軍の寵愛を受けた朴珍景大領の殺害犯を裁こうとする人々によって構成された法廷である。我々は軍人なので、

朴珍景の追悼碑
彼は討伐1ヵ月間で捕虜を約6千人も掴まえた。

直属の上官を殺害しておきながら、おめおめと生きながらえようなどと思ってはいない。死を覚悟して行動した結果なのである。裁判長をはじめとする全法官も我が民族の一員だから、我々が民族反逆者を処刑したことに対して共感しているものと承知している。我々3名に銃殺刑の宣告を下すに際して、民族的な良心からさぞかし苦悶していることだろう。しかし、その必要はない。この法廷の性格上、当然のこととして銃殺刑が宣告されるだろうし、我々はその宣告に心から服従し、法廷に対していささかたりとも恨みを抱いたりはしない。安心してもらいたい。朴珍景連隊長が先にあの世に行き、数日後には我々が行く。そして裁判長以下の人々のすべて、さらには金連隊長もまた、いつか歳をとればあの世に行くことになるだろう。そうなれば、我々と朴珍景連隊長、そしてこの場に参席したすべての者が、あの世の神の面前で対面することになるだろう。この世の人間の法廷は公平ではありえな

くても、神の法廷は絶対的に公平である。したがって、裁判長には将来、神の法廷で再び裁判をしていただくようにお願いしておきたい。

　そして刑場で文相吉は、「我々の霊魂を受け入れ、我々が流した血と精神を、祖国大韓民国の独立のための元肥にしてくださいますように」と祈りを捧げた後に、大韓民国万歳を三唱した。そして"洋々とした前途を"という軍歌を唄いながら、刑を受けた。
　こうしてみると、文相吉の行為は義挙のようにも思われてくる。ところが、歴史は支配者の歴史である。いまだに公式記録では、朴珍景は愛国者、文相吉は反逆者と記している。支配者が保持する記憶の主導権、それを永久化するための象徴造形物の場合も同じことである。
　現在、この忠魂墓地入口にある"故　陸軍大領　密陽朴公珍景追悼碑"がそのことをよく示している。碑文中の「済州共匪の掃討のために昼夜を忘れ、守道為民の衷情をもって先頭に立って指揮をとっているうちに、不幸にも壮烈に散華された」という文言が眼を惹く。
　はたしてそうだったのだろうか。1952年に"済州道民及び軍警援護会"の名義で建てられた碑だから、そのように書くしかなかったのだろう。しかしながら、現在の見方からすれば、明らかにそうではない。
　今日も記憶を巡る戦いが続いている。1990年4月には、朴珍景の故郷である慶南の南海郡二東面茂林里(イドンミョンムリムリ)に彼の銅像が建てられた。"将軍、英雄"であり、"済州道で共匪掃討の戦果を挙げた"ため

だと言う。

　記憶を巡る戦いをきちんと把握したければ、銅像建立の主体が誰かを見ればいい。将軍同友会なのである。将軍同友会が亡くなった朴珍景を動員して、自分たちの立場を強化している。朴珍景を追慕するというのは形式である。彼らが犯した良民虐殺の罪を隠蔽することこそがその内容である。そのために朴珍景追慕という形式が動員されている。

　最近、この銅像を撤去しようという動きがあった。驚いたことに、南海郡の住民たちがそれを提起した。そして済州にも連帯を要請してきた。そこで、それに呼応して済州の一部の人々は、彼の碑石を撤去すべきだと主張した。しかしながら、いまだに済州の碑石も慶南の銅像も健在である。これが4・3の現況なのである。

朴珍景の銅像（慶南南海）
朴珍景の追悼というのは形式である。そしてその内容は、彼らが犯した人民虐殺の罪を隠べいすることである。

済州農業学校址
<small>チェジュノンオプ ハッキョト</small>

　強硬討伐作戦を繰り広げた朴珍景大領が亡くなっても、掃討化作戦を要求していた米軍政の立場は変わらなかった。そもそも、その路線は朴珍景以前の金益烈の時代から既に、米軍政が注文していた政策だったからである。

　南北それぞれに政権が樹立された8月、そして9月が過ぎると、

掃討化作戦が本格化した。1948年10月17日に9連隊長の宋堯讚(ソンヨチャン)が発表した「海岸線から5km以上の内陸地域に立ち入る者は無条件に射殺する」という布告文が、大虐殺の始発点だった。その時以来、中山間地域の家屋などの大部分が燃やされ、住民達は海岸村に疎開しなくてはならなくなった。その過程で無差別虐殺が、至る所で、しかも恣になされた。

掃討化作戦が悲劇をもたらしたのは中山間地域だけではなかった。済州邑内でも無差別連行と即決処分が相次いだ。その際に連行された人々は、先ずはこの農業学校の運動場に臨時で設営されたテントに閉じ込められた。当時、農業学校は9連隊本部として使用されており、北側の運動場は練兵場、東側の運動場は捕虜収容所になっていた。

"済州邑内で留置されている間に、農業学校内のテント収容所に行かずに済んだ人は指折り数える程"と言われるほど、検挙は無差別的なものだった。崔元淳(チェウォンスン)済州地方法院長、金邦順(キムバンスン)検察官代理、宋斗鉉(ソンドゥヒョン)法院書記長などの法曹人、前職の済州中学校校長であった玄景昊(ヒョンギョンホ)と現職の校長である李琯石(イグァンソク)などの教育界の人士、朴景勲(パクギョンフン)済州新報社長、申斗珤(シンドゥバン)済州新報専務、金昊辰(キムホジン)済州新報編集局長、李尚熹(イサンヒ)ソウル新聞済州支社長など言論界の人士が、その代表的な人物である。特に管財所や食糧営団、また道庁の補給関連の職員たちが先頭を切って捕まった。平素、西北青年会が不当に物品を要求した際に、それを拒絶していたことが禍根となった。

日帝植民地期に農業学校は済州で最高の教育機関だったので、済州の有力者にはその出身者が多かった。捕まって行った彼らは自分たちが勉強していた場所で"あきれ返るような同窓会"を開いたわ

けである。しかしながら、そこで互いに知っている素振りをすることは稀だった。他人のせいでひどい目にあうかもしれないという疑心暗鬼からである。彼らの大部分は、何故に捕まってそこに連れてこられたのかも分からない状態だったので、言動を慎まないわけにはいかなかった。

4・3当時の農業学校のテント
今も済州の老人たちの中には「農業学校のテント」という言葉を聞くだけで、すくみあがる人がいる。

そうしているうちに、"だれそれは大釈放"という声が聞こえてくると、その当人が出て行くのだが、"大釈放"とは実は即座の処刑を意味した。上記の人物の中でも金邦鉉、宋斗鉉、玄景昊、李珀石、金昊辰、李尚熹が"大釈放"になった。彼らは済州沿海で水葬されたり、沙羅峰洞窟やパクソンネで虐殺された。現職検事でさえも即決処分される時代だった。いわゆる1948年11,12月の有力者虐殺事件のことである。今も済州の元老たちの中には"農業学校のテント"という言葉を聞くだけですくみあがる方がいらっしゃる。

農業学校は有力者虐殺以前から4・3と因縁が深かった。その年の6月18日、朴珍景が暗殺されたのも、ここ11連隊（後には再び9連隊）本部でのことだった。そしてそれよりはるか以前の1945年9月10日、解放を迎えて済州島建国準備委員会が結成されたのもここ農業学校の講堂だった。しかし、このように4・3の中心的な現場であるにも関わらず、今やそこにはいかなる痕跡も見いだせない。

パクソンネ

　本来、この小川の名前は"ソヨンネ"だった。それが"パクソンネ"に変わったのは、旧韓末に流配で済州にやってきた開化派の朴泳孝（パクヨンヒョ）が、このあたりで数年間暮らしていたという因縁があってのことである。
　その"パクソンネ"が4・3時には、虐殺場所として利用された。主に農業学校に収監された人々がここで極秘裡に殺された。今では周辺に学校ができるなど、人の往来が頻繁になったが、1980年代初まではずいぶんさびれた僻地だった。
　農業学校に収監された有力者たちのうち、ここで虐殺されたことが確認されているのは玄景昊（ヒョンギョンホ）（済州中学校初代校長、民主主義民族戦線議長を歴任）、金元中（キムウォンジュン）（済州北校校長歴任）、裵斗鳳（ペトゥボン）（抗日運動家）、李尚熹（イサンヒ）（ソウル新聞済州支局長、甲子屋社長）、玄斗璜（ヒョントゥファン）（済州中学校教師、玄景昊の息子）などである。
　その人たちは虐殺後には燃やされたために、家族が確認するのも大変な苦労だった。とんでもなくひどい顛末もあった。李尚熹夫人は夢の中で"持ち帰った死体はわたしではない"という夫の言葉を聞いて、改めて死体を拾い集めに向かった。そしてついには、燃え残った下着のかけらのおかげで夫だと確認して、無事に拾い集めたと言う。
　ところで、何故に死体に火をつけたのだろうか。ちょうど、9連隊が2連隊との交替を6日後に控えた1948年12月23日のことだった。しかし、これについては別の事件の経過を見た後に、改めて考えることにしよう。

有力者虐殺事件の2日前の12月21日にも、ここで虐殺があった。朝天面管内のいわゆる"自首事件"関連者たちがその時に亡くなった。自首事件というのは、「ほんの些細な事でも遊撃隊に協力したことがある者は自首しろ。自首すれば自由になる。他方、自首しないで、後で発覚でもしたら処刑を免れない。しかも、既にリストは確保済みだ」と討伐隊に説得されて自首した人たちを拘禁した事件だった。

　朝天面一帯で自首した人たちは、いったんは咸徳国民学校に収監された。ところがそこに収監された自首者たちの中には、遊撃隊に積極的に協力した者もいただろうが、強要されて致し方なく協力した者が大部分だった。そればかりか、自首した者には良民証を与えると言われて、遊撃隊とは全く無関係なのに自首した人もいた。

　収監されて半月後の12月21日、討伐に向かうのでトラックに乗れと言われて、大部分の人々は指示に従った。一度でも討伐に行って来れば潔白が証明されるはずなので、すぐに家に帰れるという希望を持って、急いでトラックに乗ったのである。

　トラックはまず農業学校に向かった。しかし、農業学校で待ちうけていたのは、討伐作戦に必要な武器などではなく、鉄鎖だった。鉄鎖に繋がれた彼らは、直ちに"パクソンネ"に移送されて射

パクソンネ
軍人たちの実績競争のために、数多くの罪なき人々が残酷にも死んでいった。1948年11月12日に起こった有力者虐殺事件の現場である。

殺された。その人たちもやはり、射殺後には燃やされた。もちろん、秘密裡の虐殺だった。

　パクソンネでの数々の虐殺には共通点がある。秘密裡になされた点、射殺後に死体をすべて燃やした点、そして1948年12月末だった点である。その時点での米軍政の報告書は「高レベルの作戦を展開したい欲望と、業績で2連隊に負けたくないという欲望」というように、実に意味深長な記録を残している。9連隊はその直後の12月29日には2連隊との交替が予定されていた。

　死体を燃やしたのは証拠隠滅のためである。秘密裡に処刑したのは、それが正当ではなかったことを示唆する。交代を控えた9連隊は実績をあげようと懸命だった。そのせいで罪のない人々が次々に死んでいった。パクソンネは軍人たちが実績をあげるために人命を利用した"信じがたい"歴史の現場なのである。

西北青年会事務室址
（ソブクチョンニョンフェサムシルト）

　"西青"すなわち西北青年会は、済州の人々にはいまだに悪夢のような言葉である。西青が済州に入ってきたことが、1947年3・1節発砲事件の原因として挙げられるほどなのである。

　西北青年会の"西青"とは黄海道、平安道、咸境道を指す。金日成政権が土地・財産の無償没収、無償分配の土地改革の実施に加えて、親日派処断などの強力な措置を進めたので、南へ避難してきた人々である。

　それだけに、共産主義への敵対心が強かった。"済州では住民の90％以上が赤"という悪宣伝に染まった彼らには、済州道は鬱憤晴

らしに最適の場所であった。

　米軍政と李承晩政府はそんな彼らを十二分に活用した。ただの私設団体に過ぎないのに警察権まで与えるほどだった。し

西青事務所（2階）

かし、俸給はなかった。現地で自分で勝手に調達しろというわけだった。そこで彼らは、李承晩の写真や太極旗を押し売りしたり、各種の利権に暴力的に介入することで、自らの生計の問題を解決した。

　その過程で、憎まれた人々は散々な目にあった。彼らが指さしさえすれば、誰であれ"赤"とされる時節だった。

　西青の事務室だった場所は今でも、原状が比較的によく残っている。華麗な商業用看板が周囲を覆っているが、よくよく見れば日本式建築であることが分かる。日帝時にはブリキ食器を売っていた日本人商店だった。日本人の所有物だったので、解放後には敵産家屋に関する規定に則って、財産管理所が管理していた。1階はその商店の韓国人店員だった人物に払い下げられた。2階は空いていたのを、西青が接収した。

　ところが、西青はやがて1階までも奪い取った。それも、実に乱暴な方法を動員してのことだった。1階で祭祀を行っていると、2階の床に穴をあけて、そこから一階の祭祀の祭壇に小便をかけるなどのひどい嫌がらせをして、それに抗議した主人は血まみれになるほどの暴行を受けた。このようにして力づくで一階までも奪い取ったのである。

西青の横暴の対象は、無力な人々に限られてはいなかった。北済州郡守だった金栄珍（キムヨンジン）は西青団長に殴打されて、足の骨を折るほどだった。特に物資補給担当の官吏たちが、西青の主たるターゲットになった。道庁総務局長の金斗鉉も彼らによって殺された。道庁総務局長と言えば、道知事に続く道行政のナンバーツーである。それなのに一介の私設団体に連行され、殴打されたあげくに息を引き取った。西青は救護対象者でもないのに、ごり押しで救護物品支給を総務局長に要求した。しかし、総務局長の金斗鉉は正当な救護対象者に与える物資さえも不足しているからと、拒否した。彼の死はそれに対する報復だった。済州道全体で掃討化作戦が行われていた1948年11月9日のことである。そういうご時世だった。

済州新報址（チェジュシンボト）

　他の分野もそうなのだが、とりわけ言論は政治の風向きの影響を多く受ける。解放直後には全国的に実に多くの言論が正直な声を上げた。しかしながら、間もなく切迫した分断の危機に見舞われ、ついに朝鮮戦争が始まると、大部分の言論がオウムになるほかなかった。

　済州の場合も状況が似ている。解放後の殆と唯一のメディアであった済州新報も初期には相当に進歩的だった。残されている新聞資料を見ると、1947年までは民主主義民族戦線議長の新年の挨拶が掲載されるほどだった。それが徹底した御用新聞に転落したのは4・3以後のことである。

　そんな言論だっただけに、済州新報が4・3を避けるはずもなか

った。何よりも、済州新報で遊撃隊側のビラが印刷されるという事件が起こって、衝撃を与えた。それも他でもなく、1948年10月の大討伐の真っ最中にそんなことが起こった。

もちろん、新聞社の総意で遊撃隊のビラを印刷したわけではない。当時、編集局長兼主筆だった金昊辰(キムホジン)の単独行動とされている。彼の友人が偶然にその場面を目撃して、思いと

済州新報編集局長・金昊辰(キムホジン)
彼は遊撃隊のビラを済州新報社内で印刷した。

どまらせようとしたが、"山部隊からの頼みなんだ"と、大胆にも印刷を続けたのだと言う。西青事務室からわずか30mしか離れていない所でのことである。その後、金昊辰はその印刷の件が発覚しそうになったので自らも山に入ろうとしたが、観音寺近くで捕まり農業学校に収監された。そして10月末に処刑されたと言われている。

当時の社長だった朴景勲もその事件のせいで、威嚇された。そうでなくても、民主主義民族戦線議長だった経歴のせいで査察当局に注目されていたところへ、この事件で完全に罠にかかった。しかし、済州道最高の富豪だった父親の朴宗実が、米軍を買収して逃がしたと伝えられている。

その事件以後、済州新報はまるごと西青に接収されてしまった。もちろん、無償の強制接収だった。そして西青団長の金在能(キムジェヌン)が発行人兼編集人となった済州新報が、その後約1年間にわたって発行されることになる。

甲子屋址、済州薬房址、中央理髪館址
<small>カプチャオクト　チェジュヤクパント　チュンアンイバルグァント</small>

　この三つの場所は主に民主主義民族戦線の幹部たちが集まっていた所である。情報機関と行政機関が密集する市内の中心地で、そんな集まりを開いていたことが不思議である。当時は済州市自体がそれほど広くなかったということもあるのだが、それよりも彼らの活動がどれほど道民の積極的な支持を受けていたかを物語っている。
　甲子屋は帽子など雑貨用品を扱う商店である。有力者虐殺事件で犠牲になったソウル新聞済州支社長が、その主人だった。言論人として政府に批判的だったために虐殺されたのだが、そもそも遊撃隊司令官だった金達三の親戚であるという点も、眼をつけられていた理由の一つだった。
　済州薬房を経営していた金斗奉(キムトゥボン)は、道立病院薬剤科長も兼ねていた。ソウルから薬品を購入して帰ってくる際には、中央の組織からの秘密文書を秘かに持ち帰ったという話もある。また遊撃隊員を治療するために店の薬品が秘かに山に運ばれたという話もある。それは確認された話ではないのだが、済州薬房が秘密アジトの役割をしていたというのは事実らしい。この薬局の主人だった金斗奉が後には入山して、本格的な遊撃隊活動を行ったことを見ると、たしかなようである。彼もやはり討伐過程で最期を迎えた。
　中央理髪館の主人は、民主主義民族戦線宣伝部長の金行伯(キムヘンベク)だった。理髪所は人々の往来が絶えないので、格好の宣伝場所だった。彼の場合は幸いにも、事態が険悪になると木浦へ逃げて、辛うじて生きながらえたと言う。

済州中学校校長だった玄景昊の碑石

　済州社会の問題点を診断する際にはいつでも、"元老がいない"という言葉が聞かれる。利害関係で道民の分裂と葛藤が深刻化した際に、それを合理的に調整してくれそうな元老がいないというのである。残念なことだが、それは事実である。

　その原因として4・3を挙げる人が多い。あの当時に、いわゆる元老にふさわしそうな人はすべて亡くなってしまい、しかもその後遺症のせいでいまだに"尊敬を受ける元老"がいないというのである。相当に説得力のある話である。確かに、正しいことを口にできそうな人はあの時にすべて亡くなってしまった。そんな現実にあって、誰が率先して、道民の利益のためにまともな声を上げるだろうか。そんなわけだから、今では有力者とは言っても、まともに尊敬を受けている者などいるはずがない。もっぱら金銭や権勢を前にして媚びることを尊敬と錯覚しているだけなのである。

済州中学校校長・玄景昊の碑石
彼の人生は真正な社会参加の知識人、正義の側に立つ知識人の姿そのものである。

　4・3は済州の多くの人材を奪ってしまった。特に教育界の被害は甚大だった。済州中学校

がその代表である。第一代と第二代の校長がともに犠牲になったほどである。

　第二代校長の李珀石も立派な人物だったが、初代校長の玄景昊は真の意味で済州社会の元老だった。済州中学校の校長と済州郷校の理事長を兼ねていた彼は、自身の活動をもっぱら教育界に限定して安住するようなことがなかった。国の将来が暗くなり、道民の生活が悪化すると、真の元老にふさわしく前面に立って行動した。陽当りのよい所ばかりを求める今日の偽の元老、不道徳なそれとは対照的である。

　1947年2月23日に"済州道民主主義民族戦線"が結成された際には、南労党済州道委員長安世勲、観音寺住職の李日成とともに共同議長を引き受けた。またそれより数日前の2月17日には、"3・1節記念闘争済州道委員会"の副委員長を引き受けてもいる。彼の人生は、まさに社会参加の知識人、正義の側に立つ知識人の姿を如実に示している。そして、険悪だった時代におけるその代価が、"虐殺"されることだった。

　いわゆる"済州邑有力者虐殺事件"のひとつとされている、1948年12月23日のパクソンネ虐殺がそれである。証拠隠滅のために死体に火をつけて燃やした事件、連隊の交替期を控えて戦果をあげようと恣になされたその事件で、彼は犠牲になった。

　ここ済州中学校の片隅に立っている彼の碑石は、「1948年12月23日に、誠に残念なことに惜故」と記されているだけで、具体的なことは何一つ記録されていない。碑石が建てられたのが1969年だったので、悔しい事情を語りたくてもそうはいかなかったのだろう。いいや、討伐隊によって殺されたいわゆる"アカ"の碑石を建

てることだけでも、大変な勇気が必要だったに違いない。

　4・3を語る際には、玄景昊や道知事朴景勲などは、決して忘れずに記憶しておくべき貴重な人々である。

酒精工場址
チュジョンコンジャント

　解放後にも稼働していた酒精工場は、本来は日帝植民地期に東洋拓殖会社済州支社が運営する施設だった。済州で生産されたサツマイモから酒精、すなわちアルコールを製造し、それを燃料として供給するために建設されたと言う。

　4・3が勃発するとその建物を軍隊が接収したが、最初から収容所にしたのではない。最初は武器を製造する造兵廠施設だった。収容所としては農業学校のテントがあったからである。ところが、1948年秋に掃討化作戦が始まると、農業学校のテントでは足りなくなった。そこで、その年の冬からここも収容所として用いられるようになった。サツマイモを貯蔵していた丘の上の10余棟の倉庫がそれに充てられた。施設自体が大きいので、後にはここが済州道内最大の収容所になった。特に1949年以降は、収容所と言えばここを指すまでになった。

　1949年5月11日にここを訪問した国際連合韓国委員会の報告書には、"約2千名の収監者が古い倉庫に閉じ込められており、婦人が男性の3倍以上にもなり、その多くは乳飲み子や幼児を抱いている"と記されている。また"収容者のうち90％は山に隠れていて帰順した人々で、残りは討伐隊によって捕虜になった人々"とも記されている。

酒精工場址
収監者が約2千名に至った済州道内最大の収容所

　2千名ならば、倉庫ひとつに約200名が収容されていた計算になる。婦人たちのほうがはるかに多かったと言うのだから、その頃には逃避者のうちで生き残っていた男性は多くはなかったのだろう。
　90％が帰順者という報告は、1949年春の状況を物語っている。1949年3月2日は済州道地区戦闘司令部（司令官は柳載興(ユジェフン)大領）が設置された日である。その時点では、掃討化作戦によって山の人々の多くは既に死んでしまい、実質的な交戦は不可能な状況だった。後は仕上げの作戦が必要な時点だった。そのために編成されたのが戦闘司令部だった。
　討伐と並行して宣撫工作が展開された。飛行機が上空を飛び、帰順勧告のビラを撒いた。罪がなくても捕まれば無条件に殺されていた時期とは異なり、山から下りても死なずに済むという噂も広がっていた。だから、下山者が急激に多くなった。もちろん、山から下りてくるといったんは拘禁された。酒精工場のサツマイモ貯蔵庫が

必要だったのは、そのためである。

　作戦遂行1ヵ月で収監者は1500名に増えた。3月25日から4月12日までの状況報告には、死傷2,345名、捕虜3,600名と記されている。そのうちの多数はやはり、中山間村の非武装の住民達だった。無差別虐殺が恐ろしくて山側へ逃げた罪なき人々である。そんな人々が大挙して下山してくると、ここに収監されたのである。

　ところが、問題は深刻だった。宣撫工作は往々にしてペテン劇だった。命を保証すると言っておきながらも、帰順者のうち300余名を射殺してしまった。遊撃隊の支持者という名分さえあれば処刑するのに十分だった。

　もちろん、掃討化作戦の時とは異なって、多くの人々が解放された。しかし、でたらめな裁判で死刑にされたり、本土の刑務所に送られた人も少なくなかった。多くの場合、自身の罪名さえも、また何年の刑なのかも知らないままだった。

　本土の刑務所に移送された人々のその後の運命もまた、数奇だった。朝鮮戦争が始まると、人民軍に同調する懸念があるという理由で、虐殺された。慌てて退却しようとして囚人に神経を遣う余裕もなかった西大門、麻浦、仁川刑務所などに収監されていた人々は、そのおかげで辛うじて虐殺を免れた。しかし、平沢以南の刑務所に閉じ込められていた人々の大部分は、死を免れなかった。大田コルリョンコルと大邱カチャンコルで最近発掘された遺骨こそは、その悲劇の主人公たちなのである。

第二コース 狂気の時代の悲劇の現場 1（東部地域を中心に）

　4・3が世の人々の注目を惹いたのは、何よりも膨大な数の人々が犠牲になったからである。ところが、その犠牲は4・3が始まった1948年4月3日頃のことではなく、その年の秋から翌年初頭までに集中している。10月17日に宋堯讚（ソンヨチャン）が下した掃討化命令がそれら大量虐殺の始発点だった。遊撃隊との連携を遮断するという名分で中山間の500余の村のすべてに火をつけ、手当たり次第に住民を虐殺した。

　人々はその時代のことを、「狂気の時代」と呼ぶ。現在のわたしたちには到底、想像もできない虐殺が行われたのである。それも特定の地域に限られていたわけではない。済州全域で虐殺が恣になされた。第二コースと第三コースは、その悲劇の現場を中心に構成した。

洛善洞城址（ナクソンドンソント）

　老人たちと4・3の話をしていると、"疎開（ソカイ）"という言葉をよく耳にする。被災地区の住民や施設などを安全地帯に分散・移動させるという意味の"疎開"を、そのまま日本式に発音しているのである。

　中山間の善屹村（ソヌルマウル）の人々は1948年11月21日から海岸村の咸徳や北村に疎開しはじめた。ところが、その過程で多くの人々が何の罪もないのに死んでいった。ただ単に、中山間村に住んでいたという理由だけで、そしてまた、慣れ親しんだ暮らしの場を棄てて、他所

へ移り住みたくなかったという理由だけで犠牲になったのである。"疎開"を韓国語の"ソゲ"と発音せずに、日本語の"ソカイ"と読み・話すという事実からして、悲劇を予感さ

洛善洞4・3戦略村城壁
城内には獣の塒のようなハンバがあり、村の人々はそこで獣のように暮らさねばならなかった。

せる。日本軍の残虐な犯罪行為が、ここ済州でも適用されたのである。

　本来、疎開は孫子の兵法に出てくる"堅壁清野"、すなわち何としても守るべき戦略拠点は壁を作るように確保する一方で、仕方なく敵に譲り渡さねばならない地域は、人的・物的資源を他所に移動すると共に建物を破壊して敵が利用できないようにする作戦なのである。そして孫子が教えた通りならば、大して問題がない。

　ところが、満州の日本軍は孫子の教えに従わなかった。作戦地域内の住民たちを安全なところに移動させる代わりに、無差別虐殺によって住民を"整理"してしまったのである。いくら戦時中とは言っても、許されない犯罪である。しかも、そうしたことが解放後の済州でも行われた。掃討化の命令を下した宋堯賛など当時の軍首脳部の大多数が、過去には日本軍将校だったという事実が、"合法疎開"ではなく"不法疎開"が行われた理由を説明してくれる。

　疎開の過程で善屹の人々の少なくとも120名が犠牲になった。しかも、悲劇はそれで終わらなかった。生計を立てる手立てもなく海岸村に降りて行った人々は、飢えに苦しみながらその冬を過ごさね

ばならなかった。その上、"入山者の家族"という烙印も恐ろしいものだった。

　村に戻るしかなかった。なんとしても飢えを満たさねばならなかった。たとえ家が燃えてなくなってしまっていても、飢えを満たしたければ畑仕事をしなくてはならず、畑を耕そうとすれば、畑がある村に戻らねばならなかった。

　1949年春にここに城壁を築造したのは、そんな人々を収容するためだった。燃えてしまった善屹の本村よりも下側に位置する下善屹に、戦略村が建てられた。城の敷地は東西150m、南北100m、城壁の高さは3m、幅は1m程度だった。また城壁の外側には茨の藪で満たした2mの深さの窪みもあった。水がたまらない火山土壌のせいで伝統的な堀を作ることができず、水の代わりに茨の藪を活用したのである。そして城内には獣の塒のような"ハンバ"が建てられた。善屹の人々はそこで獣のように暮らさねばならなかった。

　その上、その石の城壁は強制動員された村民たちが積んだ。住民の大部分は老人と子供、そして女性たちだった。若い男子は既に死ぬか逃げていたからである。毎晩の歩哨に立つのも、住民たちの役割だった。

　遊撃隊は1950年秋まで食糧確保と政治宣伝のために、この城を襲撃した。しかしながら、そのたびに大きな被害を受けて退却を余儀なくされた。彼らが歓迎されるような雰囲気ではなくなっていた。

　通行制限が解かれた1956年には善屹の人々は再びここを棄てて、元来暮らしていた善屹の本村に移住した。したがって現在、ここに居住している人々は昔からの住民ではない。城の様子も昔とは大きく変わった。城内にはハンバもなく、石城も北側の壁と東側の一部

が残っているだけである。堀の役割をしていた窪みもすっかり埋め立てられ、その痕跡を見つけるのは難しいが、それでもなお、済州全域でここほど痕跡が残っている戦略村はない。それなのに保存対策がなされていないので、毎年少しずつ崩れている。残念なことである。

モクシ水窟
<small>モクシムルクル</small>

　モクシ水窟は掃討化作戦が本格的に始まった頃に、善屹村の人々が大挙して犠牲になった場所である。事件の順序に則るならば、前

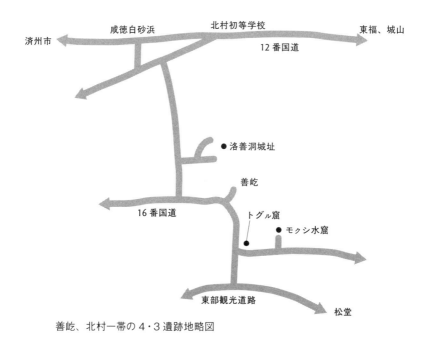

善屹、北村一帯の4・3遺跡地略図

述の洛善洞城址の前に立ち寄るべきところである。

　善屹地域では1948年11月21日から疎開が始まった。住民たちは咸徳や北村などの海岸村に降りて行くことになったが、そのまま村の近辺に残っていた人も多かった。海岸村に縁故がないという理由もあったが、それよりは収穫した農作物を放置したままで去るわけにはいかない無念さと、しばらく村を離れてさえおれば、やがては事態が沈静化すると楽観していた人々が大部分だった。そのうえ、村の周辺には"善屹コッ"という大きな密林地帯があるので、呑気に構えていたのだろう。

　大量虐殺が始まったのは、疎開令が下されて4日後の1948年11月25日からだった。咸徳駐屯の軍人たちが、燃えてしまった村の周辺を捜索するうちに、一人の老人を発見して、村民たちが隠れている場所を白状するように追及した。殺害の脅迫に耐えかねた老人が先ず案内したのはパンモッ窟だったが、森林が鬱蒼としていて入って行けない。そこで軍人たちは、手榴弾を投げこんでから進入し、避難生活をしていた村民たちを引きずり出した。そしてその現場で15名以上を処刑して、残りの人々は咸徳の駐屯地に連行した。

　連行された村民たちは、夜を徹しての厳しい拷問に苦しめられた。住民たちが隠れている場所を白状しろという追及は、殺人的なものだった。殴打に耐え切れなくなった村民が翌日の11月26日の明け方に案内したのが、他ならぬ"モクシ水窟"である。

　モクシ水窟は長さが約150mほどで、入り口が二つあり、身を隠したり逃避したりするのに便利なところである。しかしながら、討伐隊の軍人たちは両方の入り口を塞いだうえで人々を引っ張りだしたので、そこに隠れていた住民全員が逮捕された。軍人たちは住民

たちを引きづり出すと、直ちに青年だけを選びだしてその場で射殺した。その数は少なくとも70名は越えると生存者たちは証言する。

さらに翌日の11月27日には、その近くのウッパムオルムの南側斜面のペンベンディ窟に隠れていた人々を探し出して、虐殺した。そして11月28日には、咸徳収容所に閉じ込められていた住民たちを引きづり出し、オクス洞で無差別集団虐殺を行った。このように善屹村の人々は11月25日から28日までの4日間に亘って、次々と死んでいった。いまだに正確な犠牲者数は明らかになっていないが、確認された死者だけでも120名を越える。海岸村に疎開しなかったというだけの理由で、そうなったのである。

タランスィ村址(マウル)、洞窟、オルム

タランスィ村は、1948年晩秋の疎開令に則って焼き尽くされて以来、現在に至っても回復されていない"失われた村"である。かつては畑作農業と牧畜を営む10余の家族が暮らしていたと伝えられている。

規模が小さかったからなのか、幸いにもその人たちは4・3では命を失わずに済んだ。疎開令にしたがってすぐさま海岸村に降りて行ったからである。もちろん、その海岸村で彼らがなめた苦労は筆舌に尽くしがたい。それでも無差別虐殺を免れただけでも、中山間地域の他の村と比較すれば幸運である。

タランスィ村はそんなわけでそれほど大きな不幸は経験しなかったが、それでも4・3を語る際には逸するわけにはいかない。すぐ近くにあるタランスィ洞窟のためである。

タランスィ、忘れられた村の標石

　タランスィ洞窟が人々の注目を惹いたのは、1992年にここで4・3犠牲者の遺骨11体が発見されてからである。発見時の様子が、無差別民間人虐殺としての4・3の実相を如実に示していたからである。犠牲者の中には女性3名と幼児1名が含まれていたこともあるが、洞窟内に残っていた遺品もまた、軍事用の武器などではなくて生活用品だった。

　この虐殺事件は1948年12月18日に、咸徳に駐屯していた9連隊2大隊が引き起こした。洞窟の入口で火を起こし、中にいた全員を窒息死させた。虐殺の類型は異なるが、既述のパクソンネ虐殺事件と動機が似ている。連隊の交替時期を控えて、何が何でも戦果を挙げるために民間人虐殺を行ったのである。

　虐殺の翌日、その洞窟に入って死体を整理した蔡某氏の証言によれば、そこに隠れ住んだあげく犠牲になった避難民たちはすべて、地底に鼻を打ち付け、血を流して倒れていたと言う。また1992年の発掘時に確認された11名だけではなく、本来の犠牲者数は20名を越えていたとも言う。厳しい時代だったにもかかわらず、一部の家族たちはひそかに死体を拾い集めて持ち帰ったのだろう。

　ところが不幸なことに、1992年のタランスィ洞窟の発掘は、そ

の幕引きの仕方がまずかった。盧泰愚政権期だったが、極右勢力がまだ莫大で強力な時代だった。その遺骨を、陽当りがよくて人目につきやすいところに埋めることを政権が許可しなかった。権力に取り込まれた遺族の代表数人だけが、屁理屈を弄して、遺骨をすべて火葬して海に撒いてしまった。

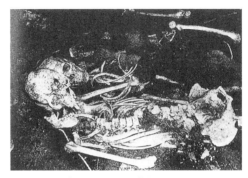

タランスィ洞窟で発見された遺骨
間違った歴史を正そうとする人々の巡礼地になるのを妨害するために、洞窟の入り口をふさいでしまった。
キム・ギサム撮影

　さらには、洞窟の入り口をコンクリートで密封してしまった。忘却を強要したわけである。捻じ曲げられた現代史をまっすぐに打ち立てようとする人々の巡礼地、そうなるのを阻止しようとしてのことだった。それにも関わらず、ここを訪れる人々の足は途切れない。2002年には発掘10周年を記念して、現場で大きなクッ（慰霊の祭り）を行い、標石も建てた。残念なのは、その行事が終わって程なくして、その標石が壊されたことである。誰かが意図的に破壊したのである。4・3はまだ終わっていないというのは、口先の言葉だけの話ではない。
　村の址と洞窟の巡礼が終われば、是非ともタランスィオルムに上ってみることをお勧めしたい。南側の斜面に座って、村址と洞窟のことをじっくりと考えてみよう。あの日の火薬の臭い、血の臭いも嗅いでみよう。それに耐えかねて、歴史など自分の手には負えない

とでも思うなら、尻についたごみを払って、自然を楽しむのもよいだろう。噴火口を一周して、済州島の東部地域に広がる原初的生命力を感じてみよう。

　ところが、このオルム周辺に大規模なゴルフ場が計画されているらしい。本当に頭がおかしくなってしまいそうになる。

　ここを去る前に、村の中心地だった榎の木の下に、しばらく眼を向けてもらいたい。そこにも"失われた村"の標石が立っている。2001年に建てたものである。老衡のトゥルクルン村（マウル）の標石のように、いつ、だれが、何故に火をつけたのかは書かれておらず、実に不思議な標石である。歴史意識が失われてしまうと、このように曖昧模糊とした象徴物が造られるようになってしまう。

表善白砂浜（ピョソンベクサジャン）

　済州の美しさと言えばやはり、大規模なものよりも、可憐なものがふさわしい。白砂浜の海岸などもそうである。島を経巡っていて、先ほど通り過ぎた砂浜のことなど忘れかけた頃に、またもや白い砂浜がひとつ、そしてまたひとつと現れて、どれもこれも不揃いながらも可憐で素朴なのが、まるで済州の人々の優しい心性そっくりのように思えて嬉しくなってくる。

　ところが、ここ表善の白砂浜は別である。夏の盛りにテントを張り、波打ち際まで歩いて行こうとでもしたら、強烈な陽光のせいで相当に難儀するほどに砂浜が広い。だからと言って、美しさが半減するわけではなく、広々とした清涼感がよい。

　しかし、それほど美しい表善の白砂浜も、4・3の狂風を免れな

表善白砂浜
美しい風光を誇るここもやはり、4・3の狂風を免れなかった。

かった。否、むしろ、そんなに美しいところで展開された血の歴史だからこそ、4・3の悲しさが倍加するのかも知れない。ここ以外にも絶景を誇る正房瀑布、日出峰などのすべてが虐殺場として利用されたことを考えあわせると、きっとそうなのである。

　表善の白砂浜も1948年の掃討化作戦以後に多くの人が亡くなった場所である。そこで犠牲になったのは、主に表善面管内の中山間村出身の人々だった。罪名は中山間村で暮らしていたこと、それだけだった。疎開令が下されたことを知らないで村に居残っていたり、海辺の村に疎開しても逃避者の家族だからとうてい暮らせないといった噂のせいもあって、或いはまた、畑と家をそのままにして去るわけにはいかず、さらにまた、罪を犯したわけでもないのだから、まさか殺しはしないだろうと考えて残っていたところ、軍警の討伐隊に捕まり、この白砂浜で虐殺された。

　中でも加時里と兎山里の人々の犠牲が大きかった。加時里は当時350余戸の村だったが、少なくとも501名が命を失い、兎山1里は4・3を経験した世代の男子がたった一人しか生存していないほど、

被害は深刻だった。チョ・ソンボン監督の映画『レッドハント』の最終場面は、まさしくその兎山1里の老人堂で撮影された。「一夜の夢ではなかろうか…」という歌を背景に、画面に映しだされるのは老婆たちだけである。眼力を備えた観客ならば、直ちに監督の意図を察っするだろう。

　虐殺は1948年11月から翌年の1949年初頭まで継続した。既に狂気が支配していたので、今ではとうてい想像できない蛮行が続出した。父親を殺してからその息子たちを呼び集めて、父の死体の前で万歳を叫ばしたり、群衆の前で舅と嫁を裸にして言葉にできるはずもないことを強要するなど、軍警討伐隊は人間であることを止めて、虐殺以上の犯罪を恣にした。ある証言者は次のように語る。

　「あまりにもむごたらしくて、とうてい目を開けておれなかったが、恐ろしくてブルブル震えながら拍手したんです」

　ところが、今では平和で美しすぎるほどの白砂浜なので、当時の虐殺を想像するのも難しい。自然はだからこそ偉大なのだろうか。

城山日出峰トジンモク
午後になると、このあたりからしばらく銃声がやまなかったと言う。

しかし、その偉大な自然も、歴史の忘却ではなく、傷の治癒につながってこそ、本当に美しくなるに違いない。

城山日出峰　トジンモヶ

　今では自動車で日出峰の鼻先まで行けるが、以前はそうではなかった。城山日出峰は独立した火山体であり、本島から離れていたからである。それでもはるか遠くに離れていたわけではなくて、引き潮の時にはつながり、満潮になると離れるという案配だった。
　学術用語では沙柱、すなわち砂柱という言葉があてられているのだが、本来は離れていた二つの独立体が、長時間が経過するうちに砂が積もり積もって、まるで橋のように二つの島をつなぐ。そのように不安定につながっていたものを、現在のように完全につないだのは1940年代初めのことである。
　今でも詳細に見れば、人工的につなげた箇所が見つかる。そろそろ日出峰に到着しそうな地点のしだいに細くなっていく入口、それを"トジンモヶ"、すなわち裂けた入口と呼ぶのも、まさしくそうした理由による。ここで日出峰と海を同時に鑑賞してみるのもなかなか風流である。
　ところが、美しさが極に達すると悲しさに転じるというのは、どうも嘘ではなさそうである。済州第一の景観を誇る"城山日出"の現場も、韓国現代史の悲しさをそっくりそのままに秘めている。
　ここ"スマポ（浦）"海岸には日帝が刳りぬいた人口洞窟が24個もある。日帝が滅亡への道を邁進していた太平洋戦争末期、日本本土防衛の為の最後の抵抗線として済州島を想定した彼らは、ここに

も戦争準備の痕跡を残した。近づいてくる米軍軍艦に向かって突進する自爆攻撃用のボートを隠していた洞窟が、まさにそれである。今ではそれらの洞窟は海女の脱衣場として使われている。これこそまさに"戦争と平和"である。

日帝時代よりもっと悲しい歴史と言えば、何と言っても4・3である、ここ"トジンモク"は城山地域の青年たち、具体的には古城里、吾照里、新興里の青年たちが、西北青年会によって無残にも虐殺された場所である。西北青年会の不当な要求に応じなかったので、見せしめの懲罰だった。

狂気の時代、午後になるとトジンモクの側から銃声がしばらく途絶えなかったという。西北青年会の残酷行為がどれほどひどいものだったか、トジンモクで歩哨に立っていたある警官は、衝撃のせいで口がすっかり歪んでしまった。

反対側の"ウムッケ"も吾照里の青年20余名が虐殺された場所である。今ではそこで、海女たちが獲れたての海産物を刺身にして売っている。美しい済州の自然には、どうしてこのように深い悲しみがしみこんでいるのだろうか。ひどい逆説である。

北村オムパンバッ（畑）横の子どもの墓
もっと衝撃的なのは、この虐殺が実戦経験のない兵隊たちの射撃演習だったことである。

北村　オムパンバッ（畑）

島のとこであれ、4・3の悲劇を免れたところはないのだが、ここ北村

ほど深刻だったところは探しにくい。たった2日間で400余名が虐殺され、それ以来、"無男村(ムナムチョン)"と呼ばれるようになったくらいである。玄基栄の小説集『順伊(スニ)おばさん』が北村虐殺を下敷きにしているのも、北村の悲劇がそれほど大きかったからである。

　北村虐殺事件は1949年1月19日（陰暦1948年12月19日）の午前、旧左面月汀里(クジャミョンウォルチョンニ)に駐屯していた2連隊3大隊11中隊の一部が、大隊本部のある咸徳に移動する途中、北村の入口で遊撃隊の奇襲を受けて2名が射殺されたのがきっかけで始まった。非常事態に慌てた兵士たちは北村初等学校の運動場に住民たちを集めたうえで、村全体に火をつけた。瞬く間に300余棟の家屋が灰の山に変わった。次いでは、運動場に集まった700〜800名のうち、軍警の家族だけは別にして、民保団の責任者を呼び、村の歩哨をまともにしていなかったという理由で、その場で即決の銃殺にした。

　住民たちが動揺のあまり、軍警の家族が集まっている方に走りだすと、再び銃声が鳴った。そこでも数名が死んだが、犠牲者の中には乳飲み子を抱いた女性もいた。その女性の最後が悲劇的すぎる。血を流しながら冷たくなっていく彼女の上で、お腹を空かせた赤ん坊が、チョゴリ（上着）の衿の中をまさぐって乳を吸っていたという話は、今でも涙なくして聞くことができない。証言した生存者は、その時に乳を吸っていた子供を引き離すことも、死んだ母親の目を閉じることもできなかったことが悔しいと言う。誰もが死の恐怖に震えあがっていて、なす術がなかったのである。

　その後、軍警の家族を除いた残りの住民たちが、およそ20名単位で縛られ、近くのオムバンバッ（ぺこんと窪んだ畑）へ引きづられていき、順番に虐殺された。若い男性たちだけではなかった。子供

や老人、女性も、例外ではなかった。銃声が止んだのは随分と時間が経ってからのことだった。

　これは明白な不法虐殺である。ところがもっと衝撃的なのは、その虐殺が実戦経験を持たない兵士たちの射撃訓練としてなされたという事実である。2002年に、当時、現場にいた警察官の金ビョンソク氏（73歳）は次のように証言した。

　　わたしは北村事件当時、3大隊長を乗せた救急車を運転していました。大隊長を乗せて月汀にある11中隊を視察して帰ってくる途中、わたしたちより先に咸徳に戻る途中だった自動車が奇襲を受けました。車中から無線で大隊出動命令が下されました。北村に到着してみると、煙が上がっていました。大隊長が学校に入れと言うので、正門の東側に車を止めました。

　　学校に入ってみると、村民が全員、集められていました。1列に80～100名づつだったように記憶しています。将校7～8名が話し合っているのを耳にしました。一人は機関銃か爆撃砲を使って殺そうと言っていました。その他いろんな話が出ましたが、ある将校が、、我が隊員たちは敵を射殺した経験がない兵士が大半だから、1個分隊が数名の割合で引っ張り出して銃殺するのがいいのではと言うと、そのように決定されたのです。

　途中で虐殺を中止した軍人たちは、翌日までに大隊本部がある咸徳に来るように住民たちに命令して、村を去った。ところが、その指示に従って翌日に咸徳に赴いた住民たちの少なからずの人々も殺された。遊撃隊によって殺された兵士2名の死体を片付けに行った

村の有力者たちも、警察の家族1名を除いた8名全員が、咸徳里の海辺の犀牛峰の山腹で虐殺された。

　虐殺劇が恣になされた後の北村は、阿鼻叫喚そのものだった。日が暮れて冬至の頃の肌を刺すような寒さの中で、家族を探しながら泣き叫ぶ声と、つながれていた家畜たちが燃えながら上げる悲鳴、ヒューヒューと音を立てる済州特有の厳しい風の音が、ますます激しい恐怖に追い込んだ。生き残った人々たちは燃え残った家の隅で夜を過ごし、翌日になると辛うじて気を取り直し、家族の死体を捜しに出かけた。

　あまりにも多くの人が死んだので、死体を片付けることもできない状況だったし、村に残った人々の大部分が子供や老人だったので、死体を臨時に埋葬するしかなかった。事態が落ち着いてから、それも縁故者が残っていた人々の死体は、改めてまともに埋葬された。しかしながら、そのまま長期間にわたって放置されたままの死体も少なくなかった。

　学校の西側の丘の小さな公園であるノブンスニイには、子供を埋葬した場所がそのままの状態で残っている。子供の霊魂はあの世に行かずにカラスがさらって行くと言って、墓を作らないのが済州の風習である。その風習にしたがって、あの時に亡くなった子供たちは、その場に埋められたままなのである。

　今も北村では毎年、陰暦12月18日になると、村全体が祭祀を行う。未曾有の集団虐殺によって北村では一時期、村がほとんど空っぽになり、ある世代の男子は殆どいなくなってしまった。しかし、生き残った人々によって真相究明運動が堅実に続けられた。そして1993年には北村里元老会が被害実態を暫定的に調査した結果、犠

牲者は409名、そのうちで遊撃隊による犠牲者が3名、残りの409名が軍警討伐隊によって犠牲になったと整理した。その後、道議会が発刊した4・3被害調査報告書ではこの村の犠牲者を479名とまとめた。

4・3は、膨大な虐殺それ自体も悲劇なのだが、その悔しい死に関して、どこかで哀訴さえできなかったこともまた、大きな悲劇だった。この虐殺のしばらく後に起こった俗称"北村里、アイゴー事件"は、禁忌の領域に押しやられていた4・3の位置をよく物語っている。

1954年の"北村里、アイゴー事件"は、初等学校を解体するにあたって、これが最後だからと農楽祭をするために、住民たちが北村初等学校運動場に集まった時に起こった。その場で一人の住民が「ここは4・3で我々の父母兄弟が亡くなった場所なのだから、無念な霊魂にせめて盃でも捧げよう」と言いだしたのが発端だった。それまでは4・3について一言も話せなかったので、いざ盃を捧げてみると悲しみが一気にこみあげた。誰も彼もがその場に座り込み、「アイゴー、アイゴー」と血が出るような悲しみを吐き出した。

ところが、それが直ちに警察に報告され、住民代表の10余名が調査を受けて恐怖に震える羽目になった。そして、今後は二度とそうした行動はしない旨の念書を書いて、ようやく釈放された。それ以後、住民たちは長期間にわたって、口をつぐんで暮らさねばならなかった。

咸徳白砂浜

　咸徳白砂浜は主に朝天管内の人々が犠牲になった現場である。虐殺は"犀牛峰"絶壁とその下の白砂浜で行われた。前述の北村里虐殺の際に、咸徳の大隊本部を訪れた村の有力者たちが虐殺された場所がここであり、中山間の善屹の人々が疎開令以後に、村を歩き回っているうちに捕まって収容されたのも、ここ咸徳の白砂浜である。
　朝天の新村出身で遊撃隊司令官だった李徳九の夫人が捕まって亡くなったのも、善屹の住民虐殺が行われていた1948年11月26日だったと伝えられている。彼女は人波に紛れ込んでいたが、ついには発見されて、犀牛峰絶壁で虐殺され、海に投げ込まれたと言う。
　ここで少なからずの民間人虐殺が行われたのは、ここが軍の駐屯地だったからである。最初は9連隊2大隊が駐屯していた。そして1948年12月29日の連隊の交替以後は、2連隊3大隊が駐屯した。軍の駐屯のおかげで咸徳村そのものには大きな被害がなかった。しかしながら、咸徳の人々は、周辺の北村と中山間村の人々が連行されてきては犠牲になる惨たらしい光景を、何度も見ながら暮らさねばならなかった。
　咸徳白砂浜は高麗時代に、三別抄を討伐するための麗蒙連合軍の上陸地でもあった。

第三コース　　狂気の時代の悲劇の現場 2（西部地域を中心に）

　西部観光道路は、朝鮮時代に済州牧と大静県をつなぐ行政道路だったものを、現代になって変容、拡張したものであり、その中間地点に位置していたのが、院村である。院とは元来、公的任務を帯びた官吏や商人に食べ物と宿泊場所その他の便宜を提供する施設だったが、歳月を経るにつれて一般人も利用するようになっていた。そしてそのうちに、院を囲んで小さな集落が形成されるようになった。

　解放後もこの院洞村は、済州と大静を往来する人々の休息所の役割を果たしていた。4・3直前にはおよそ16戸60余名の住民たちが、酒幕（宿屋を兼ねた居酒屋）の他に、牧畜と畑作農業をしながら暮らしていた。

　この集落の人々が悔しい死に方をしたのも、掃討化作戦が進行していた1948年11月13日のことである。討伐隊が襲ってきたのは明け方だったが、虐殺が始まったのは日が沈む頃だった。討伐隊もその村の人々が罪のない良民であることを承知していたので、"処理する"のに若干の躊躇いがあったようである。

　しかしながら、山の遊撃隊に協力する惧れがあるという理由で、ついには幼子や老人、病人は残して、その他の人々はことごとく抹殺してしまった。生き残った人々は、軍人たちに威嚇されて、縁故を頼って海岸村の郭支や涯月、高内に向かうしかなかった。その大部分は幼い子供たちだった。

　このときの村の犠牲者はおよそ30名だった。しかしながら、現場にはその2倍以上の死体が散乱していた。一時的に滞在していた

旅人たちも、巻き添えになったのである。犠牲者の中には、済州邑の道立病院に入院するために大静からやってきた患者とその家族も含まれていた。

　虐殺の場所は、院址の標石の西北側にある酒幕だったが、今ではその痕跡を見出すことはできない。新しく開かれた西部観光道路が通っており、その道路上を自動車が乱暴に通り過ぎていくだけである。

　犠牲者数は60名から80名ほどである。その程度であれば、中山間のどの村でも普通にあった悲劇である。なのにどうして院洞村が注目を浴びているのだろうか。歴史は断絶することなく連続するものであることを、如実に示す事件が起こったからである。

　この世には困難な時には近所の人を助ける人がいるかと思えば、その反対にその機会を利用して富を増やすようなひどい人もいる。院洞虐殺の生存者が幼い子供たちだけだということを知って、その村の土地財産を横領するような人物が登場したのである。それも他でもなく、近隣の村の里長と面委員を歴任した有力者が、そんな悪事の主人公だった。そしてその人物は、横領したその土地を、土地

ウォンドン（院洞）の院址標石
村に一時滞在していた旅人たちも一緒に死んだので、現場には村民犠牲者の二倍以上の死体が転がっていた。

12　現代史の悲劇、済州4・3の現場を訪ねて

投機が盛んだった頃にソウルの投機屋たちに売り渡した。4・3は人命ばかりか、済州人たちの経済的基盤までも奪ってしまったのである。
　しかしながら、遺族の一部がその事実を知って、1980年代末から訴訟を起こし始めた。不当に土地を奪い取ったことが明らかなので、勝訴の可能性が高かった。ところが、法理的には公訴時効というものがあるらしい。既に第三者に売り渡された土地は、財産権侵害を理由として、取り返せなかった。そうした事例がわんさとある。
　1970年代以後、外地の人々によって継続されてきた済州の土地投機は、4・3に劣らず済州人に傷を残した。
　先祖代々の土地は滅多矢鱈と売ったりはしない。ところが、詐欺によって奪った土地だから、いとも簡単に外地の投機屋たちに売り渡したのである。悲劇の歴史は今なお継続している。

ムドゥンイワッ

　必ずしも"失われた村"の標石を見なくても、昔はここに集落があったことを推察するのは難しくない。散在する竹の群落が、家址であることを示し、石垣と路地も、かつての集落の様子を伝えてくれている。
　今では廃墟になっているが、4・3当時にはおおよそ130戸が暮らす集落だった。それくらいの戸数であれば、東広一帯ばかりか中山間のどの集落と比較しても、決して小さな集落ではなかった。しかし、4・3はその集落を地図から消してしまい、現在もそのままである。

幼い子供が踊る姿に似た地形だから"舞童洞"と名付けられ、それがいつの間にかムドゥンイワッに変わったという説もあるが、どうも怪しい。むしろムドゥンイワッを漢字語にする過程で、こじつけ的な解釈が紛れ込んだ可能性が高い。とは言うものの、そうした解釈には微笑ましいところがある。

　しかし、その微笑ましい解釈とは正反対に、この地域の歴史はすこぶる険しい。1862年の壬戌民乱（姜悌儉の乱）と1898年の房星七の乱、それら両者の荒々しい息遣いがこの周辺で始まったという事実を知れば、踊る幼子などとは全く異なったイメージが浮かぶだろう。

　だからなのだろうか。厳しい歴史が4・3の時代にまで引き継がれた。4・3の狂風がこの地域で何事も起こさずに過ぎ去るなんてことを期待するのは、とうてい無理なのである。

　ムドゥンイワッが廃村になったのは、4・3勃発の1年前の1947年夏、米軍政の収穫物供出に関するひどい政策がきっかけだった。耕作面積だけを基準にした画一的な収納措置のせいで、痩せた土地しか持たない中山間の人々の反発は深刻だった。日帝支配下と比べてもひどい世の中だと人々は慨嘆した。日帝時代には、収穫量を基準にして食糧が奪われていたので、米軍政の政策よりはむしろよかったのである。

　事が起こったのは1947年8月8日、麦の収買を督励するために郡庁の職員が村を訪問した時だった。彼らは住民の意見を無視するなど傲慢に振舞ったので、村の青年たちから集団的暴力をこうむった。そして、そのせいで村の青年たちが連行され始めることになった。しかし、そうした警察の強硬弾圧は、むしろ入山者を数多く生

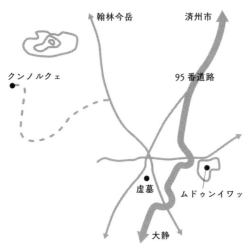

東広六叉路交差点略図、ムドゥンイワッ、クンノルクェ、ホンミョ（虚墓）

み出すだけだった。この村ではそのような形で、4・3事件が忍び寄ってきた。

　本格的な弾圧は1948年11月15日に始まった。島全体に掃討化の恐怖が襲い始めていた。疎開令がきちんと伝達されないままに、村の有力者10名が理由もなく虐殺された。その後も討伐隊がこの地域に来る度に、村民たちは逃げ回るのに忙しかった。疎開して海岸村に降りていっても、生きることができるという保障はなかった。すでに"逃避者家族"の烙印を押されていたからである。

　4・3の全過程を通じてのムドゥンイワッの人々の犠牲者は少なく見積もっても100名以上である。その中でも特に惨たらしい事件が、12月12日の待ち伏せ虐殺事件である。待ち伏せしていた討伐隊は、肉親などの死体を拾い集めるために密かに村に戻ってきた人々を捕まえて、生きたまま燃やした。その後は、死体を拾い集める者もいなくなった。だから、死体は散乱したままで、飢えた豚がその死体をかじって食べた。そしてその豚が討伐隊の眼に入り、食糧になった。人が死に、その死体を豚が食べ、さらには、人間の死体を食べた豚を再び軍人たちが食べ…狂気の時代だった。

東広(トングァン)クンノルクェ

　"クェ"とは小さな自然洞窟を意味する済州語である。この一帯には、流出した溶岩が中が空洞のまま固まって形成されたクェが多くある。そしてそのうちの幾つかは、困難な時代に身を潜めるのにうってつけの規模である。そのうちでも大きく広いクェという意味の"クンノルクェ"が、4・3当時には周辺の人々の避難所として利用されていた。特に、海岸に疎開することも、またその反対に村にとどまることもできなかったムドゥンイワッの人々が、そこに数多く隠れていた。討伐隊の銃だけでなく冷たく厳しい冬の風もまた、恐ろしかったからである。

　このクェの入口はすごく狭い。一人が這ってようやく入っていけるほどである。そして10mほど入っていくと、2mないし3mの高さの絶壁が現れて、その絶壁を下ると小さな広場があり、その向こうには洞窟がさらに数十m続いているのだが、その奥の洞窟の入口には、石を積んだバリケードと壊れた甕があって、当時の生活の様子が窺われる。

　ここでの避難生活は60日ほど続き、最も多かった時には120名ほどが暮らしていた。状況が好転するのを待ちながら、漆黒の暗闇の中で日々を持ちこたえていたが、結局は討伐隊に発覚してしまった。歩哨に立っていた人が捕まったのである。但し、その人はすぐに逃げて洞窟に戻り、状況を伝えた。複雑な洞窟構造のおかげで、足に銃弾を受けながらも、討伐隊を巻くことができたのである。

　討伐隊はその洞窟の中に簡単には入っていけなかった。何度も進入を試みたが思い通りにはならなかったので、とりあえず大きな岩

東広クンノルクェ窟入口
洞窟内には石で積んだバリケードと割れた甕などがあり、当時の暮らしの様子がうかがわれる。

で入口を封鎖したうえで撤収した。すると周辺のトノリオルムで動静を見張っていた青年たちが降りてきて、岩を取り除いてくれた。しかしながら、洞窟が発覚してしまった以上、そこに居続けるわけにはいかなかった。

もっと山深くへ移らねばならなかった。そうなると、今度は寒さが問題だった。寒さも厳しかったが、それ以上に、雪が降れば足跡が残るのが問題だった。結局、漢拏山の霊室付近のボルレオルムまで逃避しなくてはならなかった。しかし、そこも逃避所にはならず、1949年1月に大部分が逮捕された。そして翰林の討伐隊につかまって行った人々は"カマグィビルレ"で、大静の討伐隊に捕まって行った人々は募瑟峰の東側で、そして安徳の討伐隊に逮捕された人々は西帰浦正房瀑布で、罪もないのに死んでいった。

これまでクンノルクェは4・3巡礼の必須のコースに数えられてきた。4・3難民の状況を最も実感できる場所だからである。灯りを消した洞窟内では、横にいる人の存在さえ感じられないほどの暗黒そのものである。その中で当時の人々の暮らしを想起するのは、掛け替えのない歴史の勉強になる。

ところが、最近はここを推薦するのは腰が引ける。付近の採石場の爆破の振動が洞窟の安全を脅かしているからである。そのうえ、洞窟のすぐ横に道路まで敷設された。歴史を記憶できない民族には未来がないと言うが、こんな風に歴史体験場が駄目になっていくのを放置しているわたしたちに、はたして未来があるのだろうか。嘆かわしいことである。

正房瀑布　ソナㇺモリ

　美しい表善白砂浜や咸徳白砂浜、そして城山日出峰がそうであるように、済州の秀でた絶景には皮肉なことに、深い痛みがしみこんでいる。正房瀑布もそうである。海に直接に落下する28mの水流は他のどこにも劣らない絶景なのだが、その水流にこめられた哀しい事情もまた同様である。
　4・3当時、ここは西帰浦一帯で最大の虐殺地だった。瀑布の水流が落下する奇岩絶壁と、その近くのソナㇺモリこそがその現場である。済州道議会の報告書では、1948年11月24日以来、少なくとも6回、ここで大虐殺が行われたとされている。しかも、さらに驚愕するほかないのは、殺人経験のない兵士たちの実習用として、良民を殺害したことである。
　ここで行われた幾つかの虐殺の中でも、1949年1月22日のそれは、漢拏山の山中深くにあるボルレオルㇺまで逃げて行ったムドゥンイワッの人々の処刑だった。一気に86名も亡くなったが、そのうちの20余名がムドゥンイワッの人々だった。虐殺の前に討伐隊が、一部の幼子は生かしてやるという雅量（？）を示したが、ムド

ゥンイワッの大部分の家族は一緒に殺されることを選んだ。1歳の乳飲み子から70代の老人まで、そうして死んでいった。

東広虚墓
トングァンホンミョ

　先祖の墓の草刈の風習は、他の地域と比べても済州は格別である。陰暦8月初旬ともなれば一族が大挙して集まり草刈をするのだが、その日は済州道内のすべての学校が"草刈休日"になるほどである。
　それほど真心をこめて先祖を祀る済州人なのだが、先祖の墓がない人もいる。4・3犠牲者の中には、まともに亡骸も残ってない場合が多いからである。大きな石を足に結びつけ海に投げて殺してしまう水葬のように、痕跡を残さない場合もあったが、亡骸を集めないように兵隊たちに脅迫されて、そのまま放置しているうちに亡骸がすっかり毀損してしまった場合も多かった。
　そんな場合、生き残った家族は罪責感に苛まれる。そして心が虚ろにならざるを得ない。そこで虚封墳を造る。封墳内にはもちろん亡骸はない。ただし、亡くなった人が存命中にまとっていた服などを埋める。それだけでも少しは慰安になったらしい。
　正房瀑布で亡くなったムドゥンイワッの人々もそんなケースである。遺族たちが亡骸を拾い集め始めたのは、事態が少し沈静化してからだった。最も犠牲者が多かったイム氏一族では、1年後に七星板（棺の下に敷く小さな板）を作って持って行き、正房瀑布一帯を探したが、諦めてそのまま戻ってこざるをえなかった。小さな溝に、数多くの骨がもつれるように転がっていて、個々人の区別が不可能だったからである。

帰宅した彼らは、シムバン（巫堂に対応する済州語の呼称、巫俗祭祀の祭司）を呼んでクッを行い、犠牲者が着ていた服で霊魂を呼び出し、村の近くに墓（封墳）をつくった。東広6又路交差点の虚墓がそれである。

東広虚墓
封墳（土饅頭）の中にはもちろん死骸はない。

9名の虚墓（2基は合墓）を造成した遺族のイム・ムンスク氏は次のように語る。

「せめて魂でも呼んでみずにはおれなかったのです。村を失い、人も失いましたが、亡くなった先祖たちが休める場所をつくるのは生きている人間の役割でしょう。寂しいから、つくりました。でも、虚しいものです」

ソダルオルム　虐殺址

ここの虐殺は、4・3が終わり、悲劇の痛みを治癒していく過程で起こった。朝鮮戦争が勃発すると、人民軍に協力する可能性があるという名目で、無辜の良民たちがまたしても虐殺された。いわゆる"予備検束"である。4・3で既に3万人以上も殺しておきながら、まだ殺さねばならない"アカ"が残っていたのだろうか。理解ができない。中央政府から人数が割り当てられ下達されたのだという主張が、説得力を持つ。

虐殺は1950年8月20日に行われた。首都を釜山に移して2日後のことである。陰暦では彦星と織姫が会って涙を流す7月7日だったので、生き残った人たちの悲しさはひとしおである。犠牲になったのは、翰林地域から移送されてきた63名、大静地域から連行されてきた191名とされている。

　虐殺はここだけではない。警察署があった済州市、西帰浦、城山でも行われた。今だにその全貌は明らかになっていないが、おおよそで済州市500名、西帰浦、城山、摹瑟浦の各々に250名ほどが割り当てられ、下達されたと推定されている。

　命令はその通りに執行された。しかしながら例外もあった。城山浦警察署では処刑されたのは6名に留まった。親日警察官出身ではなく、独立運動家出身の文亨淳(ムンヒョンスン)が署長として在職していたから可能なことだった。彼は虐殺命令は不当ということを知っていたようである。

　その当時の虐殺は一般に、"補導連盟"事件と呼ばれる。補導連盟とは転向した左翼前歴者たちの官製組織だった。過去を反省して改悛し、国を"補"衛し、新しい祖国建設に"導"くという名分で組織された。もちろん官製組織だった。だからこそ、戦争が起こるとその連盟員を抹殺してしまったのである。犠

ソダルオルム虐殺地
6・25が勃発すると、人民軍に協力する可能性があるという名目で、再び無辜の良民を虐殺した。

牲者の数はおよそ30万名に達する。"可能性"というものだけが罪名だった。

ソダルオルムで虐殺された人々の亡骸は、長らく放置されていた。軍が亡骸の収拾を禁じたからである。その結果、亡骸を収拾できたのは、事件が発生して5年9ヵ月後のことだった。既に誰の亡骸か見分けることなどできなかった。本来、そこは日帝の弾薬庫で、底はコンクリートだった。そのコンクリート上に雨が降り、その雨水がたまると、亡骸はまるで「鰯の塩辛が発酵していくような状態」になって、個人ごとに分離することなど、とうていできなかった。今も現場では、コンクリートの塊と、露出した鉄筋の断片をみることができる。

百祖一孫之墓（ペクチョイルソンジミョ）

百祖一孫之墓、百人の祖父の墓を、一人の孫がつくったという意味である。名前からして尋常ではない。済州人の共同体性を明快に示す命名である。祖先はそれぞれ異なっても同じ日の同じ時刻に亡くなった人々はすべて一人の子孫の祖先である、と考えて生まれた名称である。もちろんすべての亡骸を個々に区別できなかったから、一緒に埋めたのである。

ソダルオルムで虐殺された亡骸が、この墓（封墳）の主人公である。5年9ヵ月という長い歳月が、尋常な墓をつくることを不可能にした。誰の亡骸なのか分かりようがないので、七星板の上に脊柱の骨と頭蓋骨ひとつを合わせて、ひとつの墓を造成した。そのようにして作られた墓が132基だった。もちろん、身元が間違いない

と判断された人の場合は、個別に墓を造成した。

　悔しい死の恨みを晴らしたいと願う遺族会の努力は、共同墓域の造成だけで終わりはしない。今ではすこぶるまともな追慕空間もあり、慰霊碑も建てられるようになったが、注意深く観察すれば、記憶をめぐる戦いは今なお継続していることが分かる。

　中央にまともな慰霊碑が見える。そしてその横には、壊れた碑石が置かれている。正確に言えば、新しい慰霊碑ではなく、壊れた碑石が置かれているところが墓域の中央なのである。二つの碑石は現在、正統性をめぐって争っている最中なのである。

　細心に見ると、新しい碑石に何か問題がありそうなことが分る。田舎臭く粗雑に彫られた槿からは官製イデオロギーの臭いが、碑文の内容からは、葛藤を慌てて縫い繕って真実を隠蔽しようとする陰謀の悪臭がぷんぷんと漂ってくる。4・3の真相究明が活発に展開されていた1993年、極右勢力たちは真実が広がるのを防ぐために、真心を込めて書いた振りを装った碑石を、先ず建てた。真実が刻まれた碑石が建てられる前のことである。記憶をめぐる戦いにおいて優位を占めるために、先手を打つ高度な戦術だった。

　墓域の入り口の小さくて黒い標示石の文言を見ると、ますます曖昧である。これもまた水割り戦術で先手を打とうとする姑息なやり方である。そのせいで、それを看破したある訪問客が石でこの碑石に傷をつけた。歴史教師であるわたしとしては、その現場を目撃しながらも、止められなかった。何故なのかだって？　さて…

　その反面、中央の壊れた碑石とその案内文からは、遺族たちの懸命な戦いが読み取れる。

　本来、その碑石は1959年に建立された。しかしながら1961年

に5・16軍事クーデターが起こると、碑石は粉みじんになり、強制撤去された。それでも遺族たちの機知で、壊れた碑石は大事に保存されてきた。それを1999年に再び取り出して、今のように展示するまでにこぎつけた。それも墓域の中央の位置を奪われることなく、本来の位置を確保したのだから、幸いなことである。
　5・16クーデターは碑石を破壊しただけではない。クーデターによる軍事政府は、共同墓域の解体命令まで下した。事実上は5・16の首脳部こそが虐殺の主役だったので、墓域もなくすことで、自らの犯罪行為を隠蔽しようとしたのである。一部の遺族はその圧力に耐え切れず、どれでもいいからと、墓を一つ掘り起こして他の場所に移した。そのように移葬された墓が23基だった。しかしながら2002年4月5日には、移葬されていた23基のうち7基が元の場所に戻ってきた。世の中が少しは変わったわけである。
　5・16軍事政府のそうした行為はむしろ、5・16クーデターの原因が何であったかを考えさせる。クーデター勃発のたった2日後の5月18日に、全国の良民虐殺遺族会長が捕まったことも、同じ疑問を投げかける。その当時、大邱の遺族会長イ・ウォンスクは命まで落とした。
　何故なのか。虐殺を恣にした軍人たちは1960年4・19民主革命の潮流が怖かったのである。4・19は全国的に遺族会を結成させ、良民虐殺真相究明運動に火をつけた。当時からすればわずか10年前のことだったから、遺族たちにとっては記憶が鮮明だった。しかしながら、自分たちの罪科を反省できない軍人たちにとっては、4・19の潮流はやがて自分たちの首を絞めるもののように、すごい圧迫になっていたのである。ある人はそれこそが、5・16クーデ

ターの主要原因のひとつなのだと語る。

百祖一孫之墓
中央の壊れた碑石とその文面から、遺族たちの涙ぐましい戦いの後を読み取れる。

済州歴史略年表

※『青少年のための済州歴史』(「刻」、2008年)を参考に作成した。

● 紀元前

旧石器時代

170万年	海底での火山活動開始。
60万年	済州島が海水面に上昇。
12万年	白鹿潭(ペンノクタム)形成。
4万年	ビルレ池洞窟遺跡。
	西帰浦天地淵(ソギポチョンジョン)遺跡。
1万年	島としての済州島の形成。

新石器時代

8000年	高山里(コサンニ)で新石器人が居住。
7000年	金寧里(キュニョンニ)洞窟遺跡。
5000年	温坪里(オンピョンニ)洞窟遺跡。
3000〜1000年	新村里万状窟(シンチョンニマンジャングル)遺跡。
	北村里(ブクチョンニ)岩陰洞窟遺跡。

青銅器時代

500年	上慕里(サンモリ)遺跡。
	大浦里(テポリ)洞窟遺跡。
400年	龍潭洞(ヨンダムドン)ウォルソン遺跡(南側地域)。
	郭支里(クァクチリ)遺跡、東明里(トンミョンニ)遺跡。

初期鉄器時代

200年	龍潭洞ウォルソン遺跡(北側地域)。
	三陽洞遺跡、コインドル制作。
	終達里(チョンダルリ)湿地遺跡。
18年	金寧里クェネギ洞窟遺跡。

●紀元後

三国時代

1～500年頃	郭支里、金寧里遺跡。
150～200年頃	龍潭洞遺跡、耽羅前期開始。
476年	百済(ペクチェ)に朝貢。
500年	耽羅後期開始。
680年	新羅(シラ)に朝貢。
	終達里貝塚遺跡。
700年	龍潭洞祭祀遺跡。
	高内里(コネリ)遺跡。

高麗時代

938年	太子の末老(マルロ)が高麗に朝貢し、星主、王子がそれぞれ爵位を授与される（918年高麗建国）。
1024年	高麗が耽羅の首長である周物父子に武散階という位階を授与。
1045年	高維(コユ)が南省試に及第。
1105年	耽羅郡設置、属県でありながらも、中央政府と直接に接触。
1153年	耽羅県設置、初めての外官としての県令が派遣される。
1168年	良守(ヤンス)の乱
1202年	煩石(ボンソク)・煩守(ボンス)の乱
1223年	済州の設置
1234年	判官金坵(キング)が畑と畑の境界として石垣を積む。
1271年	金通精の済州上陸。
1293年	高麗と元の連合軍が三別抄を平定後、済州は元の直轄領に。
1294年	元が耽羅を高麗に返還。済州牧(ケスクァン)に改編し、牧司を派遣。
1295年	界首官（高麗最上級の地方行政単位）地域になる。
1300年	耽羅摠管府(タムナチョングァンプ)設置、耽羅県を東西に分けて15個の県、村を設置。
1301年	元が耽羅万戸(タムナマンホ)制定。
1374年	牧胡(モコ)の乱、崔瑩(チェヨン)が牧胡の乱を平定後、万戸兼牧司を済州に派遣。

朝鮮時代

1392年	済州郷校設立。

1416 年　3邑体制。
1420 年　大静、旌義郷校設立。
1448 年　観徳亭創建。
1510 年　明月鎮、別方鎮設置。
1555 年　済州城に侵入した倭寇撃退。
1599 年　古城から水山に鎮城移転。
1629 年　島民の出陸禁止令の制定。
1637 年　光海君が済州に流配。
1682 年　橘林書院設立。
1702 年　李衡祥牧司による神堂破壊。
1740 年　三姓祠設立。
1795 年　金万徳、飢餓に苦しむ島民を救済。
1813 年　梁濟海の反乱謀議。
1840 年　英国軍艦による加波島略奪事件。
1862 年　姜悌儉の乱。
1871 年　橘林書院と三姓祠の撤廃。
1881 年　楸子島が済州に編入。
1898 年　房星七の乱（1897 年、大韓帝国）。
1905 年　済州牧を済州郡に改編。
1906 年　済州・旌義・大静に警察分派所設置、済州公立普通学校開校。
1908 年　漢拏山神祭廃止。
1909 年　済州義兵。

日帝植民地期

1910 年　済州公立農業学校開校。
1915 年　済州島司制実施。
1918 年　法井寺抗日運動。
1919 年　朝天万歳運動。
1923 年　済州～大阪直航路開設。
1925 年　新人会結成。
1927 年　済州ヤチェイカ結成。
1928 年　済州青年同盟結成。
1930 年　東亜通航組合結成。

1932年　済州海女抗日運動。
1933年　赤色農民組合準備委員会結成。
1945年　決7号作戦樹立。

解放以降
1945年 9月10日　　済州島建国準備委員会結成。
　　　　9月22日　　済州島人民委員会結成。
1946年 10月29日　　文道培（ムンドベ）など過渡立法議員に選出。
1946年 11月16日　　朝鮮警備隊9連隊創設。
1947年 3月1日　　　3・1節発砲事件発生。
1947年 3月10日　　官民総罷業突入。
1948年 4月3日　　　武装隊の一斉蜂起。
1948年 4月28日　　武装隊と9連隊長（金益烈（キュインニョル））との平和協商締結。
1948年 5月1日　　　吾羅里（オラリ）放火事件。
　　　　5月6日　　　9連隊長が朴珍景（パクチンギョン）に交替。
　　　　5月10日　　北済州郡の2選挙区で選挙無効。
　　　　6月18日　　朴珍景連隊長射殺。
　　　　10月17日　宋堯讚（ソンヨチャン）、海岸線から5km以上の内陸部では無差別射殺の布告。
1950年 8月20日　　百祖一孫之墓（ペクチョイルソンジミョ）に代表される予備検束者虐殺（良民虐殺）。

訳者あとがき

1. 本訳書（以下では本書）と原著との異同などについて

　本書は李映権著『済州歴史紀行』（ハンギョレ出版、2004年刊）のほぼ全訳なのですが、若干の異同がありますので、先ずはそのことについて説明しておきます。

　フィールドワーク現場への「アクセス情報」と「参考文献リスト」は割愛しました。前者については既に情報が古くなっており、現場でそれを活用しようとでもしたら、かえって混乱をもたらしかねないからです。他方、後者については、すべてが韓国語文献であり、本書が想定している読者層（いわゆる研究者ではない日本語ネイティブの一般読者）には無用と考えました。

　その一方では、少しでも本書の背景などの総体的な理解が容易になるようにと、著者の自己紹介絡みの「挨拶文」、この「訳者あとがき」、そして「済州歴史の略年表」を付け加えました。

2. 原著について

　原著は出版されて既に15年が経過しましたが、いまなお好評のようです。本書の底本としたのが2009年発行の第6刷、そして最近に購入したのが2017年刊第10刷となっていることからも、それが窺えます。そのような息の長い人気の秘密については、たとえ

387

ば、訳者（以下では僕）の済州在住の知人の次のような証言が参考になりそうです。「高校時代に歴史の副読本のようなものとして、済州の歴史を初めて本格的に、しかも楽しく学べたおかげで、自分が生まれ育った済州のことを、それまで以上に愛せるようになった」と、当時の興奮が垣間見える面持ちで熱っぽく語ってくれました。

しかも、そうした人気は地元・済州に限られているわけでもなさそうです。出版元が韓国メディア界における民主化運動のシンボルであるハンギョレ新聞の出版部門であることも与ってのことでしょうが、韓国全域で幅広く読まれているようです。

3. 訳者と原著との遭遇

著者については、ご自身による本書への序文に譲り、訳者である僕と原著との遭遇、そして翻訳を志した理由、さらにはそれと密接に関連する原著の特色などについて、私事にまつわるばかりか少し長くなりそうで恐縮ですが、記させていただきます。

僕の両親は済州出身で僕自身の本籍も済州にあります。ですから、生まれてこのかた済州に特別な愛着を持ってきたあげくに原著の翻訳を企てることになった、とでも書けば話は分かりやすいのでしょうが、実はそんな単純なことではありませんでした。僕はなるほど、生まれてから今日に至るまで、自分の意志とは必ずしも関係なしに、済州（そして、両親を筆頭とした大阪在住の済州出身の人々とそのコミュニティ）と切っても切れない関係の中で暮らしてきました。しかし、済州との距離（物理的かつ心理的なそれ）は時期によって大きく変わります。

物心ついてから45歳ぐらいまでは、諸事情があいまって、済州（そしてそこに暮らす人々）とは距離を置いていました。時には意識の片隅に潜んでいることに気づくことがあっても、敢えてそれを括弧に括りながら暮らしてきたのです。自分でも頑なすぎると思うほどでした。しかしそうでもしないと、それが僕の生活に侵入してきて、かき乱されかねないと恐れていたのでしょう。

　ところがやがて、そんな自分勝手が許されない年配になります。老いた両親とその故郷の人々との間で懸案になっていた問題を解決するために、済州への往来を繰り返すようになります。そして、「よその世界」であったはずの済州とそこに住む人々、そしてその社会との、真っ向からの対面を余儀なくされるわけです。しかも、主導権は相手方にあります。正しい言語も、参照されるべき伝統、習俗、そして文化などすべてが先方にあって、こちらは赤子同然です。こちら側の唯一の武器は、両親が日本での過酷な労働で得たなけなしのお金を送って確保してきた財産だけでした。そして、それの分け前を巡っての、血縁その他の濃密な関係があるからこそ捩れた葛藤、軋轢、そして愛憎の坩堝の中に投じられることになりました。45歳ごろから10年以上、中年期のなけなしのエネルギーの多くを費やさねばならない、難しく辛い時期でした。ついには済州に着くたびに神経性の下痢が始まる始末でした。

　そのうちに、そうした「精神的外傷」を他でもなく現地で癒したいと思うようになりました。言わば「済州との和解」の試みです。兄弟や旧友たちと連れ立って済州一周サイクリング旅行を始め、それが恒例の行事になりました。島特有のひどい風に苛まれながら格闘する一方で、雄大な漢拏山や城山日出峰の景観や地元の人々の親

切に励まされ、おいしい酒と料理と与太話で生きる喜びを満喫できました。まさに癒しの時空であり、永らく夢見ていた「済州との和解」、そして自らの人生との和解も可能かもしれないと思えるようになります。50歳から60歳くらいまでの10年間ほどのことでした。

やがて、その成功に味をしめて、その和解の試みをもう一歩進めたいといったように、欲が膨らみました。済州についての研究まがいの試みです。既に60歳を目前にしていましたから、手遅れを端（はな）から承知のうえで、春、夏の長期休暇時には1ヵ月ほどの済州滞在を何度か実行しました。その初期のことでした、原著と出会ったのは。

十二分に覚悟しているつもりでしたが、いざ、済州の生活、社会、人々について本気で知りたいと思えば思うほど、厚くて高い壁に跳ね飛ばされる思いの繰り返しでした。そのあげくには、我ながら馬鹿なことを始めたものだと後悔していました。しかし、ともかく済州に滞在しているのだから、何かをしなくてはと自らを叱咤（しった）して、済州大学図書館の郷土資料室に通いました。ところがその度に、膨大な資料群に圧倒されて、茫然とするばかりでした。そんな折に、本棚の片隅の本書が目に飛び込んできたのです。

それを手に取って開いてみると、表紙カバーの裏側に登山帽と手ぬぐい姿の著者の写真がありました。髭面の奥の澄んで輝く目が印象的でした。そのさわやかさに誘われるようにして、図書館の片隅に陣取り、辞書を片手に読み始めました。するとやがて、著者の息遣いが心身にしみいり、重くてよどんだ心身に爽やかな風が吹き込んでくるような気になりました。そして「僕のようなものでも、僕なりに済州と付き合っていけるかもしれない。焦ることなどない」

とかすかな希望を持つようになったのです。

4．本書の魅力、そしてそれと一体の問題

　一人の済州人が自分の根に他ならない済州の歴史に対して、自らの批評精神と五感を総動員して挑戦する語りは、快い刺激でした。済州に関して恐ろしいほど無知な僕でも、そのことを忘れることなく、向き合っていけばいいのだと心を決めました。

　そこに歴史的真実が開示されているなどと思ったわけではありません。僕も既に相当に年齢を重ねていました。必然的に自分なりの考え方、信憑などの体系が肉体化しています。それをかなぐり捨てて、書物の叙述に同一化したり、拝跪したりするつもりはありませんでした。正しい歴史のご託宣を拝聴つもりで読んだわけではないのです。

　語られた歴史を参考にしながら、時にはそれに反論することも厭わず、自分の知識、経験、想像力などを総動員して、済州史について考えてみようと思いながら読んでいました。実に久方ぶりの読書の喜びを覚えました。その喜びを糧に、現地で自分なりの歴史紀行を試してみたくなって、ささやかながらも実践しました。同行してくれたタクシーの運転手さんは、これまで誰も案内したことのない場所を探し回る僕の姿に呆れ返る一方で、「済州で生まれ育ち、永らく暮らしてきたけれど、こんなものを見るのは初めてだ」などと、自らも興奮の面持ちで、次第に僕に共感してくれるようになりました。

　しかし、何事にも二面性があります。厳しい批評精神と自由闊達

な文章の運びは原著の大きな魅力なのですが、それが度を越すと、いわゆる客観的な歴史記述から逸脱しかねません。教員の傍ら民主化運動や環境運動を担ってきた著者の心意気と自信のあまり、時としては過度に主観的な叙述も顔を覗かせます。いわゆる実証的な歴史を標榜する人ならば、首をひねったり、眉をひそめたりしそうなところが少なからず見受けられるのです。

　僕自身も読みながら、苦笑いが浮かぶこともありました。しかしその一方で、羨ましくも思いました。韓国の現代史を自らの人生をかけて変えてきた実績に裏打ちされた韓国の著者の世代の自信と責任感、そうしたものをまったく持ち合わせておらないどころか、むしろ無力感に苛まれて生きている僕などと、著者たちとの歴史観、世界観には相当な距離どころか、正反対の側面が多々あります。しかしだからこそ、どちらが正義か、真理なのかといった問題はひとまずペンディングにして、対等な対話が可能になるかもしれないと考えました。

5．出版までの経緯

　最初はもっぱら自分の勉強のために、暇を見つけては翻訳の真似事をしていましたが、やがて、自分の幸福な体験をいろんな方に紹介したいと思うようになりました。そこで出版の可能性をいろんな方に相談してみたのですが、その展望を見出すには至りませんでした。歴然とした学術書ではなく、主観性を隠すどころかむしろ前面に押し出すような叙述もあって、学術書を対象とした公的な出版助成プログラムへの応募、ましてや採択は難しそうな雰囲気でした。

そこで書籍としての出版は諦め、その代わりにWEB上で公開しようと思い立ち、著者にもそれを伝えて許可を得ました。直ちに個人ブログを開設して、先ずは試しとして、公表していなかった多様な雑文に少しだけ手を入れてアップしました。そして次に、本書を章ごとに順次アップする準備を進めていました。そんなところに、済州の知人から済州学研究センターの学術書出版支援プログラムへの応募を勧めるメールが届いたのです。
　先に触れたような、学術書云々に関わる「弱み」もあって躊躇いました。しかし、応募期日の余裕がなかったので、躊躇いは振り捨てて応募書類の準備を急ぎました。そして締め切りぎりぎりに送りました。それから一月ほどが過ぎた頃にはほとんど諦めて、当初の予定通りにブログにアップするための最終推敲を始めていた時に、なんと採択の知らせが届いたのです。まさに瓢箪から駒の心境でした。
　二重の意味で嬉しい知らせでした。もちろん、一度は諦めていた出版が可能になったことが一番でした。しかし、それに加えて、本書の舞台である済州の学術界で、本書が海外での翻訳出版に値する学術的書物と認定されたわけですから、翻訳出版が自分勝手な好みの押し売りにはならないという保証を与えてもらった気がしました。客観性、学術性というものも時代（政治その他）の変化に少なからぬ影響を受けるという、当然の事実を今さらながらに確認する思いでした。
　僕としてはもちろん、勇気づけられる一方で、責任の重さに緊張もしました。何よりも済州史に関する門外漢であることが気がかりでした。そこで多方面にサポートを求めると同時に、最善を尽くす

ために推敲に推敲を重ねました。何よりも、日本語読者が読み物として楽しめるような翻訳を第一目標にしました。原著者の自由闊達な文体の再現は覚束なくても、気楽に読み通し、楽しめるように努めてみました。その分、歴史の専門家からは不満の声があがるかもしれませんが、それは当方の意図的な選択の結果なのですから、甘んじて受け止めようと思いました。

6. 謝辞その他

　上でも触れましたように、様々な方のサポートを受けました。済州史と在日史に関して常変わらぬ導き役をしてくださっている塚崎昌之さん、暮らしや社会、そして人間など済州全般と韓国語についての十年来の協力者である安幸順さん、かつての済州サイクリングの仲間で考古学の桑原武志さん、中国語や中国文化、歴史については林梅さんなど、実に多くの方々のお世話になりました。謹んで、お礼を申し上げます。

　今回も出版に関しては、同時代社の高井さんのお世話になりました。故・川上徹社長の志を引き継ぎ、悪戦苦闘の渦中にありながら、いつも励ましてくださっています。有り難いことです。その他にもお礼を申し上げるべき方々がたくさんいらっしゃいます。お名前は挙げませんが、感謝の気持ちを受け取っていただければ幸いです。

　最後に、先にも触れましたように、出版の実現は済州学研究センターの支援がなければとうてい叶わないことでした。センター長をはじめとした職員の皆さんにも面倒をおかけしました。ありがとうございました。また、ハンギョレ出版にもお礼を申し上げます。日

本語版の出版を無条件で許可していただくばかりか、喜んでくださり、励ましの言葉までいただきました。

　済州で生まれ育ちながら、20歳を目前にして故郷を去って渡日、それから長らく故郷訪問が叶わずに両親の死に目にも立ち会えなかったこともあって、済州を溺愛していた父・玄文式が亡くなって20年になります。あれほど済州に対しては意固地に距離を置いていた僕が、今になってこんなことをしていることをあの世で知ったら、きっとびっくりするでしょう。しかし、そんな僕の豹変ぶりを、きっと喜んでもくれるでしょう。僕自身も自分の変化に驚くとともに、人間は変わりうるものだという実感を糧に余生を生きようと思っているくらいなのです。

　あと十年すれば、僕も父が亡くなった年齢になります。せめてそれまでは、年寄りの冷や水と笑われようとも、初学者の素直さとどん欲さ、さらには挑戦の気持ちを忘れないで、亀のような歩みを続けていきたいものです。忌憚のないご感想をお待ちします。

　例年にない酷暑と災害続きの自然の力に戸惑いながらも、自宅を囲む山と海の景色に励まされながら。

2018年10月　　玄善允

著者略歴
李映権（イ・ヨングォン）
1965年6月16日、済州道済州市三徒2洞（塔洞）で生まれる。済州大学校社会学科博士。瀛州高校教師、済州4・3研究所事務局長、済州大学校講師を経て、現在は済州歴史教育研究所所長。主な著書に『新たに描く済州史』、『歪曲と美化を越えて、済州史再検討』、『朝鮮時代の海洋流民の社会史』（すべて韓国語）などがある。

訳者略歴
玄善允（ヒョン・ソニュン）
1950年大阪で生まれる。大阪大学文学部（仏文）を卒業。大坂経済法科大学アジア研究所客員教授。関西学院大学講師。主な著書に『「在日」の言葉』『人生の同伴者』（以上、同時代社）など。韓国文学の翻訳に『戦争ごっこ』（玄吉彦著、岩波書店）、『島の反乱』（玄吉彦著、同時代社）などがある。

済州学研究センター済州学叢書 34
済州歴史紀行
2018 年 11 月 15 日　　初版第 1 刷発行

著　者	李映權
訳　者	玄善允
装　幀	クリエイティブ・コンセプト
発行者	川上　隆
発行所	同時代社
	〒 101-0065　東京都千代田区西神田 2-7-6
	電話 03(3261)3149　FAX 03(3261)3237
組　版	有限会社閏月社
印　刷	モリモト印刷株式会社

ISBN978-4-88683-848-3

●本書の出版費用の一部は済州学研究センターの支援を受けました。